# Burgen der Pfalz

# Burgen der Pfalz

## in
### *Luftaufnahmen*

*Fotos:*
**Helmut Kratz**
*Text:*
**Jürgen Keddigkeit**

**Pfälzische
Verlagsanstalt**

Bad Kreuznach

Ebernburg

Altenbaumburg

Montfort

Moschellandsberg

Rhein

Lauterecken

Kirchheimbolanden

Reipoltskirchen

Falkenstein

Wolfstein

Lichtenberg

Kusel

Neuleiningen

Michelsburg

Battenberg

Altleiningen

Ludwigshafen

Mannheim

Diemerstein

Hardenburg

Kaiserslautern

Bad Dürkheim

Frankenstein

Wachtenburg

Landstuhl

Hohenecken

Nannstein

Erfenstein

Trippstadt

Wolfsburg

Neustadt

Wilenstein

Breitenstein

Spangenberg

Hambacher Schloß

Rietburg

Kropsburg

Speyer

Steinenschloß

Meistersel

Gräfenstein

Ramburg

Neuscharfeneck

Zweibrücken

Germersheim

Falkenburg

Trifels

Landau

Pirmasens

Neudahn

Scharfenberg

Madenburg

Dahner Schlösser

Landeck

Drachenfels

Lindelbrunn

Berwartstein

Bad Bergzabern

Blumenstein

Wegelnburg

Guttenberg

Hohenburg

Rhein

Wasigenstein

Fleckenstein

Karlsruhe

Weißenburg

FRANKREICH

# Inhalt

# Burgen in der Pfalz

**Z**ahllose Baudenkmäler haben sich trotz vieler Kriege als Relikte einer wechselvollen Geschichte im Raum der heutigen Pfalz erhalten. Prähistorische Menhire sind ebenso zu finden wie Bauern- und Bürgerhäuser aus dem Zeitalter der Renaissance oder des Barocks. Neben den Domen und Kirchen sind es aber vor allem die Burgen, die als größte erhaltene Profanbauwerke des Mittelalters das Bild der Pfalz prägen. Obwohl sie nicht alle, wie der Trifels, das Hambacher Schloß oder die Pfalz zu Kaiserslautern im "Rampenlicht" der Geschichte standen, gibt es kaum einen Landkreis, der heute nicht mit Stolz auf "seine" Burgruinen verweist; kaum eine Gemeinde, die nicht mit ebensoviel Stolz "ihre" Burg anpreist! Burgen werden als Kulisse zu Fernsehsendungen genutzt und sind ein gleichermaßen gern gehörtes Thema im Rundfunk und bei Vorträgen. Burgen sind das Ziel zahlloser Spaziergänger, der Wanderer, der Burgenfreunde und nicht zuletzt der Mädchen und Buben. Diese "Burgenbegeisterung" ist aber keineswegs ein Kind unserer Tage. Die Hinwendung zu diesem Thema begann bereits im Zeitalter der Romantik und durch sie ist bis heute unser Bild von Burg und Rittertum geprägt. Doch war das Leben auf einer solchen Burg im Mittelalter keineswegs romantisch, wie man einer recht drastischen Schilderung in einem Brief Ulrich von Huttens an seinen Freund Willibald Pirkheimer aus dem Jahre 1518 entnehmen kann. Er schreibt: "Steht eine Burg auf einem Berge oder in der Ebene, auf jeden Fall ist sie nicht für die Behaglichkeit, sondern zur Wehr erbaut, mit Gräben und Wall umgeben, innen von bedrückender Enge, zusammengepfercht mit Vieh- und Pferdeställen, dunkle Kammern sind vollgestopft mit schweren Büchsen, Pech, Schwefel und allem übrigen Waffen- und Kriegsgerät. Überall stinkt das Schießpulver, und der Duft der Hunde und ihres Unrates ist auch nicht lieblicher, wie ich meine … Und welch ein Lärm! Da blöken die Schafe, brüllt das Rind, bellen die Hunde, auf dem Felde schreien die Arbeiter, die Wagen und Karren knarren und man hört die Wölfe heulen. Jeden Tag kümmert man sich um den folgenden, immer in Unruhe … Ist es dann ein schlechtes Jahr, dann herrscht furchtbare Not, furchtbare Armut. Da gibt es dann nichts, was einen nicht zu jeder Stunde aufregt, verwirrt, ängstigt".

In vielen Publikationen ist zu lesen, das Wort "Burg" sei vom Tätigkeitswort "bergen" abgeleitet[1]. In der Tat war eine der Hauptaufgaben der mittelalterlichen Wehranlagen das "Bergen". Jedoch wies bereits Walter Hotz[2] 1964 zu Recht darauf hin, daß das indogermanische Wort Burg bereits einen griechischen Vorläufer hat, der später Eingang in die lateinische Sprache fand. Aus diesem römischen Wort burgus (= Wachtturm) entstand unser heutiges Wort "Burg".

**S**chon die Beschreibung des Oberrheingebietes um 1120 durch Bischof Otto von Freising, dem bekannten Biographen Friedrichs I., als "Kraftzentrum des Reiches" (de Basilea usque ad Moguntiacum ubi vis maxima regni esse noscitur), weist darauf hin, daß bereits in salischer und staufischer Zeit die Pfalz zu den ausgesprochenen Kernlandschaften des Reiches zählte. Dieses "Reichszentrum" wurde, der geographischen Lage entsprechend, von den wichtigsten Nord-Süd- und Ost-West-Verbindungen Zentraleuropas durchzogen, die ebenso des Schutzes bedurften wie das wirtschaftlich gut erschlossene Gebiet im Rheingraben. Daher verwundert es nicht, daß im Land links des Rheines zahlreiche, leider nur als Ruinen erhaltene Burgen zu finden sind. Sie verkörpern wie kaum ein anderes Bauwerk jene Epoche und sind in unserem Denken darüberhinaus untrennbar mit dem Begriff "Ritter" verbunden.

Auf den mittelalterlichen Ritterburgen konzentrierten und vereinten sich zahllose Aufgaben. Sie hatten daher aus recht unterschiedlichen Gründen eine geradezu herausgehobene Stellung[3]. Im Gegensatz zu den Behausungen der Bauern und Bürger hatten die Adelsburgen neben der Wohn- noch eine ausgesprochene Wehrfunktion. Sie dienten dem Schutz und der Sicherung der Herrschaft und waren immer Kristallisationspunkt der Verwaltung. Sie konnten aber auch Gerichtsort, Archiv oder Schatzkammer sein und hatten manchmal darüberhinaus, wegen der dort oft vorhandenen Kapellen und Kirchen, sakrale Funktionen. Nicht vergessen darf man auch ihre eminent wichtige wirtschaftliche Rolle als agrarisches Zentrum, als Zollburg an Straßen, Brücken und Flüssen, sowie als handwerklicher Überschußbetrieb.

Diesen mehr politisch-wirtschaftlich geprägten Funktionen entsprach aber auch eine gesellschaftliche, denn die mittelalterliche Burg war der "Inbegriff adliger Repräsentation" und "Symbol für die gehobene Stellung der Bewohner"[4]. Aus all dem erwuchs für die standesbewußten Adligen geradezu eine Pflicht zum Burgenbau.

Sicherlich ist den Einheimischen und den zahlreichen Besuchern der Pfalz bewußt, daß die Anzahl jener mittelalterlichen Befestigungen recht hoch ist, doch ist nur wenigen bekannt, daß mehr als 500 mittelalterliche Wehrbauten zu Beginn der Neuzeit das Bild von Bergland und Ebenen im pfälzischen Raum prägten[5]. Daß eine solche Burgenmassierung im Südwesten des Reiches keine Seltenheit war, beweist auch das benachbarte Elsaß. Dort werden ebenfalls weit mehr als 500 Wehranlagen gezählt. Diese "Burgenlandschaften" von europäischem Rang werden heute vorwiegend von felsigen Höhenburgen, oft in grandioser Waldeinsamkeit und mit herrlicher Fernsicht beherrscht, denn die früher zahlreich vorhandenenen Tiefburgen sind meist vollkommen abgegangen.

Noch im 10. Jahrhundert waren die Zentren der weltlichen Grundherrschaft mit den herrschaftlichen Höfen identisch, doch bereits seit der ersten Hälfte des 11. Jahrhunderts kam es zu einer be-merkenswerten Verschiebung. Die adeligen Grundherren strebten zu neu errichteten Burgen. Als Grund für die Verlegung nimmt Thomas Biller "die Flucht der bis dahin eindeutig und ungefährdet Herrschenden aus einer in Fluß geratenen, unübersichtlich werdenden und daher als gefährlich empfundenen Situation"[6] an. Dieses Phänomen war gleichzeitig die Geburtsstunde der mittelalterlichen Adelsburg.

Die Anfänge dieser Befestigungen, die bis zu ihrem Untergang immer gleichzeitig die Funktion von Wohn- und Wehrbau innehatten, sind also im 11. Jahrhundert zu suchen. Das Befestigungsrecht (ius munitionis) war damals ausschließlich königliches Privileg und daher verdanken die frühen Wehranlagen ihren Ursprung königlichem Befehl oder Erlaubnis[7]. So verwundert es nicht, daß in den alten Gesetzessammlungen, den Rechtsspiegeln, genauestens definiert war, welche Bauwerke nach dem Befestigungsrecht als Burgen zu gelten hatten. Nach dem im süddeutschen Raum gültigen Schwabenspiegel waren Bauten von einer Genehmigung abhängig, wenn sie folgende Bewehrungen aufwiesen[8]:

"1. Gräben von einer Tiefe, daß es nicht mehr möglich ist, Erde (ohne einen Schemel) herauszuschaufeln,
2. Gebäude mit einer Höhe von mehr als drei Geschossen oder mit Zinnen und Brustwehr,
3. Mauern oder Palisaden von einer Höhe, daß ein Reiter nicht mehr darauf greifen kann, oder wenn sie Zinnen, Brustwehr oder Handwehren haben."

Nicht zuletzt auf Grund der allgemeinen Schwächung des Königtums seit der Herrschaft Heinrichs IV. weichte das königliche Privileg aber immer mehr auf. Folgerichtig trachteten sogleich mächtige Territorialherren, wie die Pfalzgrafen bei Rhein, die späteren Kurfürsten von der Pfalz, die Grafen von Leiningen oder die Bischöfe von Speyer danach, derartige Wehranlagen zu errichten; sich letztlich des Mittels "Burg" zur Sicherung ihrer partikularistischen und territorialen Interessen zu bedienen. Die von den Fürsten betriebene Burgenpolitik wurde somit zur Grundlage der Herrschaftsbildung und die Burg zum Herrschaftsinstrument des Hochadels.

Der Widerstand der Reichsgewalt gegen ein solches Handeln war aber keineswegs nur juristischer Natur. Die totale Zerstörung von vier Burgen im Bereich der heutigen Pfalz (Schlössl? Steinenschloß?) und des Saarlandes durch Truppen des staufischen Kaisers Friedrich I. Barbarossa, lassen die Verbissenheit ahnen, mit der dieser Konflikt ausgetragen wurde.

Die Fürsten versuchten einen Weg zu gehen, den bereits Barbarossas Vater, Friedrich II., Herzog von Schwaben, genannt der Einäugige, "erfolgreich beschritten"[9] hatte. Jener treue Gefolgsmann des salischen Kaisers Heinrich V. hatte den Ausbau und die Sicherung des Reichsgutes mit dem Mittel der "Burgenpolitik" derart erfolgreich betrieben, daß Otto von Freising den Herzog mit den Worten rühmte: "Er folgte dem Rheinlauf und baute an geeigneter Stelle eine Burg, die das umliegende Land beherrschte. Dann ließ er sie, zog weiter und errichtete eine andere, so daß ein geflügeltes Wort von ihm sagte: "Herzog Friedrich zieht stets am Schweif seines

Pferdes eine Burg nach sich". Leider ist die Frage, welche Burgen der schwäbische Herzog im pfälzischen Raum erbauen ließ, nicht mit letzter Sicherheit zu beantworten. Während Hans Martin Maurer[10] und auch Walter Hotz[11] ausdrücklich die Burgen Neukastel, Guttenberg, Berwartstein, Scharfenberg und Ramburg nennen, rät Günter Stein hier zur Vorsicht.

Der "eindrucksvolle Reichslandkomplex, dessen Schwerpunkte unter Friedrich I. die Pfalz Hagenau, der Trifels und die Pfalz Lautern"[12] waren, wurde seit dieser Zeit von kaiserlichen Ministerialen, die auf den neuerbauten Festen ihren Sitz hatten, verwaltet und geschützt. Eine Häufung von Reichsministerialenburgen bei den genannten Zentren ist dementsprechend unverkennbar. Im Umkreis von Kaiserslautern kann geradezu von einer Burgenmassierung gesprochen werden, denn nicht weniger als 27 Befestigungen wurden hier vorwiegend seit dem 12. Jahrhundert errichtet. Daher bezeichnet Karl Bosl wohl zu Recht den Lauterer Raum als "Hauptpunkt königlicher Macht in der Pfalz". Obwohl vom hochgelobten Mittelpunkt des "Lauterer Reichs", der Kaiserpfalz, die Kaiser Friedrich I. nach 1152 in Kaiserslautern erbauen ließ, nur noch ein karger Rest kündet, ist es trotzdem möglich, sich von der einstigen Pracht der kaiserlichen Anlage ein Bild zu machen. Dies verdanken wir einem Bericht des erwähnten Bischofs Otto von Freising, der in den "Gesta Friderici" die Pfalz folgendermaßen beschreibt: "Bei Lautern errichtete er (der Kaiser) mit viel Aufwand eine Pfalz aus rotem Sandstein. Auf der einen Seite begrenzte er sie mit einer gewaltigen Mauer, während sich auf der anderen ein Fischweiher wie ein See herumzog, dessen Reichtum an Fischen und Wasservögeln für Augen und Gaumen ein Genuß war. Auch besitzt die Pfalz unmittelbar anstoßend einen Tiergarten mit allerlei Hirschen und Rehen. Die königliche Pracht dieser Dinge entzückt jeden Besucher".

Obwohl bereits im Jahre 1231 Kaiser Friedrich II. im "statutum in favorem principum" (=Privileg zugunsten der weltlichen Fürsten) dem Hochadel de jure das seit langem umkämpfte Befestigungsrecht zugestehen mußte, sollte der Höhepunkt des Burgenbaues aber erst am Ende des 13. und im 14. Jahrhundert erreicht werden, als sich zu Reich und Hochadel zunehmend mittlere und niedere Adelsschichten als Bauherren gesellten. Den Niederadeligen war natürlich in den Altsiedelgebieten des heutigen Rheinhessen (Alzey) und in der Rheinebene (Speyer und Weißenburg) der Weg zur Neugründung einer Burg und der damit verbundenen Territorialbildung meist verbaut. Die dort bereits seit langem bestehenden Herrschaftsstrukturen waren kaum mehr zu verändern, so daß man gezwungen war, in siedlungsleere Gebiete auszuweichen. Weitgehend unbesiedelt und damit herrschaftsfrei erwiesen sich allerdings lediglich die weiten Waldgebiete der Vogesen und des heutigen Pfälzerwaldes, obwohl auch dort im Rahmen der staufischen Reichslandpolitik zwischen 1170 und 1230 schon zahlreiche Burgen errichtet worden waren.

Die Schwächung der Reichsgewalt brachte es aber mit sich, daß sich auch die Reichsministerialen "auf diesen Burgen bald zu deren Herren und Besitzern" aufschwangen "sofern man sie gewähren ließ"[13]. Das Ende der staufischen Reichsgewalt in der zweiten Hälfte des 13. Jahrhunderts erweiterte und beschleunigte diesen Prozeß stark, denn nun begann auch der Niederadel Wehranlagen zu errichten. Es setzte gewissermaßen ein Wettlauf der gesamten Nobilität in die mehr oder weniger herrschaftsfreien oder zumindest herrschaftsfernen Räume ein. Das sprunghafte Ansteigen von Befestigungen in den weiten Waldungen der Mittelgebirgsregionen, insbesondere im elsässisch-pfälzischen Grenzbereich, ist dementsprechend unverkennbar. Die Gründe für den Burgenbau waren aber keineswegs monokausal auf die wirtschaftliche Erschließung durch Rodung und die damit einhergehende Territorialbildung ausgerichtet, denn der starken Zunahme der Adelssitze stand keinesfalls ein nur annähernd gleich starkes Anwachsen bäuerlicher Siedlungen gegenüber. Es ging dem burgenbauenden Adel des 13. Jahrhunderts auch "um die Burg als Selbstzweck"[14]. Die in diesem Jahrhundert bevorzugten Höhenburgen, oftmals reine Felsennester, symbolisierten geradezu die "Distanz des Adels von den Beherrschten"[15]. Natürlich erforderte der Bau einer solchen Wehranlage einen enormen Aufwand an Zeit und Geld. Die Bauzeit einer Steinburg mittlerer Größe betrug immerhin fünf bis sieben Jahre und erforderte Investitionen in Höhe von mehr als 2,5 Millionen Mark in heutiger Währung[16]. Hierbei ist besonders anzumerken, daß der Burgenbau im 13. und 14. Jahrhundert zum großen Teil aus Eigenmitteln und nicht, wie vielfach behauptet wird, durch Fronen betrieben wurde. Die Adelsburg war eben keine öffentliche Befestigung, sondern vielmehr das "Bauwerk eines Herren für seine persönlichen und dynastischen Zwecke"[17]. Somit entfiel das "Fluchtrecht" für die Bevölkerung und damit die eigentliche Begründung der Fron. Lediglich an Hochadelsburgen lassen sich solche Verpflichtungen, meist Fuhrdienste, in nennenswertem Umfange nachweisen[18]. Auch in kirchlichen Herrschaftsbereichen entstanden zwischen dem 11. und 13. Jahrhundert zahlreiche Adelsburgen. Dies hatte für die betroffenen Kleriker höchst unterschiedliche Folgen. In Otterberg diente die Otterburg bis zur Fertigstellung der Zisterzienserabtei als vorübergehende Unterkunft der Mönche und wurde dann aufgelassen. Kritischer gestaltete sich das Verhältnis aber andernorts. Sowohl die Grafen von Veldenz als auch die Grafen von Leiningen errichteten gegen den ausdrücklichen Willen der betroffenen Äbte ihre Festen Lichtenberg und Hardenburg auf dem Eigentum der Klöster. Ihre permanente militärische Präsenz diente im Regelfall weniger dem Schutz als der Bedrohung und Ausplünderung des Klostergutes.

Solange die wirtschaftlichen, politischen und gesellschaftlichen Verhältnisse es erlaubten, übten die Ritter und ihre Burgen die ihnen zugewiesenen Funktionen aus. Der Niedergang der Staufer war jedoch gleichbedeutend mit dem Ende der ritterlichen Blüte des Hochmittelalters. Viele Karrieren, die Reichsministeriale in hohe und höchste Staatsämter in Deutschland und Italien geführt hatten, endeten abrupt oder wurden nun undenkbar. Während des Interregnums lebten die ihrer politischen Stütze beraubten Ritter in ständiger Gefahr, ihre erworbenen Positionen zu verlieren. Es gelang zwar einem kleinen Teil, die Streitigkeiten der verfeindeten Parteien zu nutzen und sich ihre Unterstützung mit Reichslehen honorieren zu lassen, doch war dies den meisten Niederadeligen nicht vergönnt. Während so wenige in den erblichen Lehensbesitz von ehemaligem Reichsgut gelangten, mußte sich die große Masse den Territorialherren anschließen. Sie dienten in der Folgezeit meist mehr oder weniger standesgemäß als Beamte dieser Fürsten oder sie schlossen bestenfalls einen Vasallitätsvertrag ab. Eine andere Möglichkeit war, sich als Soldritter zu verdingen und in Italien oder Frankreich ein - nicht schlecht bezahltes - Auskommen zu suchen.

Den "Überlebenden" dieses ersten Rittersterbens drohte aber auch nach dem Ende des Interregnums weiterhin Gefahr. Die Rückforderung von entfremdetem Reichsgut durch König Rudolf von Habsburg war nicht minder existenzbedrohend als die mangelnden wirtschaftlichen Möglichkeiten der kleinen ritterlichen Territorien. Vor allem die aufstrebenden Städte wuchsen seit der Mitte des 13. Jahrhunderts zur echten, existenzbedrohenden Konkurrenz heran. Sie hatten im deutschen Südwesten vielfach jene Funktionen übernommen, die bisher den Burgen vorbehalten waren. Die verkehrstechnisch meist günstiger gelegenen Städte, die bereits seit dem späten 11. Jahrhundert in die Rolle der Fluchtburgen geschlüpft waren, wurden nicht zuletzt dank größerer Bevölkerungszahl zu Kulminationspunkten von Handel und Gewerbe. Sie entwickelten sich zum Verwaltungsmittelpunkt und Schauplatz der Herrschaftsausübung. Die großen Kommunen überflügelten die Burgen sogar als Wehranlage, denn die Stadt des Mittelalters war eine ausgesprochene "Großburg", mit Graben, Mauern, zahlreichen Türmen und Toren, der es überdies im Gegensatz zu mancher Burg niemals an Verteidigern mangelte.

Die Ganerbenburgen beziehungsweise die Ganerbengemeinschaften waren eine Antwort der Ritter auf die neue Zeit. Während die Burg im deutschen Sprachraum in ihrer Frühphase meist nur von einer Familie bewohnt wurde, änderte sich dies recht schnell, denn bereits seit dem 13. Jahrhundert entwickelten sich zahlreiche pfälzische Wehranlagen zu Ganerbenburgen. Diese für den Niederadel typische Burg war "im Grunde eine Ansammlung von ritterlichen Wohnsitzen mit gemeinsamen Schutz- und Versorgungseinrichtungen"[19]. Die Gründe für solche Genossenschaften liegen auf der Hand. Besonders seit dem 14. Jahrhundert galten Burgen als Vermögensobjekte von hohem Wert, sie wurden verpfändet, teilweise oder ganz verkauft. Meist gelangten durch Erbteilung Burgteile in verschiedene Hände, so daß die Anzahl der Teileigentümer immer weiter anwuchs. Überdies suchten sich auch die Fürsten in die Niederadelsburgen einzukaufen oder das "Öffnungsrecht" zu erlangen, um diese als Machtfaktor zu neutralisieren. Darüberhinaus war der einzelne Niederadelsritter meist nicht mehr in der

Lage, die hohen Kosten für den Unterhalt der Burg alleine zu tragen. Daher bot sich eine genossenschaftliche Nutzung der Burg an. Das "Miteinander" war auf den spätmittelalterlichen Burgen durch den Burgfriedensvertrag (pax castrensis) streng geregelt. In der "Mutscharung" waren jedem Ganerben bestimmte Örtlichkeiten zugeteilt, während alle anderen Bauteile, meist die Fortifikationen, Toranlagen, Wege, der Brunnen und die Kapelle von allen gemeinsam genutzt und unterhalten wurden. Man teilte jedoch nicht nur Baulichkeiten und bestimmte sonstige Abgaben, sondern regelte auch das Zusammenleben im Vertrag und beschwor es durch einen "heiligen Eid"[20]. So wurden beispielsweise Beleidigungen oder Handgreiflichkeiten mit drakonischen Strafen (Geldbußen, Handabschlagen) belegt. Der Geltungsbereich des Ganerbenvertrages umfaßte zumindest die Burg als Bauwerk und das direkt angrenzende Gelände. Doch konnte der Vertrag auch einen erheblich größeren Geltungsbereich haben.

Während der Niederadel seit dem späten 13. Jahrhundert aus den Reihen der Burgenbauer und -besitzer zunehmend herausgedrängt wurde, blieben die Wehranlagen der landbeherrschenden Herren nicht nur bestehen, sondern wurden weiter ausgebaut. Die Kurfürsten von der Pfalz, die Grafen von Leiningen, von Zweibrücken und die Bischöfe von Speyer übernahmen rasch die im Laufe der Zeit gemachten Fortschritte im Verteidigungswesen und ließen immer aufwendigere und schloßähnlichere Bauten aufführen. Von dieser Entwicklung wurden die zahlreichen kleineren und kleinen Herrschaften (Wartenberg, Reipoltskirchen), die als Ergebnis der "Parzellierung des Reichsgutes" entstanden waren, überrollt. Viele Niederadelige verloren im Laufe der Jahrzehnte, vor allem im 15. und 16. Jahrhundert, ihre Burgen an die mächtigen Territorialgewalten, die sie zu Amtssitzen ihrer Beamten machten. Die veralteten Burgen der kleinen Territorialherren, die diesem Prozeß nicht zum Opfer gefallen waren, blieben bis zu ihrer Zerstörung im Dreißigjährigen Krieg oder im Pfälzischen Erbfolgekrieg als Herrschaftssitz bestehen.

**B**urgen waren im Laufe der Jahrhunderte immer Veränderungen unterworfen. Sie wurden nach Zerstörungen neu errichtet, um- oder ausgebaut und modernisiert. Trotz mancher Umgestaltungen bestanden ihre wesentlichen Architekturteile, wie Walter Hotz schreibt, aus "Mauer, Tor, Turm und Haus"[21]. Aus und neben diesen Grundelementen entwickelten sich im Laufe der Zeit zahllose, den Burgen eigentümliche Bauten, deren wichtigste hier erläutert werden sollen.

Das Ende der karolingischen Ära wird im allgemeinen mit dem Beginn des mittelalterlichen Wehrbaues gleichgesetzt. Dies bedeutet jedoch nicht, daß vor dem Jahre 900 keine Wehrbauten im Raum der heutigen Pfalz errichtet worden sind. Schon in prähistorischer Zeit wurden mehr oder weniger große ovale Wallanlagen in Holz-Erde-Bauweise aufgeworfen, die eine große Menschenmenge aufzunehmen hat-

ten. Auch die Römer hinterließen Befestigungen, meist rechteckige, militärisch genutzte Kastelle (Alzey) und große Höhenburgen (Großer Berg bei Kaiserslautern).

Diesen frühesten pfälzischen Fortifikationen folgten am Ende des 9. und am Anfang des 10. Jahrhunderts große Verteidigungsanlagen, die den keltischen Vorgängerbauten glichen. Als Antwort auf die Normannen- und Ungarneinfälle am Ende des 9. Jahrhunderts scheinen die karolingischen und ottonischen Könige den Bau dieser weitläufigen "Fluchtburgen" veranlaßt zu haben. Als Mittelpunktsfluchtburgen hatten sie nicht nur bei Gefahr die Bevölkerung einer bestimmten Kleinregion, sondern auch deren gesamte Habe, einschließlich des Viehs, aufzunehmen.

Die "Heidenlöcher" bei Bad Dürkheim sind die markantesten Reste einer solchen Fliehburg in der Pfalz, bei der ein sehr großes Areal von Wall und Graben geschützt wurde. Zusammen mit einem breiten Graben und Palisaden umschloß die Fortifikation nicht weniger als 65 Hausstellen. Die, im Gegensatz zur mittelalterlichen Adelsburg, von der Bevölkerung zum eigenen Schutz erbauten Wallanlagen waren manchmal aus Trockenmauern, manchmal aus "Bruchsteinen mit Holzverankerungen oder sparsamer Verwendung von Lehm und Kalkmörtel"[22] aufgerichtet worden. Mehr oder weniger ungenutzt scheinen diese Mittelpunktsfluchtburgen bald nach dem Abklingen der räuberischen Einfälle in die Pfalz aufgelassen und verfallen zu sein.

Zwei markante Beispiele einer weiteren Nutzung sind jedoch bekannt. In eine Umwallung am Ausgang des Isenachtales bei Hardenburg und an den Ringwall auf dem Treitelsberg wurden in salischer Zeit erneut Fortifikationen eingebaut. Dabei kommt der "Schlössel" genannten Wehranlage oberhalb Klingenmünsters eine besondere Bedeutung zu, denn in ihr hat sich "der Charakter einer salischen Turmburg noch am besten bewahrt"[23]. Dies ist um so bedeutsamer, als sich von den zahlreichen Salierburgen in der Pfalz meist keine oder nur geringe Baureste erhalten haben. Das hat mannigfache Gründe. Viele der frühen Befestigungen waren reine Holzburgen, deren Bauten entweder im Laufe der Zeit durch Zerstörungen vollkommen verlorengingen oder später durch Steinbauten ersetzt wurden. Herausragende Beispiele sind insbesondere der Trifels und die Altenbaumburg.

Die Schlösselturmburg, eine der ältesten Steinburgen im südwestdeutschen Raum, gilt heute als der Prototyp der mittelalterlichen pfälzischen Adelsburg. Dieser frühe Burgentyp, einer "Motte"[24] ähnlich, besteht im wesentlichen aus einem großen Wohnturm auf einem felsigen Hügel, der von einer Ringmauer und einem Graben umgeben ist. Die oberen Stockwerke hatten der Besatzung und der Familie des adeligen Burgherrn als Wohnung zu genügen, dagegen waren die unteren Geschosse Verteidigungszwecken vorbehalten. Hier wird bereits ein fundamentaler Unterschied zu früheren Fortifikationen deutlich. Während die großen Mittelpunktsfluchtburgen der Aufnahme weiter Bevölkerungskreise dienten, waren die Turmburg und ihre späteren Nachfolger dazu

weder geeignet noch gedacht. Der beengte Raum verbot geradezu die Aufnahme weiterer Personen im Burgbereich. Damit unterscheidet sich dieses "Kind der Feudalzeit"[25] auch grundsätzlich vom Schloß, das nur als Wohnsitz und nicht als Wehrbau benutzt wurde. Auch von der Festung, die ausschließlich militärischen Zwecken diente, grenzte sich die mittelalterliche Adelsburg ab, denn sie vereint immer "Wehren und Wohnen".

Im westpfälzischen Raum hat die neuere Forschung nahe der Gemeinde Eßweiler eine weitere, dem Schlössel ähnliche Wehranlage freigelegt, die Sprengelburg. Der Hügel, auf dem die kleine Burg sich erhebt, ist "offenbar mit dem Aushub des Grabens steil überhöht und dann mit Ringmauern eingefaßt worden"[26]. In seiner Mitte ragt der Stumpf eines runden Wohnturmes heraus. Neben weiteren Anlagen aus salischer Zeit, wie die aufwendig ausgestattete Burg Steinenschloß nahe der Biebermühle, der Burg Winzingen oder der Burg Hohenfels auf dem Donnersberg ist vor allem die 1936 ausgegrabene Burg Alt-Bolanden zu nennen, die den Typus der Motte, die auf einem künstlichen Hügel errichtet worden ist, wohl am besten im pfälzischen Raum verkörpert.

Obwohl die Turmhügelburgen oder Motten im Inneren eine geradezu "prähistorische Armseligkeit" zeigten, gelten sie gleichwohl als der Ausgangspunkt einer Entwicklung, die erst im Zeitalter der Renaissance ihren Endpunkt finden sollte. In spätsalischer Zeit wurden neben den erwähnten Turmburgen und den hölzernen Wehranlagen aber auch andere Befestigungen erbaut, deren Aussehen sich bereits der "klassischen Wehrburg" der staufischen Ära annäherte (Madenburg).

Typisch für die frühsalischen Burgen ist "der kleinquadrige Mauerverband aus glattbeschlagenen, rechteckigen Steinen in ungleich hohen Schichten, die an den Mauerecken von größeren Quadern eingefaßt werden, deren Ansichtsflächen in Fischgräten oder Ährenform beschlagen und somit verziert sind"[27]. In spätsalischer Zeit wurden in der Regel nur noch Quader verwendet, deren "Ansichtsflächen glatt beschlagen und mit schmalem Saumschlag"[28] versehen sind.

Der Beginn der staufischen Herrschaft ist gleichbedeutend mit jener Periode, die wie kaum eine andere danach das Bild des Burgenbaues geprägt hat. Selbstverständlich basiert der staufische Wehrbau auf dem der salischen Zeit, doch entwickelte er sich im Laufe der nächsten 100 Jahre zu jenen Formen, die noch heute das Aussehen der "klassischen pfälzischen Wehrburg" prägen. Besondere Bedeutung kommt dabei im pfälzischen Raum dem Neubau der kaiserlichen Pfalz in Kaiserslautern zu. Dieser Bau, schreibt Thomas Biller, "mag im Oberrheingebiet ein Anspruchsniveau gesetzt haben, an dem sich der Burgenbau in der Folgezeit zu messen hatte"[29].

Neben einigen Wasserburgen in der Ebene (Kaiserslautern) wurden die Befestigungen nun im Regelfall auf Berge gebaut. Besonders wurde das langgezogene Ende eines Bergrückens bevorzugt, denn diese "Spornlage" hatte einige unschätzbare Vorteile. Die Beherrschung eines oder mehrerer Täler war ebenso gewährleistet wie eine gute Übersicht im Verteidigungsfalle. Dabei galt die Devise: "Sehen, aber nicht gesehen werden". Infolgedessen waren die Burgberge, im Gegensatz zum heutigen Zustand, immer kahl geschlagen, um einem potentiellen Feind jede Deckung zu nehmen und freies Schußfeld zu schaffen. Während die Burgherren der salischen Turmburgen mit einem Angriff von allen Seiten zu rechnen hatten, waren die staufischen Festen von den drei Talseiten her nach dem damaligen Stand der Belagerungstechnik praktisch unangreifbar. Die steilen Hänge verhinderten das Heranschieben der schweren Belagerungsmaschinen, so daß diese Seiten nur schwach befestigt werden mußten. Gefahr drohte im hohen Mittelalter ausschließlich von der Bergseite. Sie ermöglichte den Bewohnern einerseits einen bequemen Zugang, doch andererseits konnte der Angreifer hier seine Truppen massieren und die gefürchteten Belagerungstürme, Bliden und Mauerbrecher gegen die Burg vorschieben. Da zudem die Bergrücken, an deren Ende die Wehranlagen erbaut waren, meist weiter ansteigen, konnte aus der Überhöhung die Wehranlage wirkungsvoll beschossen werden. Um dieser Bedrohung zu entgehen, traf man unterschiedliche Maßnahmen, die lange Zeit ausreichenden Schutz gewähren sollten.

Die Angriffsseite wurde im Idealfall durch drei Hauptfortifikationen, einen tiefen Graben, eine hohe Schildmauer und den gewaltigen Bergfried geschützt. Nach dem "Gebück" (=eine Dornenhecke) und einem Palisadenzaun war das erste große Hindernis für den Belagerer immer der aus dem Fels geschrotete, möglichst tiefe und breite Halsgraben, der den Bergrücken durchschneidet. Die Gräben der Höhenburgen waren nur in den seltensten Fällen mit Wasser gefüllt und selbst dort, wo der Felsen wie beim Wasigenstein oder den Dahner Schlössern so ausgeschachtet wurde, daß sich darin Regenwasser sammeln konnte, handelt es sich wohl mehr um ein Wasserreservoir als um ein echtes Hindernis. Das ausgehauene Gestein des Grabens konnte sofort an Ort und Stelle zum Aufmauern der dahinterliegenden Wehranlagen verwendet werden. Die gesamte Anlage wurde immer von Ringmauern umschlossen. Doch wurde entsprechend der größeren Bedrohung diese Wehrmauer an der Angriffsseite immer erheblich höher und stärker aufgeführt. Dieser Schildmauer oder hoher Mantel genannte Verteidigungsbereich deckte durch seine immense Höhe die dahinterliegenden Wohn- und Wirtschaftsgebäude. Neben dieser passiven Aufgabe hatte die Schildmauer aber auch eine durchaus aktive Seite. Sie trug nämlich eine gedeckte Wehrplattform, die den Verteidigern hervorragende Abwehrmöglichkeiten nach allen Seiten bot. Bei einigen pfälzischen Burgen (Ramburg, Spangenberg) ist an die Schildmauerinnenseite ein Wohngebäude angelehnt, so daß man mit einer gewissen Berechtigung in solchen Fällen von einer großen wehrhaften Wohnturmanlage sprechen kann.

Bei den meisten pfälzischen stauferzeitlichen Burgen erhebt sich freistehend hinter der Schildmauer (Lichtenburg) oder in ihrem Verlauf (Wachtenburg) der

Bergfried. Dieser stärkste und höchste Turm der Burg ist meist nicht mit der Schildmauer verzahnt, um beim Einsturz nicht den anderen Bauteil zu gefährden. Als Beispiele können hier vor allem die Burgen Gräfenstein und Landeck genannt werden. Im Gegensatz zum Wohnturm der salischen Wehranlage ist der staufische Bergfried vorwiegend für militärische Zwecke erbaut. Der Wegfall der Wohnfunktion hatte den Vorteil, daß man die Grundfläche der Türme verkleinern und auf Fenster in den oberen Geschossen verzichten konnte. Dadurch wurde der Turm wesentlich massiver und schlanker. Die in der Pfalz außerordentlich selten runden (Steinenschloß, Wilenstein), meist rechteckigen (Landeck), quadratischen (Erfenstein) oder polygonalen (Gräfenstein) Türme beeindrucken noch heute durch ihre große Höhe (bis zu 30 Meter) und außerordentliche Mauerstärke. Sehr häufig drehten die Bauherren eine Kante des Bauwerkes (Lichtenberg) in die Angriffsseite (Übereckstellung), wahrscheinlich um anfliegende Geschosse zur Seite abzulenken. Den Zugang zu dem "Statussymbol"[30] gewährte eine hochgelegene Pforte, die nur durch Leitern erreichbar war. Auch im Turminneren waren meist Strick- oder Holzleitern notwendig, um die einzelnen Stockwerke oder die Wehrplattform zu erreichen.

Überraschenderweise findet man besonders bei älteren staufischen Anlagen das Haupttor in die gefährdete Angriffsseite eingefügt (Wilenstein, Schloßeck). Diese Konzession an einen bequemen Zugang suchte man nicht nur durch verstärkte Befestigung und zusätzliche Sicherung, wie Zugbrücke, Fallgitter oder Gußerker wett zu machen, sondern oftmals auch, wie auf der Burg Lichtenberg bei Kusel, durch die Einbeziehung einer Kapelle in den Torbau. Dies geschah um den "Ein- und Ausgang in göttlichen Schutz zu stellen"[31]. Ansonsten war man immer bemüht, das Haupttor an einer ungefährdeten Burgseite zu installieren (alter Eingang von Spangenberg, Nannstein) und den zum Eingang führenden Torweg so anzulegen, daß der Angreifer dem Verteidiger die rechte, die ungedeckte Waffenseite zukehren mußte (Gräfenstein, Drachenfels).

Das repräsentativste Gebäude der mittelalterlichen Burg war immer der Palas, der auch Herrenhaus genannt wurde. Meist enthielten die unteren Stockwerke dieses festen Gebäudes den Keller (Lindelbrunn, Hohenecken), die Vorratsräume und die Küche. Im außerpfälzischen Bereich lassen sich im Untergeschoß selbst Stallungen nachweisen. Zu dem im ersten Obergeschoß liegenden großen Saal führte vor allem bei den frühromanischen Bauten eine Freitreppe. Als bedeutendster Raum der Feste diente er sowohl als Empfangs- und Speiseraum, als auch als Festsaal. Die Obergeschosse waren der privaten Nutzung vorbehalten, hier befanden sich meist Schlafräume. Der Palas stand als nichtmilitärisch genutztes Gebäude möglichst abseits der gefährdeten Angriffsseite hinter der Schildmauer und dem Bergfried (Landeck, Hohenecken). Eine Sonderform dieses Repräsentativbaues ist der "wehrhafte Palas"[32], der hauptsächlich dort erbaut wurde, wo man auf einen Bergfried verzichtet hatte. So konnte eine Seite des Gebäudes mit der Schildmauer iden-

tisch sein (Ramburg) oder man hatte die Untergeschosse des im Verlauf der Ringmauer erbauten Hauses (Lichtenberg, Lindelbrunn) zur Verteidigung eingerichtet.

Die Fenster waren vor allem in romanischer und gotischer Zeit außergewöhnlich schmal und klein. Sie konnten daher auch zu Verteidigungszwecken genutzt werden. Lediglich in den Obergeschossen befanden sich gekuppelte, oft reich verzierte Fensteröffnungen mit Steinbänken an den Innenseiten. Doch auch diese Fenster überschritten selten die Breite von einem Meter. Romanische Reihenfenster sind im pfälzischen Raum ebenso selten (Hoheneken), wie die schmalen, mehrteiligen Fensteröffnungen aus gotischer Zeit (Frankenstein, Meistersel). Erst im Zeitalter der Renaissance fanden in Neubauten (Hardenburg) die häufiger anzutreffenden großen rechteckigen Fenster Verwendung. Sie wurden allerdings auch in ältere Anlagen nachträglich eingefügt (Wilenstein, Gräfenstein). Bis zum Ende des 14. Jahrhunderts konnten die Fenster lediglich mit hölzernen, oft mit Blech beschlagenen Läden verschlossen werden. Erst danach wurden bleiverglaste Fenster üblich.

Neben dem Palas ist der Kemenatenbau das bekannteste Gebäude einer Burg. Er ist aber nicht, wie vielfach angenommen wird, ein ausschließlich von Frauen bewohnter Burgteil, sondern es handelt sich um Räume, die als heizbare Wohn- und Schlafzimmer Verwendung fanden. Besonders in der Frühphase des Wehrbaues war die Heizung der Gebäude ein großes Problem. Vor dem Aufkommen der Glasscheiben litten die Burgbewohner vor allem im Winter sehr unter der Kälte, denn während der romanischen Zeit waren lediglich kleine, geschmiedete Holzkohlebecken und vereinzelt offene Kamine vorhanden. Um die Heizung der Räume zu ermöglichen, kamen seit dem 13. Jahrhundert Kachelöfen, zuerst "mit einfachen, später geformten Kacheln"[33] hinzu, die von Öfen mit "glasierten und reich bemalten Kacheln"[34] abgelöst wurden. Als letzte Neuerung folgten ab dem 16. Jahrhundert gußeiserne Heizöfen.

Ebenso wenig angenehm waren auch die sanitären Verhältnisse. Die Toiletten waren in keiner Weise mit den heutigen vergleichbar. Die Burgbewohner mußten sich mit kalten, zugigen Aborterkern begnügen. Diese ruhten auf zwei Konsolsteinen, die vor die Außenwand der Gebäude traten (Lindelbrunn). Bemerkenswerterweise wurden solche Abortanlagen auch manchmal so plaziert, daß die Fäkalien den Innenhof der Wehranlage beschmutzten (Wilenstein). Die Aborterker, die als fortifikatorische Schwachpunkte galten - manche Burg soll durch diesen "heimlichen Ort" erstiegen worden sein - wurden seit dem 14. Jahrhundert durch besondere turmartige Vorbauten ummantelt. Außergewöhnlich schöne Beispiele gänzlich ummauerter Toilettenanlagen bieten die wohlerhaltenen Aborttürme des Gräfenstein und des Hambacher Schlosses.

Je nach Größe der Burg waren mehr oder weniger zahlreiche Nebengebäude vorhanden. Sie erstreckten sich entlang der Mauern der Vor- oder der Kernburg. Aus Platzgründen waren diese Baulichkeiten bei den elsässisch-pfälzischen Felsenburgen immer in der Unterburg zu finden. Ein Teil der Gebäude enthielt die Wohnungen der Wächter, Knechte und Mägde, während die restlichen als Stallungen, Scheunen, Schmiede oder als Gasthaus (Lichtenberg) genutzt wurden.

Die Wasserversorgung wurde im allgemeinen durch Brunnen gewährleistet. Jedoch war der Bau der tiefen Schächte nicht nur ungemein teuer und schwierig, sondern auch häufig erfolglos, da man keine wasserführenden Schichten antraf. Daher war man oft gezwungen, sich mit gemauerten oder in den Fels geschroteten Zisternen zu behelfen. Das Regenwasser wurde von Dächern, Wegen und Höfen in offenen, manchmal verdeckten Kanälen zu den Wasserreservoirs geleitet. Eine gut erhaltene Zisterne mit eingebauter Filtrieranlage hat sich auf den Dahner Schlössern erhalten. Welche Bedeutung man diesen Wasserbehältern beimaß, kann man am Beispiel der Burg Neuscharfeneck ermessen. Trotz relativ guter Wasserversorgung bemühte man sich, das Regen- und auch das Ablaufwasser des Brunnens in besonderen Felswannen zu sammeln, die als Vieh- und Pferdetränke dienten. Die höchst gelegene pfälzische Zisterne befindet sich im Aufsatzfelsen von Burg Drachenfels. Sie diente wohl der Besatzung als "eiserne Ration" für äußerste Notfälle. In einigen Höhenburgen (Wasigenstein, Lindelbrunn) gab es zwar einen Brunnen, jedoch lag dieser außerhalb der Kernanlage und war daher im Verteidigungsfall nicht zu benutzen. Auf dem Trifels löste man dieses Problem durch die Erbauung eines vorgelagerten Brunnenturmes, von dem eine Brücke zur Hauptburg führte. Im übrigen läßt sich der Einbau von Brunnenschächten in besonderen Gebäuden, wie Türmen (Moschellandsberg, Meistersel) oder Felskammern (Fleckenstein, Berwartstein) recht häufig nachweisen. Die Unterbringung in gedeckten Räumen hatte den unschätzbaren Vorteil, daß Verunreinigungen aus Versehen oder durch Feindeinwirkung ausgeschlossen werden konnten. Vor allem der gefürchtete Beschuß durch "Ulmer Grün", kleine mit Jauche gefüllte Fäßchen, hatte die Burgherren bereits früh zur Verlegung der Brunnen in Innenräume oder zur Erbauung von Brunnenhäusern gezwungen. Erst im ausgehenden Mittelalter übernahmen Wasserleitungen aus Holz oder Tonrohren die Versorgung einiger Wehranlagen in Friedenszeiten (Spangenberg, Lichtenberg).

Eine vollkommen andere Zweckbestimmung als "Wohnen und Wehren" hatten natürlich die Burgkapellen, die in unterschiedlichen Formen auf den Adelssitzen zu finden waren. Die konkrete Trennung der Burgen von den umliegenden Gemeinden scheint in vielen Fällen seelsorgerische Probleme nach sich gezogen zu haben, denn der Burgherr und die Burgbewohner verlangten zumindest den einfachen Meßgottesdienst. Daher wurden viele Burgen schon bei ihrer Gründung (Kaiserslautern, Lindelbrunn) mit Kapellen versehen oder sie wurden in späteren Zeiten hinzugefügt. Manche Kapellen waren in Wohngebäude (Frankenstein), Türme (Trifels) oder Tortürme (Lichtenberg) eingefügt, andere waren dagegen als eigener Bau (Hambacher Schloß,

Madenburg) errichtet worden. Nicht alle der mit bischöflicher Genehmigung erbauten Sakralgebäude befanden sich innerhalb des Burgberings. Manchmal mußte sich der Burgherr auch mit einer Kapelle auf halber Höhe des Berges zufrieden geben (Hohenecken), die so der Ortsgemeinde besser zugänglich war. Größere Burgen, wie Lindelbrunn, unterhielten einen eigenen Burgkaplan, der neben seiner seelsorgerischen Tätigkeit als Schreiber und Notar beschäftigt wurde.

Die Weiterentwicklung des Wehrbaues seit der salischen Zeit zeigt sich aber nicht nur in geänderten Grundrißformen und der Vergrößerung der Burgen, sondern auch in der Bautechnik. Die klein- und großquadrigen Mauerverbände der salischen Zeit werden nun vom charakteristischen Buckelquadermauerwerk der staufischen Ära ersetzt. Besonders am Außenmauerwerk der Hauptfortifikationen, wie Bergfried, Schildmauer und Torbauten wurden solche Quadersteine verwendet. Die Innenseiten dieser Bauteile sowie die anderen Wohn- und Wirtschaftsgebäude wurden dagegen im Regelfall aus glatt bearbeiteten Quadern erbaut. Nicht vergessen werden soll auch die Tatsache, daß ein großer Teil der Nebengebäude immer in Fachwerkbauweise errichtet worden ist, von der sich natürlich kaum mehr Reste nachweisen lassen (Landeck).

Der Wechsel vom romanischen zum gotischen Baustil war von einigen bedeutenden Neuerungen im Wehrbau begleitet. Vor allem die Begegnung mit den überlegenen byzantinischen und islamischen Wehranlagen während der Kreuzzüge hatte ungeheuren Einfluß auf den europäischen Burgenbau. Besonders bedeutsam war die Übernahme der von den Byzantinern bereits seit dem 6. Jahrhundert verwendeten "Maschikulis". Dies sind aneinandergereihte Gußlöcher auf einer vorgekrakten Mauerwand, die auf Konsolen ruht. Von dem darüberliegenden Wehrgang war es nun möglich, einen Gegner, der bereits den Mauerfuß erreicht hatte, durch senkrechten Bewurf oder Beschuß zu bekämpfen.

Auch der Gebrauch der weitreichenden Armbrust, den noch 1139 die Zweite Lateransynode auf Kämpfe gegen die Heiden beschränkt hatte, gab den Anstoß zum Bau neuer Verteidigungsanlagen. Der Einsatz dieser gefährlichen Waffe forderte vom Verteidiger vor allem den Umbau der bisherigen langgezogenen, schmalen Schießscharten (Wilenstein), die dem Bogenschützen als Kampfstand gedient hatten. In die Türme, Mauern und oftmals auch in die unteren Geschosse der Wohnbauten wurden nun Schießscharten eingebaut, die die Form eines Schlüsselloches oder eines Kreuzes (Hambacher Schloß) hatten. Die Schlüssellochscharten fanden auch in einem bisher unbekannten neuen Bauteil Verwendung, dem Zwinger. Er war durch die Errichtung neuer Wehrmauern vor der Kernanlage entstanden. Als weiterer Befestigungsring hatte er den Zweck, dem Angreifer das Heranschieben von Belagerungsmaschinen (Antwerk) an die eigentliche Hauptburg zu erschweren. Zusätzlich wurden an den Enden oder im Verlauf der Zwingermauern (Wachtenburg) vortretende Flankierungstürme eingefügt. Der Abstand von Turm zu Turm betrug im Ide-

alfall 30 bis 40 Meter, entsprach also einer Pfeilschußweite, so daß der Gegner immer mit flankierendem Beschuß zu rechnen hatte. Während älteren Burgen solche Zwingeranlagen nachträglich hinzugefügt wurden, berücksichtigte man die im Orient gewonnenen Erkenntnisse beim Neubau sofort, wie es sich am besten an der wahrscheinlich von westeuropäischen Baumeistern errichteten Burg Neuleiningen dokumentieren läßt.

Noch größeren Einfluß auf die äußere Gestalt unserer Burgen hatten allerdings die Feuerwaffen. Sie waren zwar bereits seit dem beginnenden 14. Jahrhundert bekannt, aber erst 100 Jahre später so ausgereift, daß die Burgherren gezwungen waren, ihre Bauten zu verändern. Die Mauerhöhe und die Stärke von Schildmauer und Bergfried hatten bisher genügt, die Steinkugeln der Bliden (Steinschleudern) abzuwehren oder ein Überschießen der Fortifikation zu verhindern. Den weittragenden, treffsicheren Geschützen vermochten die Mauern allerdings nur noch bedingt standzuhalten. Daher wurden die bestehenden Schildmauern oftmals ungeheuer verstärkt (Neuscharfeneck) oder aber eine neue, stärkere Wehrmauer in die Angriffsseite gestellt (Madenburg). Darüberhinaus verbreiterte man die Halsgräben, um den Angreifer zu zwingen, weit vor der eigentlichen Verteidigungslinie Stellung zu beziehen.

Neben diesen passiven Maßnahmen versuchten die Burgherren auch aktiv das Geschehen zu beeinflussen, indem sie sich ebenfalls der Artillerie bedienten. Zu diesem Zweck wurden Geschützkammern in die Mauern eingebaut, deren charakteristische "Maulscharten" (Neudahn, Hardenburg) noch heute den Betrachter beeindrucken. Während die Verteidiger anfangs nur Geschütze an der Angriffsseite aufstellten, änderten sie im 15. Jahrhundert ihre Taktik. Sie erbauten zusätzliche hohe Geschütztürme, meist in runder oder halbrunder Grundform (Altdahn). In mehreren Etagen und auf der oberen Plattform waren die Geschütze so angeordnet, daß sie alle möglichen Positionen des Angreifers unter Feuer nehmen konnten. Der alleinstehende Turm Klein-Frankreich gegenüber der Burg Berwartstein ermöglichte sogar, den Feind ins Kreuzfeuer zu nehmen.

Am Ende des Mittelalters und zu Beginn der Neuzeit unternahmen die adeligen Burgbesitzer den wohl letzten großangelegten Versuch, ihre mittlerweile veralteten Wehr- und Wohnanlagen den Erfordernissen der Zeit anzupassen. Aus den spätmittelalterlichen Burgen wurde das "feste Schloß" oder "Bergschloß", das Walter Hotz wohl zu recht als den "Abgesang der Burg"[35] bezeichnet hat, denn nur noch in dieser Form blieb "die Burg im Zeichen immer stärker werdender Feuerwaffen lebensfähig"[36]. Die Entwicklung der Feuerwaffen war bereits soweit fortgeschritten, daß die bisherigen Mauerstärken einem Beschuß von schwerer Artillerie keinesfalls standhalten konnten. Die Reichweite und Feuerkraft der modernen Geschütze verlangte nach einer adäquaten Antwort. Die Verteidiger entschlossen sich erneut zu einer Vorverlegung ihrer Defensivbauwerke und zu einer weiteren Verstärkung der eigenen Deckung.

Die Ritter reagierten aber nicht nur in der Defensive, sie beschafften sich eine eigene starke Artillerie, die in die mächtigen runden oder halbrunden Geschütztürme, "Rondelle" oder "Schießberge" genannt, eingebaut wurden. Auf diese Art und Weise hoffte man, selbst zum aktiven Kampffaktor zu werden. Daß diese Hoffnung trog, läßt sich am Beispiel der sikkingischen Burg Nannstein nachvollziehen, die der überlegenen Artillerie der Angreifer rasch zum Opfer fiel, obwohl sie wie kaum eine andere pfälzische Feste in dieser Zeit modernisiert, ausgebaut und bewaffnet worden war.

Neben diesem Bergschloß hatten die Sickinger, zu Anfang des 16. Jahrhunderts eines der mächtigsten pfälzischen Adelsgeschlechter, auch noch die Hohenburg und insbesondere die Ebernburg mit großen, mehrgeschossigen Geschütztürmen außerordentlich stark befestigt. Zu diesen festen Schlössern gesellte sich im pfälzischen Raum insbesondere noch die Hardenburg mit ihren mächtigen Rondellen und dem frei vor der eigentlichen Mauer stehenden Ostturm. Einen anderen Weg beschritten die Festungsbaumeister der Burg Neudahn. Sie fügten dem gewaltigen Zwillingsgeschützturm aus der ersten Hälfte des 16. Jahrhunderts nur fünfzig Jahre später eine geduckte, spitzwinklige Bastion an der Angriffsseite hinzu. Einer der letzten großen Geschütztürme, die im 17. Jahrhundert eine Burg verstärken sollte, war der von kaiserlich-spanischen Truppen im Dreißigjährigen Krieg errichtete, ungeheuer starke, hufeisenförmige Bollwerksturm auf Burg Lichtenberg.

Während im 15. und 16. Jahrhundert im übrigen deutschen Sprachraum bereits moderne Festungen erbaut worden waren, schloß man sich in der Pfalz dieser Entwicklung recht spät an, denn entsprechende Wehranlagen entstanden erst gegen Ende des 16. Jahrhunderts. Gleichwohl wurde auch in der Pfalz die Trennung von "Wehren und Wohnen" unübersehbar. Viele Adelige hatten ihre unwohnlichen Bergschlösser verlassen oder zerstörte Burgen nicht wieder aufgebaut (Wilenstein) und sich in neuerrichteten offenen Schlössern (Trippstadt) niedergelassen. Andere wiederum gestalteten ihre Burgen in Schlösser um, in denen sie die veraltete und nutzlose Fortifikation beibehielten oder sie in Neubauten einfügten (Kropsburg). Diese auf den ersten Blick widersinnige Handlungsweise hat, so mutmaßt Günter Stein zu Recht, "symbolische oder allegorische Gründe"[37]. Es war die Demonstration eines alten, ebenso zäh erkämpften wie verteidigten Vorrechts des Adels seit den Zeiten Kaiser Friedrichs II., das Befestigungsrecht.

[1] Mehle, F., Burgruinen der Vogesen. Auf Wanderwegen von der pfälzischen Grenze bis Belfort. Kehl 1986, S. 28.
[2] Hotz, W., Kleine Kunstgeschichte der deutschen Burg. Darmstadt 1979, S. 1
[3] Vgl. Rödel, V., Krieger/Ritter/Freiherr. Entstehung und Wirkung des Niederadels im Mittelalter. Koblenz 1988, S. 91
[4] Goetz, H.W., Leben im Mittelalter vom 7. bis zum 13. Jahrhundert. München 1986, S. 173
[5] Stein, G., Befestigungen des Mittelalters. Schlösser und Befestigungen der Neuzeit. In: Pfalzatlas. Textband I. Hrsg. Alter, W., Speyer 1964, S. 330ff
[6] Biller, T., Architektur der Defensive. Die Entwicklung der Adelsburg im Elsaß 1150-1250. In: Bauwerk und Bildwerk im Hochmittelalter. Gießen 1981, S. 66 (= Kunstwissenschaftliche Untersuchungen des Ulmer Vereins; 11)Vgl. Schrader, E., Das Befestigungsrecht in Deutschland von den Anfängen bis zum Beginn des 14. Jahrhunderts, Göttingen 1909, S.1
[7] Vgl. Schrader, E., Das Befestigungsrecht in Deutschland von den Anfängen bis zum Beginn des 14. Jahrhunderts, Göttingen 1909, S.1
[8] Vgl. Maurer, H.M., Rechtsverhältnisse der hochmittelalterlichen Adelsburg vornehmlich in Südwestdeutschland. In: Burgen im Deutschen Sprachraum. Ihre rechts- und verfassungsgeschichtliche Bedeutung. Bd.II. Hrsg. Patze, H., Sigmaringen 1976, S.99 (=Vorträge und Forschungen / Konstanzer Arbeitskreis für mittelalterliche Geschichte, Bd. 19)
[9] Scherer, K., Zur Geschichte der Burg und des Burgenbaues in der Pfalz. In: Burgen der Pfalz. Hrsg. Pfalzgalerie Kaiserslautern. Kaiserslautern 1982, S. 5
[10] Maurer, H.M., Bauformen der hochmittelalterlichen Adelsburg in Südwestdeutschland, in: Zeitschrift für die Geschichte des Oberrheins, Bd 115, Karlsruhe 1967, S. 67
[11] Hotz, W., Pfalzen und Burgen der Stauferzeit. Geschichte und Gestalt. Darmstadt 1981, S. 26f
[12] Rödel, V., Krieger/Ritter/Freiherr. Entstehung und Wirkung des Niederadels im Mittelalter, a.a.O., S. 21
[13] ebd. S. 27
[14] Biller, T., Die Burgengruppe Windstein und der Burgenbau in den nördlichen Vogesen. Untersuchungen zur hochmittelalterlichen Herrschaftsbildung und zur Typenentwicklung der Adelsburg im 12. und 13. Jh. (=30.Veröffentlichung der Abteilung Architektur des Kunsthistorischen Instituts der Universität Köln), Köln 1985, S. 54
[15] Götz, H.W., Leben im Mittelalter vom 7. bis zum 13. Jahrhundert, a.a.O., S. 174
[16] Vgl. Antonow, A., Planung und Bau von Burgen im süddeutschen Raum. Frankfurt 1983, S. 362
[17] Mauer, H.M., Rechtsverhältnisse der hochmittelalterlichen Adelsburg vornehmlich in Südwestdeutschland. In: Burgen im deutschen Sprachraum. Ihre rechts- und verfassungsgeschichtliche Bedeutung. Bd II, hrsg. von Hans Patze, Sigmaringen 1976, S. 124
[18] Vgl. ebd, S. 118ff
[19] Rödel, V., Krieger/Ritter/Freiherr. Entstehung und Wirkung des Niederadels im Mittelalter, a.a.O., S. 92
[20] Vgl. den Burgfriedensbrief von 1510 der Burg Drachenfels, abgedruckt in: Heuser, E., Das Ganerbenschloß Drachenfels. Kaiserslautern 1911, S. 46
[21] Hotz, W., Kleine Kunstgeschichte der deutschen Burg, a.a.O., S. 3
[22] Stein, G., Befestigungen des Mittelalters. Schlösser und Befestigungen der Neuzeit, a.a.O., S. 313
[23] Ebd., S. 315
[24] zur Abgrenzug von Motte und Turmburg siehe: Hinz, H., Motte und Donjon. Zur Frühgeschichte der mittelalterlichen Adelsburg (=Zeitschrift für Archäologie des Mittelalters. Beiheft 1). Köln 1981, S. 70
[25] Caboga, C.H. de, Die Burg im Mittelalter. Geschichte und Formen. Frankfurt, Berlin, Wien 1982, S. 12
[26] Hinz, H., Motte und Donjon. Zur Frühgeschichte der mittelalterlichen Adelsburg, a.a.O., S. 72 f.
[27] Stein, G., Burgen und Schlösser in der Pfalz, Frankfurt 1976, S. 16
[28] Ebd.
[29] Biller, T., Die Burgengruppe Windstein und der Burgenbau in den nördlichen Vogesen. Untersuchungen zur hochmittelalterlichen Herrschaftsbildung und zur Typenentwicklung der Adelsburg im 12. und 13. Jh., a.a.O., S. 266
[30] Scherer, K., Zur Geschichte der Burg und des Burgenbaues in der Pfalz, a.a.O., S. 7
[31] Stein, G., Burgen und Schlösser in der Pfalz, a.a.O., S.36
[32] Cabago, C.H. de, Die Burg im Mittelalter. Geschichte und Formen, a.a.O., S. 45
[33] Ebd., S. 59
[34] Ebd., S. 59
[35] Hotz, W., Kleine Kunstgeschichte der deutschen Burg, a.a.O., S. 234
[36] Ebd., S. 234
[37] Stein, G., Burgen und Schlösser in der Pfalz, a.a.O., S. 223

**O**berhalb der kleinen Gemeinde Altenbamberg befindet sich die Ruine der Altenbaumburg, die seit Mitte des 19. Jahrhunderts eines der beliebtesten Ausflugsziele in der Nordpfalz ist. Diese Feste ist nicht nur während der Fliederblüte einen Besuch wert, sondern auch zu anderen Jahreszeiten, denn das in 315m Höhe am Ende des langgezogenen Schloßberges gelegene ehemalige Stammschloß der mächtigen Rauhgrafen ist die größte Burgruine der Nordpfalz.

Die "Boimineburch", eine der ältesten Wehranlagen der Nordpfalz, wird erstmals 1129 urkundlich faßbar. Darüberhinaus belegt auch der Name das hohe Alter, denn die Namensformen Boymburg, Baymburg und Baumburg weisen deutlich auf das ursprünglich zum Bau der Burg verwendete Material, nämlich Holz hin. Hölzerne Burganlagen sind im Regelfall aber, wie das Beispiel des frühen Trifels beweist, Wehranlagen von hohem Alter. Bei der Teilung des Rauhgrafengeschlechtes im Jahre 1214 in zwei unterschiedliche Linien wurde die langgestreckte Feste im Gegensatz zur Neuenbaumburg in Altebaumburg umbenannt.

Ebenso wie der Zeitpunkt der Errichtung der Grafenburg liegen auch die folgenden Jahrzehnte im Dunkel der Geschichte. Dies ändert sich erst am Anfang des 14. Jahrhunderts. Einer Urkunde des Jahres 1317 ist zu entnehmen, daß die Altenbaumburg bereits vor dem genannten Jahr zur Ganerbenburg geworden ist. In dem überlieferten Vertrag vermacht Rauhgraf Heinrich ein Viertel des "Festen Hauses" Altenbaumburg mit Zustimmung seiner Gemeiner (Mitbesitzer) seiner Ehefrau Katharina von Katzenellenbogen. Obwohl die Blütezeit des Rauhgrafengeschlechtes sich bereits in jenem Jahrhundert offensichtlich seinem Ende zuneigte, erlebte dennoch der Rauhgraf Heinrich im Jahre 1320 den wohl letzten Höhepunkt in der Familiengeschichte. Kaiser Ludwig der Bayer privilegierte wegen der rauhgräflichen Verdienste nicht nur den Ort und die Altenbaumburg mit den Rechten der Stadt Oppenheim, sondern verlieh der neuen Stadt unter der Feste noch die besonders einträglichen Marktrechte.

Trotz dieses Zuwachses an Einkünften verschlechterte sich die wirtschaftliche Situation der einst so mächtigen Grafenfamilie immer mehr. In der Mitte des 13. Jahrhunderts war sie gezwungen, sich an die politisch und wirtschaftlich dominierenden Pfalzgrafen anzulehnen. Den ersten gegenseitigen Hilfs- und Unterstützungsverträgen folgen bald Schuldverschreibungen und vor allem - gegen die Zahlung von 3000 Gulden - das Öffnungsrecht an der Feste. Weder die Leibeserben noch die Rechtsnachfolger nach dem Aussterben der Rauhgrafen vermochten diese Situation zu ändern.

Der Haupterbe, Pilipp von Bolanden, der selbst in großen wirtschaftlichen Schwierigkeiten war, erneuerte 1358 das Öffnungsrecht gegenüber dem Kurfürsten Ruprecht I. und sagte dies auch noch dem Grafen Walram von Sponheim zu. Trotzdem verschlimmerte sich die Situation ab 1366 immer mehr, und der Bolander war wegen seiner großen "Judenschulden" gezwungen, die Jungfernkammer und den Ritterstall zu verpfänden sowie die gesamte mittlere Burg Ruprecht I. zu übergeben.

Diesem Kurfürsten gelang es auch, von den anderen Erben oder Pfandinhabern nach und nach immer größere Anteile zu erwerben, so daß im Jahre 1457 Kurfürst Friedrich I. bereits drei Viertel der Gesamtanlage und Zubehörden besaß. Da das restliche Viertel auf Umwegen gleichzeitig in den Besitz der Linie Pfalz-Simmern gelangt war, stand somit der Einsetzung eines kurpfälzischen Amtmannes auf der ehemaligen Rauhgrafenburg nichts mehr im Wege. Die Altenbaumburg wurde ab 1501 als kurpfälzisches und pfalz-simmersches Erblehen an verschiedene Adelsfamilien übergeben und verblieb anschließend von 1754 bis 1799 im Besitz der Pfalzgrafen von Zweibrücken.

Schon vor dem Jahre 1482 scheinen zumindest Teile der Altenbaumburg zerstört gewesen zu sein, denn man erlaubte Schweikhard von Sickingen, Steine des alten Rauhgrafenschlosses als Baumaterial für seine nahegelegene Feste Ebernburg abzufahren. Diesem Abbruch sind wahrscheinlich bald darauf weitere Zerstörungen gefolgt. Da einer Urkunde aus dem Jahre 1681 zu entnehmen ist, daß die Burg "vor etliche hundert Jahr zerstöret worden" ist und nichts mehr steht "als die alten Mauren", vermutet Johann Georg Lehmann den endgültigen Untergang im Bauernkrieg 1525 oder kurz danach bei einer anderen militärischen Aktion. Eine vollkommene Zerstörung erscheint aber nicht wahrscheinlich, denn in diesem Falle wäre während des Dreißigjährigen Krieges eine Besetzung wohl kaum erfolgt, und auch der Kurfürst Karl Ludwig hätte 1666 bei seinem Kriegszug gegen die Lothringer sicher nicht damit geprahlt, den Flecken und das Schloß Altenbaumberg persönlich erobert zu haben, wenn dies nur noch ein Trümmerhaufen gewesen wäre. Gegen die These der vollständigen Zerstörung spricht auch die Tatsache, daß die Franzosen 1689 sich die Mühe machten, die Altenbaumburg endgültig zu sprengen.

Überraschenderweise kann für die Mitte des 19. Jahrhunderts ein Bewohner auf der alten Feste nachgewiesen werden, ein königlich-bayrischer Revierförster , der ein Gebäude der Vorburg wiederhergerichtet haben muß. Um die Jahrhundertwende war, wie Zeitgenossen berichten, die mit Gartenanlagen ausgetatte Ruine nur noch mit einem Trümmerhaufen zu vergleichen.

Deutlich können noch heute in der 200 Meter langen Wehranlage drei verschiedene Baugruppen unterschieden werden. Der imponierendste Teil ist trotz des Wiederaufbaues eines Wirtschaftsgebäudes in der unteren Burg immer noch die gewaltige Schildmauer der oberen Burg. Diese erhebt sich jenseits eines sehr tiefen Halsgrabens, den nun statt einer mittelalterlichen Zugbrücke ein eiserner Steg überbrückt. An beiden Enden der starken Mauer befinden sich Ecktürme, die überraschenderweise vollkommen verschieden gestaltet sind. Im Norden erbauten die Grafen einen heute noch 15 Meter hohen Rundturm, im Süden jedoch einen fast 28 Meter hohen Turm mit quadratischem Grundriß. Im Innneren der Türme haben sich teilweise noch die Gewölbe erhalten, jedoch wurden die ehemaligen Schießscharten zu Fenstern umgestaltet. In der kastellartigen Oberburg findet man die kargen Reste des wohl stärksten Gebäudes der Gesamtanlage, die Grundmauern des viereckigen, ehemals mit Buckelquadern verkleideten Bergfriedes.

Ein breiter Einschnitt trennt diese Anlage von der wesentlich größeren mittleren Burg. Die zentrale Befestigung war mit der unteren Feste durch eine gemeinsame, mit Türmen verstärkten Mauer verbunden. Die nordwestlichen Längsmauern können als Teil einer Zwingeranlage gedeutet werden, jedoch ist der Befund derart gestört, daß dies eine Vermutung bleiben muß.

Die im Südwesten gelegene Unterburg wird heute von der Terrasse und den Treppengiebeln eines in jüngster Zeit wiedererrichteten zweigeschossigen Wohngebäudes beherrscht, das die Burggaststätte beherbergt. Sehenswert sind darüber hinaus das original erhaltene Kellergewölbe, der bis in die jüngste Zeit genutzte Brunnen, aufgehendes Mauerwerk ehemaliger Wohn- und Wirtschaftsgebäude sowie die Burgkapelle.

Der Altenbaumburg vorgelagert ist das kleine Vorwerk Treuenfels, das Beobachtungs- und Überwachungsfunktionen im Tal ausübte.

# Die
# Altenbaumburg

**D**ie vor 1120 errichtete Burg Altleiningen ist die Stammburg des pfälzischen "Uradelsgeschlechtes" der Grafen von Leiningen. Als Gründer wird Graf Emig II. von Leiningen vermutet, der Anfang des 12. Jahrhunderts auf der Feste residierte. Die zunächst nur "Leiningen" (castrum Liningen) genannte Wehranlage, die 1242 nach dem Bau der Burg Neuleiningen erstmals als "Altleiningen" (Liningen antiquum) bezeichnet wurde, diente bis zum Ende des 13. Jahrhunderts den Grafen als Wohnsitz. Seit 1293 teilten sich die Leininger jedoch den Burgbesitz mit den Grafen von Sponheim (bis 1532) und den Grafen von Nassau (bis 1429). Der Südflügel der Burg stand den neuen Mitbesitzern zu, die entsprechend ihren Bedürfnissen neue Wohn- und Wirtschaftsgebäude errichten ließen. Die große Feste, die somit zur Ganerbenburg geworden war, fiel bei der bekannten leiningischen Teilung 1317 an die Linie Leiningen-Dachsburg.

Die große Zeit Altleiningens war aber das 15. Jahrhundert, als der von Kaiser Friedrich IV. 1444 auf dem Reichstag von Nürnberg zum Landgrafen erhobene Hesso von Leiningen die alte Burganlage zu einer glanzvollen Wohn- und Wehranlage ausbaute. Sein Erbe fiel an seinen Schwager Reinhard von Westerburg, der die neue Linie Leiningen-Westerburg begründete, die Altleiningen bis in die jüngste Vergangenheit besaß.

Die Residenz des Landgrafen erlitt erstmals schwere Schäden im Bauernkrieg. Der Bauernhaufe begnügte sich nicht mit der bloßen Einnahme und Plünderung, sondern äscherte die gesamte Burg ein. Dabei verbrannten auch große Teile des Leininger Archivs. Den Bauern war die Einnahme der Burg recht leicht gefallen, denn Graf Kuno II. hatte sich rechtzeitig nach Heidelberg abgesetzt und lediglich den Burgkaplan im Bergschloß zurückgelassen.

Jahrelang war das Bergschloß Ruine. Erst nach dem Erwerb des Sponheimer Anteils im Jahre 1532 begann ein zögerlicher Wiederaufbau durch die Leininger. In der zweiten Hälfte des 16. Jahrhunderts wurden größere Aus- und Umbaumaßnahmen vor allem an der Ostseite in Angriff genommen, die aber erst 1620 unter Graf Ludwig abgeschlossen werden konnten. Er ließ insbesondere mit großem finanziellem Aufwand den repräsentativen Mittelbau errichten und legte eine Wasserleitung, die die Zisternen ersetzte.

Auch sein Nachfolger, Graf Johann Casimir, der zwischen 1622 und 1635 die Burg sein Eigen nannte, war ein Mensch, der "eine große Passion zum bauen hatte, daß sogar bey den elendesten Kriegerischen Zeiten die unterthanen die Bau Frohnden über den andern tag verrichten musten; und die Bedienten sich des unglücks der unterthanen annehmen, auch den hierdurch aufwachsenden Schulden wehren und biß zur Ausfertigung der Capellen Von Anno 1626 alles Bauwesen eingestellt verblieben muste. Graff Ludwig Eberhard ließe zwar Anno 1670 et seq. noch ein und anderes Verbessern, so daß man glaubte, es seye eines der ansehnlichsten Schlösser dieser Gegend, wie annoch die traurige merckmahle und Rudera der Kurtz hierauf erfolgten Zerstöhrung dieses bestättigen".

Burg Altleiningen, deren Vorburg im Dreißigjährigen Krieg der gesamten Bevölkerung der umliegenden leiningischen Dörfer als Zuflucht gedient hatte, überstand das mörderische Ringen jener Jahre überraschenderweise ohne Schaden. Dies änderte sich jedoch im Pfälzischen Erbfolgekrieg, denn Marschall Melacs Truppen, die das Bergschloß ohne Gegenwehr eingenommen hatten, sprengten am 27. März 1690 bei ihrem Abzuge die Verteidigungsanlagen sowie den Ostbau und äscherten die Wohnbauten ein.

In der Folgezeit diente die Burgruine als Steinbruch. Nach dem Zweiten Weltkrieg wurden jedoch größere Teile der ehemaligen Schloßbauten in teilweise vereinfachter Form wiedererrichtet und dienen heute als Jugendherberge.

Die fast 190 Meter lange und 100 Meter breite Feste auf dem östlichen Ausläufer des Tauberberges über dem Leiningertal besteht aus einer Hauptburg, die der Bergform entsprechend einen dreieckigen Grundriß hat, und einer fast rechteckigen weitläufigen Vorburg, die im späten Mittelalter als Turnierplatz gedient haben soll. Durch einen breiten Halsgraben, der ebenso wie die Vorburg im Luftbild nicht sichtbar ist, war die Gesamtanlage vom weiter ansteigenden Bergrücken getrennt.

Im Gegensatz zur Vorburg, von der sich nur wenig aufgehendes Mauerwerk erhalten hat, wird die Kernanlage von mächtigen mehrgeschossigen Gebäuden beherrscht. Sie erheben sich alle hinter einem zweiten tiefen Halsgraben, der seit einigen Jahren bedauerlicherweise den Swimming-pool des Jugendgästehauses beherbergt. Hinter dem Graben erhob sich einst eine drei Meter dicke mächtige Schildmauer, von der sich an den Nord- und Südenden Reste erhalten haben. Sowohl die Brücke über den Halsgraben als auch das Tor, über dem als Fundstück ein schöner "Neidkopf" eingelassen ist, sind in jüngster Zeit wiedererrichtet worden. Am Nordende der Schutzmauer erheben sich die Reste eines fünfseitigen Gebäudes, das als Torhaus gedient haben könnte.

Das Südende wird dagegen von den Ruinen eines polygonalen Eckturmes beherrscht. An diese Bastion und die Schildmauer ist der ältere Südbau der Leininger angelehnt, dessen buckelquaderverkleidete Außenmauer mit den schönen spitzbogigen Fenstern zweigeschossig erhalten ist. Dieser, neben der Schildmauer älteste Burgteil, erhebt sich über einem großen in den Felsen gehauenen Keller. Ein weiterer, ebenfalls unterkellerter Wohnbau schließt sich westlich (im Bilde rechts) an. In dessen bemerkenswert dicken Außenmauern sind zahlreiche große Fenster eingelassen, die als Charakteristikum von Altleiningen gelten. Es sollen einst 365 Fenster vorhanden gewesen sein, doch lassen sich heute lediglich 157 nachweisen. Im Untergeschoß, das für Verteidigungszwecke hergerichtet war, befinden sich statt der Fenster viereckige Schießscharten. Das Pendant zu diesem im 16. Jahrhundert errichteten Südflügel ist der nördliche Schloßbau. Dieser ebenfalls in vereinfachter Form wiederaufgebaute ehemalige leininger Anteil ist wie das Schwestergebäude heute flach gedeckt. Es vermittelt dem unvoreingenommenen Betrachter ein vollkommen falsches Bild vom früheren Aussehen, denn beide Bautrakte besaßen sicherlich hohe Giebel und steile Satteldächer mit Mansarden.

Heute wie früher verbindet der um 1620 errichtete Mittelbau, der den Haupteingang der Wohngebäude enthielt, die beiden Schloßflügel und birgt die Zugangsmöglichkeiten zu den einzelnen Stockwerken. Er gilt als Blickfang für den Besucher, denn die Umrahmungen der Fenster, die sich über den drei repräsentativen Portalen des Eingangsbereiches erheben, werden abwechselnd von glatten und mit Zackenmustern versehenen Rundbogen geziert. Der terrassenähnliche Bau (im Luftbild rechts) ist das Untergeschoß des Ostbaues, der die Sprengung durch die Franzosen nicht überstanden hat.

Ein weiteres Wohngebäude, das sich an die Schildmauer anlehnte, ist ebenso verschwunden wie die 1525 zerstörte Burgkapelle St. Nikolaus. Eine neue Kapelle, die Graf Ludwig im Südflügel einrichten ließ und deren herrliche Säulen die Zeitgenossen beeindruckten, fiel der Zerstörung im Jahre 1690 zum Opfer.

# Burg
# Altleiningen

# Burg
# Battenberg

**D**ie Ruinen der Burg Battenberg, welche nicht weit von Neuleiningen liegen, erheben sich in beträchtlicher Höhe neben der weiten und schönen Rheinebene, daher man über diese zu den schönen Konturen der jenseitigen Berge eine genußreiche Aussicht hat", schrieb 1855 Peter Gärtner, einer der Altmeister der pfälzischen Burgenforschung. Trotz dieser unverändert herrlichen Aussicht von der breiten Bergzunge über dem Ausgang des Leininger Tales zur Rheinebene, gehört die alte Leiningerfeste zu den weniger bekannten und besuchten Wehranlagen der Pfalz. Den Grund für diese "Mißachtung" hat sicherlich schon Philip A. Pauli in seiner Beschreibung des Kreises Frankenthal erkannt, der 1817 ausführte:"Die Überreste der Burg bestehen aus wenigem, unansehnlichem Gemäuer. Sie gehörte den Grafen Leiningen-Dachsburg. In den pfälzischen historischen Schriften wird öfters von den Rittern von Battenberg (Bettemberg) gesprochen, aber es werden weder Quellen noch Namen angegeben. Graf Karl Ludwig von Leiningen-Hartenburg wohnte zeitweise auf Battenberg (1773)".

Erst Peter Gärtner glaubte fast vierzig Jahre später aus der 1359 erfolgten urkundlichen Erwähnung eines "Ditzo von Battenberg" auf die Existenz eines "Schlosses" schließen zu können. Diese Überlegung wurde in den vierziger Jahren unseres Jahrhunderts in den "Kunstdenkmälern der Pfalz" und später von Theodor Kaul übernommen. Gegen diese These und die vielfach vorgetragene Meinung (so von Johann Georg Lehmann (1855), Eduard Brinkmeier (1890), Heinrich Conrad (1967) und Günther Stein (1968), der Burgbau auf dem Berg sei in Verbindung mit der Errichtung der nahegelegenen Feste Neuleiningen zu sehen (und von dem 1287 verstorbenen Grafen Friedrich III. von Leiningen erbaut), wandte sich 1982 Ingo Toussaint. Er gibt in seiner ausgezeichneten Studie "Die Grafen von Leiningen" zu bedenken, daß über die Existenz dieser Feste die mittelalterliche Überlieferung keine Auskunft gibt.

Zwar war der Ort Battenberg bereits 1179 ein wesentlicher Bestandteil des leiningischen Kernlandes, doch wird in der Tat erst im Jahre 1623 neben dem Dorf auch ausdrücklich ein gleichnamiges Schloß erwähnt. Dieses fiel im Pfälzischen Erbfolgekrieg der französischen Strategie der terre brûlée zum Opfer. Vom Burgberg aus soll am 22. Mai 1693 Graf Friedrich Emich von Leiningen mit General Melac und Marschall Tallart die endgültige Niederbrennung Heidelbergs beobachtet haben. Gleichwohl diente die zumindest teilweise wiederhergestellte alte Leiningerburg noch bis 1747, abwechselnd mit Schloß Kleinbockenheim, den Grafen von Leiningen als Amtssitz.

Fast fünfzig Jahre nach der Auflassung der Residenz war die ruinöse Burg wohl zum letzten Mal Schauplatz kriegerischer Ereignisse, denn den Husaren des Regimentes "Graf von der Goltz", bei denen kein Geringerer als der spätere Marschall Blücher weilte, gelang es in der Nacht vom 4. auf den 5. September 1794, bei der Feste und am "Battenberger Schloßwäldchen" ein militärisches Kontingent republikanischer Franzosen aufzureiben und zahlreiche Gefangene zu machen.

Die etwa 120 Meter über dem Talgrund sich erhebende Burgruine Battenberg prägt nicht, wie die benachbarte Wachtenburg oder die Feste Neuleiningen, das Bild der Landschaft, denn nur noch sehr wenige Gebäudereste überragen Bäume und Sträucher. Der Bergform folgend umzieht eine Ringmauer ein ebenes Areal von fast 80 Meter Länge und 60 Meter Breite. Vor allem an den drei Hangseiten steigen, im Gegensatz zur Hofseite, die Bruchsteinmauern des Berings noch mehrere Meter an. Dies ist wohl eine Folge der Einebnung früherer Gebäude nach der Zerstörung der Burg, denn in den großen Innenraum haben sich lediglich an der Nordwestecke und an der Ostmauer Mauerreste erhalten. Das Untergeschoß eines vorspringenden sechseckigen Flankierungsturmes (im Bild rechts) ist der bedeutendste Rest der ehemaligen Fortifikationen. Besonders die unterhalb eines schön profilierten Gurtgesims eingemauerten querrechteckigen Schießscharten in ihren kreisrunden Blenden unterstreichen den wehrhaften Charakter des Bauwerks.

Geröll und Schutt vor der Westmauer (im Bild vorne) lassen einen heute verschütteten Graben ahnen, der zusammen mit der Ringmauer die gefährdete Hauptangriffsseite zu schützen hatte. Im Verlauf dieses Ringmauerteiles hat sich am Nordende das ausspringende Untergeschoß eines starken Torturmes erhalten, dessen stichbogiges Tonnengewölbe den Zugang zum weiten Innenhof gewährt. Bei den rundbogig gefaßten seitlichen Tür- oder Fensteröffnungen könnte es sich um veränderte Reste ehemaliger Schießscharten handeln. Da die Vorderfront des Torgebäudes abgegangen ist, können derzeit keine belegbaren Aussagen über zusätzliche Sicherungen wie eine Zugbrücke, Pechnasen oder Fallgitter gemacht werden.

Abweichend von der relativ geringen Mauerstärke des Berings ist die im Nordteil auf massivem Fels aufsitzende Westmauer zu beiden Seiten des Torturmes erheblich breiter aufgeführt, so daß hier eine ehemals schildmauerähnliche Fortifikation vermutet werden kann. Darauf verweisen auch die an der Innenseite dieser Mauer vorhandenen großformatigen, glatten Quadersteine.

Im nordwestlichen Winkel zwischen Torbau und Ringmauer wurde in späterer Zeit ein größeres Gebäude mit Halbwalmdach und einem kleineren Anbau eingefügt. Im weiteren Verlauf des Nordberings deuten vermauerte Fensternischen auf einen, ehemals an die Ringmauer angelehnten, größeren Wohn- oder Wirtschaftsbau hin. Ein weiterer langgestreckter Wohnbau beherrschte die Ostseite des Burghofes. Ähnlich dem Nordbau waren seine Außenmauern ebenfalls mit der umlaufenden Wehrmauer identisch. Neben einem großen gewölbten Keller hat sich das Untergeschoß erhalten, dessen heutige Fenster- und Türöffnungen leider keinerlei prägnante Stilmerkmale aufweisen. Das Charakteristikum dieses Gebäudes ist aber ein nach Westen vorspringender fünfeckiger Treppenturm. Der drei bis viergeschossige Turm ist, ebenso wie das Wohnhaus, aus Bruchsteinen errichtet und könnte dem 16. oder 17. Jahrhundert zugerechnet werden. Durch einen terrassenähnlichen Bauteil war dieser Wohnbau mit dem Flankierungsturm verbunden.

Genauere Aussagen über sonstige vorhandene Gebäude und Fortifikationen sind nicht möglich beziehungsweise können erst nach fachgerechten, umfangreichen Ausgrabungen gemacht werden. Dabei würden sich sicherlich auch Aufschlüsse über das wirkliche Alter der Burg Battenberg ergeben.

Auf der Zufahrtsstraße unterhalb der Burgruine befindet sich eines der sehenswertesten Naturdenkmale der nördlichen Weinstraße, die sogenannten "Blitzröhren". Es handelt sich dabei um den in der Pfalz äußerst seltenen "Aufschluß vererzter Sande mit eisenhaltigen Sinterröhren, die als Bündel zutage treten".

# Die
# Reichsburg Berwartstein

Neben dem Trifels und dem Hambacher Schloß gehört der zwischen 1893 und 1896 teilweise wiedererrichtete Berwartstein zu den am meisten besuchten Burgen im pfälzischen Raum. Sicherlich ist der freie Wiederaufbau, der der Wehranlage zu ihrem malerischen Aussehen verholfen hat, einer der Gründe für diesen regen Zuspruch. Das sagenumwobene Felsennest, das bewohnt und bewirtschaftet wird, besticht darüber hinaus allerdings auch durch seine einzigartige Lage auf einem hohen Sandsteinfelsen.

Die Reichsburg Berwartstein wird erstmals im Jahre 1152 erwähnt, als Kaiser Friedrich I. die Feste dem Speyerischen Bischof Gunther als Lehen übergab. Seit Beginn des 13. Jahrhunderts ist eine Ministerialenfamilie bekannt, die sich nach der Burg benannte. Neben dem ersten bekannten Bewartsteiner Rudolff (1201) ist dabei insbesondere der Ritter Walther, genannt "Knechtelin", zu erwähnen. Er bezeichnete sich im Jahre 1256 ausdrücklich als "Herr" von Berwartstein.

Der Vorwurf des Straßenraubes und des Landfriedensbruches gegen Eberhard von Berwartstein, Hugo von Fleckenstein und Nikolaus von Lützelburg wurde 1314 der Wehranlage zum Verhängnis, denn nach einer fünfwöchigen Belagerung glückte den Heerhaufen der Reichsstädte Straßburg und Hagenau der Sturm auf die Burg. Die siegreichen Belagerer begnügten sich nicht nur mit der Wegnahme der umfangreichen Vorräte und der Gefangennahme der Verteidiger - es wurden 25 bis 30 Mann genannt - sondern zerstörten darüberhinaus den Bewartstein. Von diesem Schlag sollte sich die Ministerialenfamilie nicht mehr erholen, denn die Auslösung der Gefangenen und die immensen Kosten des Wiederaufbaues der Burg zwangen Anselm von Berwartstein zum Verkauf größerer Ländereien und letztlich im Jahre 1343 der Burg.

Die Käufer, die Herren von Weingarten, erfreuten sich allerdings nicht allzu lange ihres Besitzes, denn sie veräußerten bereits 1347 für 800 Pfund Heller die Wehranlage an das Peterstift der Stadt Weißenburg. Die Äbte des Stiftes übertrugen entsprechend damaligem Brauch die Burghut an Niederadelige, die bestimmte Einkünfte aus den Ländereien und sonstigen Rechten der Burg als Entlohnung zugewiesen bekamen. Sie mußten allerdings die Burgbesatzung von diesen Einnahmen besolden, doch scheint dies den Rittern keinen größeren Kummer bereitet zu haben, denn der Verwalter (= Keller) erhielt jährlich lediglich "2 Pfund Heller, ein Gewand, eine Hose und ein Paar Schuhe, ein Wächter 1 3/4 Pfund Heller, eine Hose und ein Paar Schuhe" und eine Magd lediglich "15 Unzen Heller, 5 Ellen Tuch und zwei Paar Schuhe".

Die nächsten 150 Jahre in der Burggeschichte sind besonders durch permanente Streitigkeiten zwischen den von den Weißenburger Äbten zur Burghut eingesetzten Niederadeligen und den benachbarten Herren vom Drachenfels wegen strittiger Weiderechte gekennzeichnet. Diese Schwierigkeiten eskalierten im Laufe der Zeit derart, daß 1472 die Eckbrechte von Dürkheim, die den Drachenfels zu dieser Zeit in Besitz hatten, den Berwartstein im Handstreich besetzten und den Burgvogt gefangensetzten.

Die Kurfürsten von der Pfalz, die bereits lange vor diesen Ereignissen das Öffnungsrecht am Berwartstein erworben hatten, erzwangen zwar die Herausgabe der Feste von den Dürkheimern, waren aber gleichwohl nicht bereit, den Berwartstein den ursprünglichen Eigentümern zurückzugeben. Damit nicht genug! Kurfürst Philipp I. der Aufrichtige verlieh die Burg 1480 an den thüringischen Ritter Hans von Trotha (Hans Drot) und verkaufte sie fünf Jahre später sogar an den zum kurpfälzischen Marschall aufgestiegenen Thüringer.

Der neue Eigentümer zierte die hochmittelalterliche Anlage nicht nur mit neuen "stattlichen Gebäuden", sondern verstärkte die Befestigungen mit modernen Vorwerken, Rondellen und Basteien sowie dem alleinstehenden Geschützturm "Kleinfrankreich" auf dem nahegelegenen Nestelberg. Zwar versuchten die Vertreter des Weißenburger Klosters mit allen Mitteln die Herausgabe ihres Besitzes zu erlangen, doch war die Stellung des Hans von Trotha im politischen Spektrum jener Jahre derart gesichert, daß selbst ein päpstlicher Bann und Vermittlungsbemühungen Kaiser Maximilians erfolglos blieben. Die Erben des 1503 verstorbenen kurpfälzischen Marschalls wurden in den folgenden Jahren zwar gezwungen, einzelne Dörfer, Ländereien und Rechte dem Stift Weißenburg zurückzugeben, jedoch verblieb Burg Berwartstein in ihrem Besitz. Erst im Jahre 1637 fiel das Bergschloß, das im Jahre 1591 durch Brand eingeäschert worden war, an die Kurpfalz zurück.

Welchen Wert die Weißenburger allerdings dem Berwartstein beimaßen, läßt sich daran ermessen, daß sie bis 1648 ihre Besitzansprüche weiterhin aufrechterhielten und offensiv vertraten. Der neue Lehensherr, der kurfürstlich Mainzische Geheime Rat Freiherr von Waldenberg, ließ ab 1652 zwar die Ländereien wieder bepflanzen und den Wirtschaftshof neu erbauen, aber das "verbrannt und zum Steinhauffen worden" Schloß "Berbenstein", das bis "uff die Rudera ganz verfallen und mit Hecken verwaxen" war, blieb weitgehend Ruine. Der Versuch der kurpfälzischen Verwaltung, den neuen Lehensherren und dessen Erben zum Wiederaufbau der alten Wehranlage zu zwingen, scheiterte in der Folgezeit an den beträchtlichen Kosten.

Die Bauern der Umgebung beendeten am 30. Juli 1785 die Adelsherrschaft, indem sie den waldenburgischen Erbpächter kurzerhand verjagten. Der Enteignung während der Franzosenzeit folgte 1816 die bayrische Herrschaft und erst 1840 wurde die Ruine der Witwe des letzten Freiherrn zurückgegeben, die den Besitz bald weiterveräußerte. Die Burg,

die noch immer in Privatbesitz ist, verdankt ihr heutiges Aussehen weitgehend dem Wiederaufbau, den einer der Käufer, Theodor von Baginsky, Ende des 19. Jahrhunderts durchführen ließ.

Südlich des Dorfes Erlenbach erhebt sich der markante Burgberg, der durch eine kleine Zubringerstraße erschlossen ist. Vom Parkplatz, der das Ende der Straße markiert, führt ein Fußweg zum eigentlichen Burgareal.

Die Kernanlage, auf dem steil aufragenden Sandsteinfelsen erbaut, wird fast vollständig von einer weitläufigen Felsterrasse umgeben, die einst die von Hans von Trotha errichtete Unterburg trug. Von den vier oder fünf halbrunden Flankierungstürmen, die die Vorburg einst schützten, ist lediglich ein einziger erhalten geblieben. Er dient heute als Burgkapelle. Die restlichen Geschütztürme sind ebenso wie große Teile der Verbindungsmauern, verschüttet oder gänzlich abgegangen.

Die Nordwest- und Nordostseite beherbergte die Unterburg. Sie war an den hohen Burgfelsen angelehnt, der gleichzeitig als Rückwand diente. In den Felsen sind zwei große quadratische Felsenkammern mit Mittelstützen eingearbeitet, die durch einen Gang miteinander verbunden sind. Ein "Mannloch" in der Decke der nördlichen Kammer führt durch eine höher gelegene dritte Felsenkammer zum Obergeschoß der Burg. Das Erdgeschoß der heutigen Unterburg birgt den sogenannten "Rittersaal", einen schiefwinkligen Raum, dessen vier Kreuzgratgewölbe von einer achteckigen Mittelstütze getragen werden. Ein Schacht in dessen Südwand wird heute als Speiseaufzug der Burggaststätte genutzt.

Das über dem als Gastraum dienenden "Rittersaal" gelegene Geschoß ist die 1893/95 neu erbaute Eingangshalle zum Wohnbau der Oberburg. Von besonderem Interesse ist hier der tiefe Brunnenschacht, der einst die Wasserversorgung der Felsenburg sicherte. An weiteren Felsenkammern vorbei führt der Weg über Holztreppen in die Oberburg. Die Buckelquaderverblendung der Außenmauern weist in die spätstaufische Zeit. Jedoch sind die Fenster ebenso wie das dritte Geschoß Zutaten des Wiederaufbaus. Dies gilt auch für die oberen Abschlüsse der schmalen Schildmauern ähnlichen Türme, die dem Besucher eine phantastische Aussicht bieten.

Südlich der Gemeinde Schönau, unweit einer Landstraße, liegt auf einem schmalen Felsen in grandioser Waldeinsamkeit eine der höchstgelegenen pfälzischen Burgen, der Blumenstein. Die ersten spärlichen Nachrichten aus der Frühzeit der kleinen Felsenburg belegen einen Anselm von Blumenstein, der in einer Urkunde aus dem Jahre 1269 siegelt. Dies und der spärliche Baubestand, der ebenfalls ins späte 13. Jahrhundert verweist, lassen die Vermutung zu, daß das feste Haus Blumenstein, gleich vielen anderen Burgen dieses Gebietes, der zweiten Phase des Burgenbaues zuzurechnen ist. Auffälig ist noch der im 17. Jahrhundert belegte sehr kleine zur Burg gehörende Besitz, der lediglich die Waldungen am Burgberg umfaßte, so daß wirtschaftliche Überlegungen für den Bau der Feste wohl entfallen. Möglicherweise ist der eigentliche Herkunftsort der Blumensteiner die Gemeinde Batzendorf südwestlich der alten Reichsstadt Hagenau, denn in einer Urkunde der Abtei Stürzelbronn wird im Jahre 1332 ein Anselm von Batzendorf zu Blumenstein genannt. Dies und die Tatsache, daß alle anderen Ministerialen dieses Raumes aus dem Raum Straßburg/Hagenau oder aus dem Herzogtum Lothringen stammen ist sicherlich ein Indiz für die ansonsten nicht geklärte Herkunft der Blumensteiner.

Anselm von Blumenstein, der sich als erster nach der Burg nennt, scheint ähnlich wie seine Nachkommen ein äußerst streitbarer Herr gewesen zu sein. Er besaß den Mut und offenbar auch die entsprechenden Mittel, 1334 eine langwierige Fehde mit dem mächtigen Herren von Ochsenstein auszutragen. Wenige Jahre später war er oder sein gleichnamiger Sohn in eine weitere Streitigkeit mit den benachbarten Herren von Fleckenstein verwickelt. Diesem Geschlecht, das zu den ältesten in diesem Raum zählt, waren die Blumensteiner allerdings auf Dauer nicht gewachsen, denn einer Urkunde des Jahres 1347 kann entnommen werden, daß Heinrich von Fleckenstein, genannt von Sulz, den Edelknecht Anselm von Blumenstein einige Jahre zuvor aus seiner Burg vertrieben hatte.

Der neue Besitzer erfreute sich aber nicht lange seiner Eroberung, denn er trat ein Viertel der Wehranlage an den Grafen Walram von Zweibrücken ab und verkaufte den größeren Rest einige Jahre später an die Herren von Tan (=Dahn). Die verworrenen Besitzverhältnisse jener Zeit auf der kleinen Ganerbenburg kennzeichnet recht anschaulich der 1356 geschlossene Burgfriedensvertrag zwischen Walram und Johannes von Tan (=Dahn), in dem der Dahner einräumen muß, daß er wegen der Hälfte der Burg mit Heinrich von Selbach im Streite läge. Diese besitzrechtliche Auseinandersetzung wurde kurze Zeit später beigelegt, denn der Herr von Seelbach erhielt 60 Gulden Entschädigung für entwendeten Hausrat auf Burg Blumenstein und weitere 400 Gulden für seinen Anteil an der Feste.

Der zweibrückische Anteil fiel später durch Erbschaft an die Grafen von Hanau Lichtenberg, 1736 an die Landgrafschaft Hessen und anschließend an Hessen-Darmstadt. Der Anteil der Herren von Dahn gelangte dagegen nach deren Aussterben 1603 nach kurzem Zwischenspiel zu gleichen Teilen an das Bistum Speyer und das Herzogtum Pfalz-Zweibrücken.

Johann Georg Lehmann berichtet, die kleine Feste sei 1525 im Bauernkrieg beschädigt worden und Ende des 16. Jahrhunderts wird dementsprechend der Blumenstein als ein "zerbrochen Hauß" bezeichnet. Eine weitere Erwähnung folgt im Jahre 1610, als die Witwe Johann Friedrichs von Tan (=Dahn) den ihr gehörenden Anteil am "verfallenen Burgstall Blumenstein" dem Vogt des pfalz-zweibrückischen Amtes Wegelnburg verkaufte. Jedoch im Jahre 1707 war das Bergschloß "einigermaßen repariert" und insbesondere war die Zugbrücke wieder instandgesetzt worden. Die mit einem Pförtner besetzte Burg diente in jenen Jahren der Bevölkerung von Fischbach, Schönau und Obersteinbach als Fluchtburg. Nach diesem Zwischenspiel verfiel die Burg immer mehr, und erst Sicherungsarbeiten in neuerer Zeit haben den endgültigen Verfall gebremst.

Der Blumenstein ist wie die meisten pfälzischen Burgen in Spornlage, am Ende eines langgestreckten Bergrückens errichtet worden, so daß die Wehranlage von drei Seiten praktisch unangreifbar war. Die steilen Abhänge und der hochaufragende Burgfelsen machten ein Heranschieben von Belagerungsgerät unmöglich. Lediglich die nach Westen gerichtete Schmalseite entbehrte dieses Schutzes. Aus diesem Grunde richteten die Erbauer ihr Hauptaugenmerk auf diesen Schwachpunkt in der Angriffsseite.

Ein tief in den Felsen geschroteter Graben – heute ein Waldweg–, hatte die Aufgabe, eine erste Schutz- und Abstandszone an dieser Seite zu bilden und den eigentlichen Burgfelsen vom übrigen Gelände abzutrennen. Darüberhinaus versteckten sich die Wohn- und Wirtschaftsgebäude hinter der auf dem Felsmassiv hochaufragenden Schildmauer.

Die Tatsache, daß die westliche Fortsetzung des Bergrückens weiter ansteigt und somit die für einen Angreifer günstige Überhöhung vorhanden war, brauchte aber im 13. Jahrhundert nicht weiter berücksichtigt zu werden, denn die Reichweite der Wurfmaschinen war äußerst begrenzt. Der Halsgraben und die Schildmauer reichten als Defensivbauwerke vollkommen aus.

Die aus Buckelquadern errichtete Schildmauer, die heute das Wahrzeichen der Burg ist, weist eine Besonderheit auf. Der beengte Raum auf dem Felsen der Oberburg zwang die Erbauer zu einem Kompromiß. Dieses starke Defensivbauwerk wurde nämlich in den dahinterliegenden Wohnbau integriert, das heißt, die Westmauer des Palas ist gleichzeitig die Schildmauer. Von diesem rechteckigen Wohnbau, der mehr als zwei Stockwerke hoch war, haben sich an der Süd- und Nordwand geringe Reste erhalten. Einer Felsmauer der Nordseite entspricht eine wenige Steinreihen hohe Mauer im Süden. Die Rückwand dieses Gebäudes, das wohl mehr ein Wohnturm

war, ist vollkommen abgegangen. Der Zugang zu diesem Burgfelsen erfolgte wahrscheinlich durch einen heute verschwundenen Torbau, möglicherweise mit einer Zugbrücke. Der weitere Zutritt zur eigentlichen Burg erfolgte früher wie heute entlang der Südseite des hochaufragenden Felsmassivs, das an der schmalsten Stelle durch einen künstlichen Graben unterbrochen war. Die dahinterliegende östliche Plattform zeigt keinerlei Spuren der einstigen Bebauung mehr, lediglich Balkenlöcher im aufgehenden Fels lassen ein zweigeschossiges Bauwerk vermuten.

Der Aufgang zur mittleren Burg ist auf der gleichen Seite. Eine langgezogene Treppe, unterbrochen von einer Felsspalte, führt zur nächst höheren Ebene. Dieser tiefe Spalt wurde im Mittelalter von einer kleinen Zugbrücke gesichert, von der sich geringe Reste erhalten haben. Gleich dahinter befindet sich eine schmale, in den Felsen geschrotete Kammer mit zwei Zugängen und zwei kleinen Fenstern. Eine muldenförmige Vertiefung im Fußboden weist auf eine hier installierte Winde hin, ähnlich der der nahegelegenen Feste Fleckenstein.

Von dem bereits beschriebenen westlichen Wohnbau an der Schildmauer führt eine weitere Treppe, von einem Tor gesichert, zur höhergelegenen Oberburg, die aus einer kleinen hochgelegenen Plattform und einem tiefergelegenen östlichen Teil besteht. Hier weisen einige Grundmauerreste auf ein weiteres Gebäude hin, in dessen Mitte sich eine heute verschüttete, schachtartige runde Öffnung, möglicherweise eine Zisterne, befindet.

# Burg
# Blumenstein

# Burg
# Breitenstein

Auf einer in das Elmsteiner Tal vorspringenden Bergnase der Ehscheid, eines bewaldeten, steilen Berges nördlich des Speyerbaches, liegt im Walde versteckt die Burgruine Breitenstein. Sie zählte bis 1988 zu den zahlreichen kleineren Wehranlagen im pfälzischen Raum, und selbst Johann Georg Lehmann war Mitte des 19. Jahrhunderts der Ansicht, daß der Breitenstein lediglich "eine kleine Notfeste für unvorhergesehene Fälle" gewesen sei. In der jüngsten Zeit aufgenommene und derzeit (1989) noch laufende Ausgrabungs- und Instandsetzungsarbeiten haben allerdings dieses Bild bereits in der ersten Phase der Maßnahmen gründlich revidiert.

Die Burg zerfällt nicht, wie bisher angenommen, in zwei Teile, sondern in drei. Die geringsten Reste haben sich an der oberen, oft als Vorburg bezeichneten Fortifikation erhalten. Ähnlich wie bei dem nahegelegenen Erfenstein wurde durch einen breiten Halsgraben vom steil ansteigende Berg eine alleinstehende Felsplattform abgeschnitten, auf der ein viereckiger Bergfried errichtet wurde. Von diesem viereckigen Turm, der größtenteils in den Halsgraben gestürzt ist, haben sich neben Fundamentresten teilweise die unteren Buckelquaderreihen erhalten. Die Ausgrabungen haben darüberhinaus ergeben, daß man später, möglicherweise im 15. Jahrhundert, den Bergfried durch zwei an ihn und den Aufsatzfelsen angelehnte Batterietürme verstärkt hat. Möglicherweise war die neuerbaute Fortifikation als Ersatz für den vorher zerstörten Bergfried entstanden. Die neuentdeckte Doppelturmanlage erhebt sich unvermittelt über dem Steilabfall zu einem weiteren Graben, der zum Fahrweg umgestaltet wurde. Die mächtigen Mauern der miteinander verbundenen halbrunden Türme stellten eine gewaltige Verstärkung der bereits bestehenden Wehranlage dar, denn sie waren zur Aufnahme von Feuerwaffen bestimmt. Darüberhinaus gewährleistete die überhöhte Position die Beherrschung des Tales und der gegenüberliegenden Bergseiten. Die Geschütztürme wurden wahrscheinlich Ende des 15. Jahrhundert von den Leiningern vor oder während der Kämpfe mit dem pfälzischen Kurfürsten Friedrich I., genannt der Siegreiche, errichtet.

Der Baubefund der dahinterliegenden mittleren Anlage ist durch den breiten Forstweg leider nachhaltig gestört. Erhalten haben sich lediglich Mauerzüge auf einem weiteren freistehenden Felsplateau, deren Funktion derzeit aber nicht eindeutig zu bestimmen ist.

Am tiefsten gelegen ist die eigentliche Hauptburg, die in eine Oberburg und eine tiefgelegene jüngere Unterburg geschieden werden kann. Ein weiterer Halsgraben trennt die Baulichkeiten vom ansteigenden Berg und den dort erbauten Wehranlagen. Hinter dem in den Felsen geschroteten Graben erhebt sich ein einzel stehender Felsen, an dessen Westseite das Wahrzeichen des Breitenstein, die Schildmauer, aufragt. Die wohl Mitte des 13. Jahrhunderts errichtete Fortifikation besteht im unteren Teil aus dem ansteigenden rohen Sandstein, auf dem die mit Buckelquadern verkleidete starke Mauer ruht. Obwohl eine Seite des oberen Abschlusses eingestürzt ist, läßt sich dennoch der auf runden Konsolsteinen ruhende Wehrgang rekonstruieren. Da ein Bergfried in der unteren Anlage fehlte, hatte die Schildmauer, ähnlich wie auf der Burg Spangenberg, den Schutz des angebauten dahinterliegenden Gebäudes allein zu übernehmen.

Der Wohnbau, der das ganze trapezförmige Areal des Felsklotzes einnahm, hebt sich durch sein Mauerwerk deutlich von der Schildmauer ab. Das meist als Palas bezeichnete Gebäude ist nämlich nicht mit den charakteristischen Buckelquadern verblendet. Es hatte einen mehrfach gesicherten Zugang an seiner Südseite. Während die obere Tür, die mit dem Haupteingang identisch war, vollkommen verschwunden ist, haben sich die gedeckte, in den Felsen geschlagene Treppe und die untere Pforte teilweise erhalten. Das untere Drittel des hohen Felsens konnte dagegen nur mit einer Leiter überwunden werden. Ein Stichbogenfenster in der Südwestmauer, der Rest eines Kamins auf der gegenüberliegenden Seite und eine rechteckige Schießscharte in der Ostwand sind die einzig erwähnenswerten Architekturteile des früher mindestens zweigeschossigen Palas.

Der hohe Sandsteinfelsen der Hauptburg ist von weitläufigen Zwingeranlagen umgeben, die seit 1988 freigelegt werden. Der größere südliche Zwinger, dessen Außenmauern noch recht hoch erhalten sind, beherbergte neben einem großen Torbau in der Südostecke ein weiteres Gebäude. Von ihm sind die Grundmauern und eine wiedererrichtete Pforte aus dem Schutt ausgegraben worden. Unterhalb der Schildmauer ist in der Südostecke der kreisrunde Brunnenschacht aus dem Felsen geschrotet. Die gegenüberliegende Seite weist ebenfalls einen Zwinger auf. Seine aus kleinen Quadern erbauten Außenmauern sind in mäßiger Höhe erhalten, jedoch ist das Innere der Anlage noch mit Schutt bedeckt.

Das Schicksal des Breitenstein im Laufe der Jahrhunderte liegt weitgehend im Dunkel. Weder ist die Erbauungszeit gesichert, noch die Zeit der Zerstörung. Auch die Besitzgeschichte des Felsennestes weist recht große Lücken auf.

Die ersten Herren von Breitenstein waren möglicherweise mit den Herren von Lichtenstein oder den Rittern von Kropsburg verwandt. Der erste namentlich bekannte Herr von Breitenstein, Ritter Burkhart, begegnet uns in Urkunden in den Jahren 1257 und 1262.

Er war wohl ein Lehnsmann der Grafen von Leiningen, auf deren Gebiet die Burg erbaut worden war und in deren Besitz sie später nachzuweisen ist.

So kometenhaft wie das Niederadelsgeschlecht der Breitensteiner aus dem Dunkel der Geschichte auftauchte, so schnell und vollkommen erlosch es auch wieder. Der Ministeriale Burkhard hinterließ keine Leibeserben und vermachte daher sein Hab und Gut an seine beiden Stiefsöhne, die Herren von Hohenburg.

Seit Paul Gärtner und Johann Georg Lehmann haben sich bisher fast alle Burgenforscher der These angeschlossen, Burg Breitenstein sei in der Fehde zwischen Kurpfalz und Leiningen zusammen mit dem nahegelegenen Erfenstein zerstört und nicht wieder aufgebaut worden. Die Erstürmung oder zumindest die Beschädigung der Feste erscheint recht glaubhaft, doch ist die Behauptung, die Wehranlage sei anschließend dem Verfall preisgegeben worden, zumindest zweifelhaft, denn die Grafen von Leiningen hätten damit eine erst kurz zuvor mit viel Aufwand umgebaute Burg, die die modernste ihrer Art im näheren Umkreis war, ohne Not aufgegeben.

# Die Burgengruppe "Dahner Schlösser"

Als Paradebeispiel einer Burgengruppe im pfälzischen Raum gelten die wenige Kilometer nördlich Dahns zu findenden Burgen Altdahn, Grafendahn und Tanstein, die im Volksmund "Dahner Schlösser" genannt werden. Auf fünf dicht beieinanderstehenden Buntsandsteinfelsen erheben sich nicht weniger als drei mittelalterliche Wehranlagen. Parallelen zu dieser Burgenkonzentration auf engstem Raum finden sich im elsässisch-pfälzischen Grenzbereich bei Nothweiler (Wegelnburg, Satellitenburgen, Hohenburg und Löwenstein) und bei Jägersthal (Altwindstein, Satellitenburgen und Neuwindstein).

Neben Anselmus de Tannika, der in der ersten Hälfte des 12. Jahrhunderts auftritt, gelten die Reichsministerialen Heinrich, Ulrich und Konrad von Tanne, die seit 1189 in verschiedenen Urkunden nachzuweisen sind, als die eigentlichen Gründer des mächtigen Adelsgeschlechtes der Herren von Dahn (Tan). Im Laufe des 13. Jahrhunderts scheinen sich recht enge Beziehungen zur Kirche entwickelt zu haben, denn mehrere Mitglieder des Rittergeschlechtes gelangten in hohe und höchste kirchliche Ämter. Die wohl wichtigsten Vertreter im klerikalen Dienst waren neben Konrad IV., der um 1235 Bischof von Speyer war und dem Deutschordensritter Berthold von Tan (1339), zwei Pröpste in Speyer und Worms. Diese enge familiäre Verzahnung mit der Kirche könnte möglicherweise ein Grund für die seit 1236 nachzuweisende Lehensabhängigkeit vom Bistum Speyer sein.

Die weitere Geschichte der weitverzweigten Ministerialensippe ist durch zahlreiche Familienteilungen, Erbauseinandersetzungen und Besitzverpfändungen geprägt. Schon im Jahre 1240 hatte sich eine erste Seitenlinie vom Stammhaus abgespalten, die sich nach der neuerbauten Burg Neudahn benannte. Die Vergrößerung der älteren Linie (Altdahn) führte zum Bau einer weiteren Burg. Einer der beiden Nachkommen Friedrichs, des Gründers des älteren Familienzweiges, sein Sohn Konrad Mursel, ließ noch vor 1287 die später Grafendahn genannte Feste erbauen. Doch schon im Jahre 1327 kam es zu einer vorübergehenden Vereinigung des Familienbesitzes, da sowohl die Neudahner als auch die Grafendahner Familien ohne männliche Nachkommen geblieben waren. Unberücksichtigt von dieser Besitzzusammenführung blieb Burg Grafendahn, da entgegen sonst üblichen Brauches die Töchter des verstorbenen Besitzers Konrad von Dahn mit Erlaubnis des Bischofs von Speyer die Burg zugesprochen bekamen. Sie veräußerten offensichtlich schon nach kurzer Zeit Teile ihres Erbes, denn bereits seit 1288 war die Wehranlage zur Ganerbenburg geworden, an der neben Dahner Ministerialen die Herren von Windstein, von der Eichen sowie Heinrich der Summerer Anteile hatten. Im Jahre 1328 wird unter den Gemeinern erstmals Graf Johann II. von Sponheim genannt, der elf Jahre später die gesamte Felsenburg und ein Viertel aller zur Herrschaft Dahn gehörenden Güter käuflich erwarb.

Nach dem Aussterben der Sponheimer Grafen fiel das Bergschloß noch vor 1440 an die Markgrafen von Baden, die es 1469 an Kurpfalz weiterveräußerten. Der Ritter Hans von Drott, der fünf Jahre lang Lehensinhaber gewesen war und die Wehranlage 1485 käuflich erworben hatte, war der letzte bedeutende Burgherr. Grafendahn verfiel im Laufe der nächsten Jahrzehnte und galt bereits im Jahre 1543 als unbewohnbar. Nach dem Dreißigjährigen Krieg wurde die Burg "greventan" als ein "zerfallene(s) Gemäuer, so ein Schloß ... gewesen" bezeichnet. Die endgültige Zerstörung erfolgte durch die Truppen des Marschall Melac.

Der Verlust des Grafendahn an die Sponheimer soll, wie Johann Georg Lehmann vermutet, die Herren von Dahn 1348 zum Bau einer weiteren Befestigungsanlage, dem Tanstein, veranlaßt haben. Dagegen glaubt Otto Gödel (1984) gerade der Tanstein sei nach Ausweis des Baubefundes die älteste Wehranlage. Dieses "fest Haus" war wie die anderen Burgen ebenfalls ein Lehen des Hochstiftes Speyer.

Der Tanstein verblieb bis zum 14. Mai 1523 im Besitz der Herren von Dahn. Dann wurde jedoch dem damaligen Besitzer, Heinrich von Tan, seine politische und militärische Anhängerschaft zu Franz von Sickingen zum Verhängnis. Nach dem Fall des Nansteins waren die verbündeten Fürstenheere vor den Tanstein gezogen und hatten dessen Übergabe erzwungen. Obwohl die Rückgabe der Feste nach Ablauf von sechs Wochen vereinbart war, verblieb die Burg bis 1536 in bischöflich-trierischer Hand und wurde erst dann den Erben des mittlerweile verstorbenen Heinrich zurückgegeben.

Die Übergabebedingungen scheinen allerdings bereits den Keim des Niederganges in sich getragen zu haben, denn es durften keine neuen oder größeren Befestigungen errichtet und die Wohnbauten nur notdürftig in Stand gehalten werden. So verwundert es nicht, daß das Felsennest, das überdies 1551 in einer Fehde kurzfristig von kurpfälzischen Truppen besetzt worden war, immer mehr verfiel. Im Jahre 1571 zog es denn auch Ludwig von Neudahn, dem der Tanstein in einem Teilungsvertrag zugesprochen worden war, vor, die "sehr in Abgang gerathene" Burg nicht mehr zu beziehen.

Altdahn, die älteste der drei Burgen, war dagegen am längsten bewohnt. Trotz mannigfacher Zerstörungen, so 1363 durch die Fleckensteiner, 1372 als der "schrecklich" Edelknecht Stophes aus der Feste vertrieben wurde, 1406 im Vierherrenkrieg sowie 1426 und 1438 durch Brand, war das Felsennest der Wohnsitz der Dahner Ritter bis zum Jahre 1603. Im Dreißigjährigen Krieg und durch Melacs Truppen 1689 wurde der endgültige Untergang des Bergschlosses herbeigeführt.

Mit fast 200 Metern Länge zählt die Burgengruppe der Dahner Schlösser zu den größten mittelalterlichen Wehranlagen der Pfalz. Die fünf Felsen, die einst die Kernburgen trugen, waren von weitläufigen Unterburgen umgeben. Der fortifikatorisch stärkste Teil befindet sich an der östlichen Angriffsseite (im Luftbild oben). Dort sollen sich aus der frühesten Bauphase einige Architekturreste nahe dem Zugang an

der Nordostseite erhalten haben, nämlich die untersten Quaderreihen der in salischer Zeit erbauten Schildmauer, die sich hinter dem tief in den Felsen geschroteten Halsgraben erhob. Diese These ist allerdings nicht unumstritten, da der Baubefund nicht eindeutig ist und teilweise Quader aus dem 14. Jahrhundert aufweist. In einem späteren Bauabschnitt wurde der gesamte östliche Teil des Burgfelsens zu einer fast quadratischen Verteidigungsanlage an der Angriffsseite umgestaltet, die zusammen mit den beiden dahinterliegenden halbrunden Tortürmen (um 1450) eine für die damalige Zeit unüberwindliche Verteidigungsbastion ergaben. Über der im 15. Jahrhundert nach den Erfordernissen der Feuerwaffen modernisierten Zugangsbastion erhebt sich die ältere Oberburg, die mit Hilfe einer steil ansteigenden Treppenanlage erreicht werden kann. Vom dortigen Palas und dem Bergfried (13. Jahrhundert) sind nur noch Teile der Nordseite vorhanden, da ein Felssturz um 1820 die Südseite in die Tiefe riß.

Von der dicht davorliegenden Burg Grafendahn sind besonders die westliche Schildmauer mit ihrer schönen Buckelquaderverblendung und eine Zisterne aus salischer Zeit zu erwähnen. Leider sind die Wohnanlagen der Oberburg ebenso wie die Baulichkeiten in den schmalen Burghöfen weitgehend zerstört.

Burg Tanstein erhebt sich auf den beiden vorderen von Gängen und Kammern ausgehöhlten Sandsteinfelsen, die miteinander verbunden waren. Vom aufgehenden Mauerwerk hat sich zwar wenig erhalten, doch wird der Besucher durch den Anblick der wohl tiefsten (31 Meter) und größten Zisterne im pfälzischen Raum entschädigt.

Von besonderem Interesse dürfte ein Besuch im neuen Burgmuseum der Burgengruppe sein, denn es birgt einige außergewöhnliche Funde, die während der Restaurierungen der letzten Jahre gemacht wurden.

Im verträumten Glasbachtal, nur wenige Meter abseits der belebten Bundesstraße von Neustadt nach Kaiserslautern, wurde wohl zu Beginn des 13. Jahrhunderts oder etwas früher auf einem steil abfallenden Felsplateau am Ende eines langgezogenen Bergrückens der Diemerstein errichtet. 1216 begegnet uns der erste Adelige, der sich nach dem Felsennest benannte: Rudegar von Dimarstein. Schon ein Jahr später werden die "edelen Männer Nebelung und Rudiger von Dymarstein" erwähnt, die in finanzielle Streitigkeiten mit dem Kloster Otterberg verwickelt waren. Von Nebelung wird berichtet, daß er der Inhaber der Patronatsrechte im nahegelegenen Hochspeyer war. Bemerkenswerter ist jedoch eine weitere Nachricht, die besagt, daß Rudigar von Dymarstein um diese Zeit im Begriffe war, an einem Kreuzzug in das Heilige Land teilzunehmen.

Von diesen Rittern gelangte die Burg auf unbekanntem Wege 1250 in den Besitz der mächtigen Rauhgrafen, die den Ritter Gundelmann von Saarbrücken als Burgmann auf der kleinen Bergfeste einsetzten. Auch in den weiteren Jahrzehnten sind die Nachrichten über Burg Diemerstein, zu der kein Dorf, sondern lediglich ein großer Waldbezirk gehörte, ausgesprochen spärlich. Erst einer Urkunde aus dem Jahre 1337 kann entnommen werden, daß das Bergschloß weiterhin in rauhgräflichem Besitz geblieben war. 1346 hatten die Grafen zwei Förster zur Verwaltung der Burgwaldungen auf dem Diemerstein eingesetzt. Diese hatten besonders darauf zu achten, daß die Nonnen des Klosters Enkenbach, die ihre Schweine und Rinder zur Eichelmast und zur Schmalzweide in den Diemersteiner Wald treiben sowie fünf Stämme Bauholz pro Jahr schlagen durften, die vertraglich vereinbarte Gegenleistung erbrachten. Die Klosterfrauen hatten jährlich auf Martini 30 Heller Geld, zwei Paar Schuhe, zwei Lämmer, zwei Mönchskäse und an drei Tagen in der Woche Brot und Wein auf die Burg zu liefern.

Das feste Haus, das zwischen 1380 und 1389 vorübergehend in den Besitz des Bischofs Kuno von Trier gekommen war, wurde 1397 endgültig zur Ganerbenburg, denn der Raugraf veräußerte nach und nach drei Viertel der Wehranlage an verschiedene pfälzische Adelige und vererbte den Rest an seinen Schwager Phillip von Dun (=Dhaun). Da dieser wiederum 1418 seinen Anteil an den Kurfürsten von der Pfalz weiterverkaufte und dabei einen detaillierten Burgfriedensvertrag abschloß, sind wir recht gut über die Eigentumsverhältnisse der damaligen Zeit unterrichtet. Demnach waren nicht weniger als elf Adelige mit unterschiedlichen Anteilen an "der Burge zu Diemersteine" beteiligt.

Den Kurfürsten von der Pfalz als den wirtschaftlich und politisch mächtigsten Ganerben gelang es nach und nach, die übrigen Miteigentümer auszuzahlen und sich auf diese Art und Weise in den Besitz von drei Vierteln des Bergschlosses zu setzen. Der Rest verblieb bei den Herren von Weingarten, die den pfälzischen Anteil zu Lehen hatten. Die Aufteilung scheint sich bewährt zu haben, denn in den nächsten Jahrzehnten vollzogen sich keinerlei außergewöhnliche Veränderungen. Lediglich im Jahre 1521 beherbergte Christoph Bonn von Wachenheim, der die Herren von Weingarten beerbt hatte, keinen geringeren als den Reformer Ulrich von Hutten auf seiner abgelegenen Feste.

Mit dem Aussterben dieses Geschlechtes fiel das "bey den Kriegszeiten eingeäscherte Haus Diemarstein" (Dreißigjähriger Krieg) an die Kurpfalz zurück. Zu Anfang des 18. Jahrhunderts änderten sich die Besitzverhältnisse erneut, denn der wertvolle Diemersteiner Wald und die Ruine wurden nun Eigentum der Grafen von Wartenberg, die den Besitz bis zur Franzosenzeit nutzen konnten.

Zwei Treppenwege bringen heute den Besucher von Süden oder Südwesten nach kurzem steilem Aufstieg rasch zum Burgfelsen, dessen oberer Teil von dem Rest des quadratischen, mit Buckelquadern verblendeten Bergfried beherrscht wird. Sein Untergeschoß und Teile der beiden nächstfolgenden Geschosse haben sich besonders an der West- (=Angriffseite) und an der Nordmauer gut erhalten. Der ebenerdige Eingang zum tonnengewölbten Untergeschoß stammt aus der Umgestaltungsphase des Jahres 1845, als der berühmte Erbauer der Ludwigsbahn, Paul von Denis, Eigentümer der Ruine war. Der Originaleingang befand sich - auf dem Luftbild gut sichtbar - im zweiten Geschoß an der Nordseite.

Die beiden sehr starken Mauern, die östlich an den Bergfried anschließen, gehen in die schwächeren Außenmauern eines Wohnbaues über. Vom Inneren dieses Hauses sind allerdings lediglich das in den Felsen getriebene, nach oben offene Kellergeschoß und eine wiedererrichtete rundbogige Tür erhalten. Der zweite, das Bild der hochgelegenen Oberburg prägende Bau ist ein runder ehemals wohl dreigeschossiger Treppenturm des 16. Jahrhunderts. Während sich zwei Fenster und ebenso viele Schießscharten erhalten haben, ist die Schneckenstiege leider vollkommen ausgebrochen, so daß eine Besteigung ausgeschlossen ist. Als Fortsetzung nach unten hat Paul von Denis eine Treppe in den Felsen brechen lassen und auf diese Art und Weise einen neuen Zugang zur Oberburg geschaffen.

Der östliche Teil des Felsplateaus ist weitgehend eingeebnet worden und zeigt fast keinerlei Spuren der einstigen Überbauung. Die mit einem Bogenfries und Zinnen geschmückte umlaufende Mauer ist eine Zutat des 19. Jahrhunderts.

Die untere Burg, die den Burgfels südlich und südöstlich umschloß, weist trotz ihrer großen Grundfläche fast keine Bebauungsreste mehr auf. Planierungsarbeiten des 19. Jahrhunderts, aber auch der jüngsten Zeit, haben vieles, so eine urkundlich erwähnte Schmiede, untergehen lassen. Nur noch geringe Reste zeugen von der westlichen Zugangsanlage, dagegen haben sich größere Teile der Zwingermauern erhalten. Sehenswert ist neben einer dreieckigen Schießscharte, die einen kleinen Zugang am Fuße des Burgfelsens sichert, der Felsgang, der das Massiv der Oberburg durchschneidet. Dieser unterirdische Gang führt zum neuen Aufgang der Oberburg, der ja, wie erwähnt, im Treppenturm der oberen Burg endet. Von dort führt e n schmaler Pfad an dem nördlichen, steil aufragenden Burgfelsen entlang zu dem bemerkenswerten, quer durch den Bergrücken getriebenen Halsgraben.

Inmitten einer ausgedehnten Parklandschaft steht am Fuße des Burgberges die in der Mitte des 19. Jahrhunderts errichtete prächtige Herrenhausanlage des Paul von Denis. In dieser zweigeschossigen Villa ist auch der Schlüssel erhältlich, den man für einen Besuch der ansonsten verschlossenen Oberburg benötigt.

# Der Diemerstein

Im Jahre 1857 schrieb Johann Georg Lehmann: "Wenn wir uns von Busenberg aus gegen Süden kehren, so erblicken wir auf einer nahen bebuschten Anhöhe eine, von Osten nach Westen ziehende, in der Mitte durchbrochene, bedeutende Felsenmasse, deren östliche Hälfte noch eine breite thurmähnliche Erhöhung hat, allein Niemand vermuthet, daß dorten jemals eine menschliche Wohnung gewesen sei, sondern daß auf diesem nackten grauen Gesteine, wie es die alte Sage will, nur Drachen und anderes abentheuerliches, den Menschen schädliches, Gewürm gehauset und man ihm auch daher den Namen Drachenfels beigelegt habe".

Daran scheint sich auch heute nichts geändert zu haben, und so verwundert es nicht, daß die Burg ob ihrer ungemein reizvollen Lage und ihres pittoresken Aussehens zu den Hauptanziehungspunkten im Wasgau zählt. Der Drachenfels ist vermutlich kurz nach 1200 errichtet worden. Darauf verweisen nicht nur Bautechnik und Baubefund der ältesten Burgteile, sondern auch ein erstmals im Jahre 1209 urkundlich erwähntes Niederadelsgeschlecht, das sich nach dem Felsennest benannte. Als Lehensleute der nahegelegenen Abtei Klingenmünster blieben die Angehörigen dieses Geschlechtes bis 1335 uneingeschränkt im Besitz der Feste. Doch dann führten der Vorwurf der Wegelagerei und des Straßenraubes zur Zerstörung der Burg. Truppen der mächtigen Stadt Straßburg hatten die Feste belagert und eingeäschert. Dies scheint die wirtschaftliche Grundlage der Drachenfelser derart erschüttert zu haben, daß sie 1344 gezwungen waren, die Burg zu verkaufen. Die Nachfolger des Grafen Walram II. von Zweibrücken-Bitsch, der die Felsenburg und alle Zubehören für lediglich "200 Pfund Heller" erworben hatte, verkauften 1389 die Hälfte und neun Jahre später den Rest des Drachenfels an die Eckbrechte von Dürkheim. Diese blieben aber nicht lange im Alleinbesitz der Wehranlage und der zugehörigen Dörfer, denn bereits am Anfang des 15. Jahrhunderts teilten sie sich den Besitz mit anderen Adeligen. Als Ganerben werden anfangs der Graf Philip von Nassau-Saarbrücken und Abt Rudolf von Klingenmünster genannt, zu denen sich im Laufe der Zeit immer mehr "Gemeiner" gesellen sollten, so daß 1478 nicht weniger als 16 und 1510 gar 25 Ganerben gezählt wurden. Diese hatten bereits 1463 einen Bund zum gegenseitigen Schutz und Trutz geschlossen, dem sie den sinnigen Namen "Heilig-Geist-Gesellschaft" gegeben hatten. Die bedeutendsten Mitglieder dieser ritterlichen Vereinigung waren Kaiser Maximilian und Franz von Sickingen. Entsprechend der angewachsenen Menschenzahl scheint auch die Burg vergrößert worden zu sein. Insbesondere wurde durch Überbauung des alten Halsgrabens der bisher freistehende Westfelsen an die Kernanlage angeschlossen. Die Zugehörigkeit des Reichsritters Franz von Sickingen zur "Heilig-Geist-Gesellschaft" und die Tatsache, daß er als Gemeiner Miteigentümer des Drachenfels war, führte 1523 zu dessen Untergang. Die fürstlichen Gegner des Sickingers zerstörten, ohne Rücksicht auf die Eckbrechte von Dürkheim als Hauptlehensträger, nach den sickingischen Festen Nannstein, Ebernburg und Hohenburg, auch den Drachenfels. Mit der Wehranlage ging auch das ritterliche Schutz- und Trutzbündnis unter. Das Verbot des Wiederaufbaus bedeutete das endgültige "Aus" für eine der schönsten pfälzischen Felsenburgen, von der im Jahre 1664 berichtet wurde, sie sei "längst gantz zerfallen". Die Belehnungen mit dem (zerstörten) Drachenfels und seinen zugehörigen Dörfern sowie den sonstigen Rechten erfolgten jedoch weiter. Erst 1793 wurde das gesamte Gut französisches Nationaleigentum. Zwei lange und recht hohe, aber außergewöhnlich schmale Bundsandsteinfelsen am Nordende des Schloßberges, nahe der Gemeinde Busenberg, tragen die eindrucksvollen Ruinen der Burg Drachenfels. Die Gesamtanlage besteht aus einer östlichen Kernburg und der später errichteten Erweiterung auf dem Westfelsen. Die größere Ostbefestigung zerfällt wiederum in zwei Teile, eine obere und eine untere Burg. Die Südseite des Sandsteinmassivs wird von der Unterburg beherrscht, deren aufragende Bauten sich an den Felsen anlehnen. Das größte und am besten erhaltene Bauwerk ist der mächtige östliche Torbau. Durch einen weitgehend verschwundenen Zwinger, der die Toranlage zu decken hatte, erreicht man den quadratischen, im Bild nicht sichtbaren Torturm, der noch zweigeschossig erhalten ist. Das dritte Stockwerk ist weitgehend zerstört. Durch ein 1903 restauriertes rundbogiges Tor gelangt man in das Innere, das in einen tonnengewölbten größeren Hauptraum und einen dreijochigen Gang aufgeteilt ist. Das darüberliegende, ebenfalls eingewölbte Geschoß beherbergt eine Wachstube, in deren Westwand wahrscheinlich eine Schnekkenstiege eingebaut war, die zum nächsthöheren Stockwerk führte. In der älteren Literatur wird dieser Raum auch als Kapelle bezeichnet, doch ist dies nicht nachweisbar. Eine Treppe führt an Fundamentresten und Kellergewölben, fast vollständig verschwundenen Gebäuden sowie am verschütteten Burgbrunnen vorbei zu einem starken rechteckigen Turm. Der im Luftbild teilweise von Bäumen verdeckte Wehrturm, der ähnlich dem Torbau mit Buckelquadern verkleidet und in der Tonne gewölbt ist, war in seinen Obergeschossen nur vom dahinterliegenden Burgfelsen aus zugänglich. Zwei in den Felsen eingearbeitete schmale Treppen führen von der Unterburg in die obere Wehranlage. Da die Quaderverblendung der Oberburg vollständig abgegangen ist, sind diese Zugänge (im Bild rechts und in der Mitte) teilweise sichtbar. Balkenlöcher verraten die einstige Stockwerkseinteilung. Der Aufsatzfelsen, der ebenfalls ummantelt war, hatte wohl die Funktion eines Bergfriedes. Der Felsklotz, der über eine im Luftbild gut sichtbare moderne Leiter erreicht werden kann, weist als Besonderheit eine kleine rechteckige Zisterne auf. Seine ehemalige Überbauung ist, wie auf den anderen Felsplattformen auch, vollkommen verschwunden. Erhalten haben sich dagegen zahlreiche Felsenkammern und Verbindungsgänge. Am Westende der Kernanlage befand sich ein breiter tiefer Halsgraben, in dessen östliche Wand das Wahrzeichen der Burg eingeritzt ist: die Umrisse e ner Drachenfigur. Bei der im 15. Jahrhundert erfolgten Überbauung wurde die Felszeichnung durch ein Balkenloch beschädigt. Von dem mehrgeschossigen Zwischenbau ist lediglich die halbrund vorspringende Nordwand relativ gut erhalten, die zwei g oße Geschützscharten aufweist. Der dahinter aufragende Westfelsen war früher durch eine Felsentreppe von der Unterburg zugänglich. Da jedoch das Unterteil dieses Aufganges zerstört ist, kann der obere Bereich leider nicht betreten werden. Auf dem Felsen haben sich keinerlei Mauerreste erhalten. Lediglich zwei runde Flankierungstürme sind am Fuß dieses kleineren Burgfelsens in Resten sichtbar. In einer Felswand des Heidenberges, der sich ein Kilometer südlich der Burg Drachenfels erhebt, sind in fast acht Meter Höhe drei miteinander verbundene Felsenkammern eingemeißelt.

# Burg
# Drachenfels

# Die
# Ebernburg

**D**ie Ebernburg, die nördlichste Burg der Pfalz (heute Landkreis Bad Kreuznach), gilt als eine der geschichtlich interessantesten Wehranlagen in Südwestdeutschland, da mit ihr zahlreiche bedeutende Ereignisse und Persönlichkeiten verwoben sind.

Obwohl ihr genaues Erbauungsdatum unbekannt ist, gehört sie doch mit ziemlicher Sicherheit zu den ältesten Burgen unseres Raumes. Dies verdankt sie vor allem ihrer Lage am Schnitt- und Treffpunkt bedeutender mittelalterlicher Handelsstraßen. Möglicherweise ist die Feste bereits in salischer Zeit von den Grafen von Saarbrücken erbaut worden, doch wird die "Ebernburc" erst Anfang des 13. Jahrhunderts anläßlich der Teilung des Leininger Grafenhauses urkundlich faßbar.

Fast einhundert Jahre später (1313) ging die Wehranlage aus dem Besitz dieses pfälzischen Uradelsgeschlechtes an die benachbarten Rauhgrafen über, die ihren Stammsitz in der nahegelegenen Altenbaumburg hatten. Deren wirtschaftliche Grundlagen waren aber bereits derart erschüttert, daß sie bereits 1347 das feste Haus zusammen mit anderen Gütern an die Grafen von Sponheim verpfänden mußten, die die Ebernburg nach dem Aussterben der Rauhgrafen von deren Erben endgültig 1381 erwarben. Diesem Besitzwechsel folgte bald ein weiterer, denn ein Nachkomme des Erwerbers, Graf Johann von Sponheim, hatte wegen alchimistischer Versuche einen derartigen Schuldenberg angehäuft, daß er gezwungen war, die Ebernburg an Hans Winterbecher zu verpfänden. Nach seinem Tod fiel die gesamte Grafschaft und damit auch die Burg an die Grafen von Veldenz, an Baden und die Kurfürsten von der Pfalz.

Hans Winterbächer hatte aber mittlerweile seinen Titel weiterverkauft, und auf Umwegen war er in die Hände des Reinhard von Sickingen gelangt, der das Pfand einlöste und damit 1448 Burgherr auf der Ebernburg wurde. Lediglich ein Fünftel verblieb im Besitz der Kurpfalz. Doch gelangte auch dieser Rest in die Hände der Sickinger, denn der Sohn Reinhards von Sickingen, Schweikhard, erhielt 1482 diesen Anteil als Anerkennung für seine großen Verdienste als kurpfälzischer Amtmann in Kreuznach.

Unter dem auf der Ebernburg 1481 geborenen Enkel des ersten sickingischen Burgherren, Franz von Sickingen, wurde aus der Feste in der Folgezeit ein Zentrum der Opposition des Niederadels gegen die immer größer werdende Macht der geistlichen und weltlichen Kurfürsten und des Hochadels im Reich.

Zwar war der junge Franz im Gegensatz zu seinen niederadeligen Gesinnungsgenossen in einer glanzvollen Ausgangsposition, da er die Einkünfte aus den ertragreichen Erzgruben und die Erlöse aus der Verhüttung sowohl zur Verstärkung seiner Festungen als auch zur Anwerbung von Söldnern verwenden konnte. Doch trotz dieser nicht unbedeutenden finanziellen Mittel und der Mithilfe zahlreicher südwestdeutscher Standesgenossen, die ihn zu ihrem Hauptmann gewählt hatten, war es letztlich doch ein ausichtsloses Unterfangen, die Machtposition des Hochadels untergraben zu wollen. Die Ebernburg war aber nicht nur das Zentrum des politischen und militärischen Widerstandes, sondern auch der Hort der geistigen Opposition, denn der junge Ritter gewährte den bedeutenden Humanisten und Reformatoren Caspar Aquila, Martin Bucer, Ulrich von Hutten, Johannes Oecolampadius und Martin Schwöbel Schutz vor Verfolgung auf seiner Stammburg.

Der Burgherr führte zahlreiche Fehden, die anfangs alle mehr oder weniger erfolgreich endeten. Der Feldzug gegen den mächtigen Erzbischof von Trier sollte aber die Wende im Leben des Ritters bedeuten und sehr negative Auswirkungen für die Ebernburg haben. Sickingens Truppen eroberten zwar in der Anfangsphase fast das gesamte Bistum, mußten aber nach kurzer Zeit die Belagerung der Stadt Trier erfolglos abbrechen. Nach der Entlassung des größten Teiles seiner Söldner zog sich Franz von Sickingen auf die Ebernburg und dann auf die Feste Nannstein zurück.

Inzwischen waren die Soldaten des Erzbischofs und die mit ihm verbündeten Streitkräfte von Kurpfalz sowie der Landgrafschaft Hessen zum Gegenschlag angetreten. Sie hatten den Sickinger auf der Burg Nannstein eingeschlossen. Bei der Verteidigung seiner stärksten Feste fand er den Tod. Ernst Schenk von Dautenberg, der die Ebernburg zu verteidigen hatte, konnte auf sich allein gestellt der überlegenen schweren Artillerie der Fürsten nicht lange standhalten. Nach sechstägiger Belagerung übergab er die Feste den Angreifern, die sie anschließend niederbrannten.

Mit dem Fall des Nannstein und der Ebernburg ging nicht nur im Raum der heutigen Pfalz das Zeitalter der befestigten Bergschlösser unwiderruflich zu Ende. Die Burgen hatten sich als der modernen Artillerie nicht gewachsen erwiesen und wurden in den folgenden Jahrzehnten von den moderneren Festungen in ihrer Funktion abgelöst.

Erst 1542 wurde die "Herberge der Gerechtigkeit" den Söhnen des "letzten Ritters" zurückgegeben, die die Burg wieder aufbauten. Die modernisierte Anlage war aufgrund ihrer geographischen Lage auch im Dreißigjährigen Krieg ein begehrtes militärisches Objekt. So verwundert es nicht, daß sich die Franzosen der Feste im Handstreich bemächtigten und erst am Ende des langen Krieges die unzerstörte Burg den Eigentümern zurückgaben.

Die von den Franzosen 1688 im Pfälzischen Erbfolgekrieg erneut besetzte Ebernburg wurde zwar 1697 vom Markgrafen von Baden den Besetzern entrissen, doch erlitt sie anschließend teilweise irreparable Schäden. Die Bestimmungen des Friedens von Rijswijk verlangten nämlich die Schleifung der Festungsanlagen, die vertragsgemäß ein Jahr später gesprengt wurden.

Die Wohnbauten erlitten das gleiche Schicksal in den Revolutionskriegen nach 1798, und seit der Franzosenzeit diente die zerstörte Wehranlage der umliegenden Bevölkerung als Steinbruch. Dies endete erst, nachdem die Ebernburg 1838 in Privathände gelangte und man eine Gastwirtschaft in der Ruine errichtete.

Das heutige Aussehen der ehemaligen Feste ist weitgehend das Ergebnis von Auf- und Ausbaumaßnahmen seit dem Beginn des 20. Jahrhunderts, die bis in die jüngste Zeit andauerten. Die während des Zweiten Weltkrieges erneut stark beschädigte Sickingerburg wird heute vom Ebernburgverein als Tagungsstätte genutzt.

Der "unverständige Neuausbau" (Otto Böcher) der Jahre 1954-1971 hat den historischen Baubestand noch weiter dezimiert, und so verwundert es nicht, daß aus staufischer Zeit nur noch sehr geringe Reste erhalten sind.

Besonders sehenswert in der Anlage sind die erhaltenen Untergeschosse der mächtigen Batterietürme und die wiedererrichtete Torbastion. Nicht unerwähnt bleiben soll auch das 1889 nahe der Burg errichtete Denkmal für Franz von Sickingen und Ulrich von Hutten.

In weit zurückliegenden Zeiten soll, wie eine alte Sage zu berichten weiß, eine lederne Brücke die gegenüberliegenden Burgen Erfenstein und Spangenburg verbunden haben. Diesen Übergang nutzten die befreundeten Burgbewohner oft zu gegenseitigen Besuchen. Bei einem dieser Treffen brach jedoch ein heftiger Streit aus, und der unbewaffnete Besucher aus Erfenstein war gezwungen, über die Lederbrücke zu flüchten. Der wutentbrannte Spangenberger aber zerschnitt die Aufhängung der Brücke, so daß der Flüchtende in die Tiefe stürzte. Diese Sage, die früher fast allen pfälzischen Schulkindern bekannt war, hat einen gewissen historischen Hintergrund, denn die beiden Burgen verkörperten durchaus die handfesten gegensätzlichen wirtschaftlichen und politischen Interessen von zwei häufig verfeindeten Landesherren. Beide, sowohl die bischöflich-speyerische Spangenburg als auch der den Grafen von Leiningen gehörende Erfenstein waren zum Schutz und zur Verwaltung der aneinandergrenzenden Herrschaftswälder erbaut worden. Die eigentliche Gründung der Felsenburg ist unbekannt. Da jedoch die kleine Feste einerseits im detaillierten leiningischen Teilungsvertrag 1237 noch nicht erwähnt wird, andererseits aber im Jahre 1272 der erste leiningische Ministeriale, der sich nach der Burg benennt, bekannt ist, ergibt sich als Erbauungszeit der Zeitraum zwischen beiden Daten.

Die Burghut, die die Grafen von Leiningen Heinrich von Erfenstein übertragen hatten, bezog sich auf die ältere Burganlage des Erfenstein, deren geringe Reste man wenige Schritte oberhalb der (jüngeren) Hauptanlage im Walde auf einem Felsklotz findet. Dem leiningischen Ministerialen Heinrich folgten anschließend die "Edelknechte" Gerhart und Conzelin von Erfenstein, die gemeinsam die einsame Feste bewohnten.

Im leiningischen Teilungsvertrag von 1317 wurde die kleine Feste an Joffried von Leiningen-Hardenburg übergeben, der sie seinerseits an seinen Sohn Fritzmann, den Begründer der Linie Leiningen-Rixingen weiterreichte. Bis Ende des Jahres 1345 verblieb das Felsennest mit dem zugehörigen Dorf Esthal bei dieser Seitenlinie der mächtigen Grafen von Leiningen.

Auch die bereits erwähnte Ministerialenfamilie blieb dem Bergschloß trotz deren Aufspaltung in verschiedene Geschlechter verbunden. Wohnhaft auf dem Erfenstein war der Familienzweig, der sich "Bock von Erfenstein" nannte.

Im 14. Jahrhundert wurde erstmals auch ausdrücklich zwischen dem "Haus Erfenstein" und der "alten Burg" unterschieden, die jeweils unterschiedliche Zubehörden besaßen. Einer Lehensurkunde des Jahres 1380 kann man entnehmen, daß Emmerich und Werner Bock gemeinsam der "Erffensten, unser Huss" (Haus) mit dem halben Gericht Esthal mit Wasser, Wald und Weide zustand. Dagegen war "erffensteyn, den oberschden burgstaden den man nennet die alde burg", mit der anderen Hälfte des Gerichts im Alleinbesitz des Emmerich Bock von Erfenstein. Diese alte Anlage war möglicherweise zu dieser Zeit zerstört oder unbewohnbar geworden, denn mit "burgstaden" wurde im 14. Jahrhundert nicht nur eine sehr kleine Burg bezeichnet, sondern oftmals eine bereits zerstörte.

In diese Zeit fällt auch die endgültige Umwandlung der Wehranlage in eine Ganerbenburg. Unterschiedliche Miteigentümer und auch Öffnungsrechte lassen sich an der Feste nun verstärkt nachweisen. Der wohl mächtigste Adelige, der das Öffnungsrecht gegen die Zahlung von einhundert Pfund Heller am Erfenstein erwarb, war kein geringerer als Kaiser Karl IV. Die gestiegene Anzahl der Ganerben oder Gemeiner (Mitbesitzer) in dem festen Haus führte aber bald zu schweren Zerwürfnissen. So drängte der mächtige Graf Hanman von Zweibrücken-Bitsch 1407 den Gemeiner Heinrich Monsheimer von Isenburg gewaltsam aus der Burg, die er aber dem Hauptlehnsträger Konrad Bock anschließend übergab.

Im Jahre 1415 gelangte "erffenstein die burg und estal das dorff und gerichts halb" sowie "uber Erffenstein den fels und die burgstatt den man nennet die alde burg" und die restlichen Anteile des Gerichts als Mitgift in die Hände der Grafen von Sponheim und verließen damit erstmals die Lehensherrschaft der Grafen von Leiningen. Jedoch dauerte diese Entfremdung nur bis 1437. Nach dem Aussterben der Sponheimer Grafen fiel das kleine Felsennest an die Grafen von Leiningen-Hardenburg zurück.

Einige Jahrzehnte später wurde der Erfenstein bei den teilweise recht heftigen Kämpfen zwischen dem Kurfürsten Friedrich I. von der Pfalz und dem Zweibrücker Herzog Ludwig dem Schwarzen, an dessen Seite die Leininger fochten, schwer in Mitleidenschaft gezogen. Der kurpfälzische Amtmann von Neustadt, Ulrich Steinhauser von Neidenfels, war nämlich mit einem Heerhaufen, gebildet aus Neustädter Bürgern, vor die schwach besetzte Burg gezogen, hatte sie belagert und nach der folgenden Erstürmung "us gebrant" (eingeäschert). Die verbrannte Feste wurde auch in der nachfolgenden Friedenszeit nicht wieder aufgebaut und verfiel vollends.

Die Ruine der Burg Erfenstein ist in Spornlage am Ende einer Bergnase des Wassersteiner Berges im Elmsteiner Tal erbaut worden. Die ältere Anlage, die sich oberhalb des hoch aufragenden Turmes der jüngeren Burg befindet, ist leider fast völlig abgegangen. Nur wenige Quaderreihen eines viereckigen Bergfriedes, der eine Kante in die Angriffsseite reckt, haben sich auf einem freistehenden, acht Meter hohen Felsen erhalten. Dieser war durch einen tiefen Halsgraben vom westlich weiter ansteigenden Berg getrennt. Heute ist er mit den großen Buckelquadern des Wehrturmes, die einen Randschlag aufweisen, sowie dem Schutt anderer Baulichkeiten halb gefüllt. Ansonsten haben sich lediglich unterhalb des Felsens die schwach wahrnehmbaren Fundamentreste eines Mauerzuges erhalten, die möglicherweise von einem Torbau herrühren.

Die tiefergelegene Hauptburg weist ebenfalls einen Halsgraben an der westlichen Angriffsseite auf, hinter dem sich bis zum östlichen Felsabsturz die gesamten Wohn- und Wirtschaftsgebäude befanden. Erhalten haben sich auf der unteren Plattform lediglich die Reste einer Ringmauer und zahlreiche Balkenlöcher im Aufsatzfelsen. Die tief eingemeißelten rechteckigen Höhlungen verdeutlichen die Stockwerkseinteilung von an den Felsen angelehnten Gebäuden.

Auf dem Sandsteinfelsen erhebt sich der qualitätsvolle Bergfried, der fast vollständig erhalten ist. An seiner Ostseite weist der mit Buckelquadern verkleidete Wehrturm eine rundbogige Einstiegsöffnung auf. Dieser im Luftbild sehr deutlich sichtbare Eingang war im Mittelalter nur mit Hilfe einer Leiter zu erreichen. Neben dem Bergfried kündet nur noch eine heute verschüttete, rechteckig in den Felsen eingelassene Zisterne vom Leben vergangener Zeiten.

# Die Burg
# Erfenstein

# Die Reichsfeste
# Falkenburg

**W**estlich der Gemeinde Wilgartswiesen erstreckt sich über dem Queichtal ein mächtiges langgezogenes Felsmassiv, auf dem sich einst die stolze Reichsfeste Falkenburg erhob. Sie erlitt ein ähnliches Schicksal wie die im Mundatwald gelegene Reichsburg Guttenberg. Auch hier sind weder die Erbauungszeit noch die Gründe, die zur Errichtung geführt haben, bekannt. Meist wird angenommen, das Felsennest sei zum Schutz der nahegelegenen Dörfer Rinnthal, Spirale und Wilgartswiesen sowie der ausgedehnten Waldungen der "Frankenweide" errichtet worden. Die Falkenburg wird erstmals im Jahre 1241 in einer Urkunde König Konrads IV. erwähnt und war damals kaiserlichen Ministerialen anvertraut. Reichsministerialen, die sich nach der Feste benennen, können aber erst zum Ende des 13. Jahrhunderts nachgewiesen werden. Im Jahre 1290 war Wernher von Falkenburg einerseits mit der Burghut betraut, andererseits hatte er die Aufgabe, die Bewohner des Siebeldinger Tales, das dem Reiche zustand, zu schützen. Im Gegenzug war dieser Personenkreis verpflichtet, am St. Stephanstag die "Königsbete" (eine Art Schutzgeld) in Höhe von 15 Gulden auf der Burg zu entrichten. Um 1300 gelangte die Reichsburg auf unbekanntem Wege in die Hand der Grafen von Leiningen. Obwohl bereits 1330 Kaiser Ludwig der Bayer die Wehranlage an seine pfalzgräflichen Vettern Rudolf II. und Ruprecht I. verpfändete, verblieb sie gleichwohl bis 1379 im Besitz der verschiedenen Zweige der leiningischen Grafenfamilie.

In jenem Jahr wurden die pfälzischen Kurfürsten, wie auf Burg Guttenberg, zur Hälfte Miteigentümer an der Falkenburg, und man schloß entsprechend dem damals üblichen Brauch einen Burgfriedensvertrag, der Rechte und Pflichten der Anteilseigner genauestens regelte. Der Geltungsbereich dieses wichtigen Übereinkommens erstreckte sich, soweit "ein Armbrost in drien (drei) Schußen nach einander geschissen und gereichen mag". Der kurpfälzische Anteil gelangte 1410 an den Herzog Stephan von Zweibrücken, dessen Erben gemeinsam mit den Nachkommen der Grafen von Leiningen Burg und Amt bis zur Zerstörung der Feste verwalteten. Hierbei blieben teilweise erhebliche Meinungsverschiedenheiten nicht aus.

Während der permanent schwelende Streit wegen des Holzeinschlages und der Flößereirechte bis zum Ende der gemeinsamen Verwaltung anhielt, war die Vertreibung der Leininger von der Feste eine vorübergehende Episode. Im Bayrischen Erbfolgekrieg war nämlich 1512 über Emich von Leiningen die Reichsacht verhängt worden, da er französische Truppen militärisch unterstützt hatte. Herzog Alexander von Zweibrücken nutzte diese Tatsache sofort schonungslos aus und drängte die Leininger 1518 aus der Feste.

Im darauffolgenden Bauernkrieg wurde die gut gesicherte Felsenburg im Gegensatz zu vielen anderen pfälzischen Bergschlössern nicht in Mitleidenschaft gezogen und auch im Dreißigjährigen Krieg entging sie der Zerstörung. Gleichwohl erlitt die Burg in diesen verhängnisvollen Jahren ein wechselvolles Schicksal. Die schwedischen Truppen, die im evangelischen Amt Falkenburg als Besatzung lagen und Truppen auf der Burg kaserniert hatten, wurden von den kaiserlichen Gegnern überrumpelt, so daß das "feste Haus" kampflos in die Hände der Angreifer geriet. Der Wechsel der Besatzung war aber letztlich ein Glück im Unglück, denn die Kaiserlichen hielten die Burg bis Kriegsende besetzt, so daß sie nach 1648 unzerstört in die Hände der früheren Eigentümer zurückkam.

Im Gegensatz zur Feste war allerdings das Amt "durch den langwürigen lant und leute verderblichen Krieg in Abfall und Unbau gerathen", so daß ganze Dörfer entvölkert waren. Nur wenige Jahre darauf kündigte sich das Ende des stolzen Bergschlosses an, denn der Niederbrennung der drei Dörfer des Amtes Falkenburg im Jahre 1674 durch Truppen des französischen Marschalls Turenne waren 1680 die unaufhörlichen Repressalien durch die französische Reunionskammern gefolgt. Im Mai 1689 sprengten Soldaten des französischen Generals Monclar das mittlerweile militärisch vollkommen veraltete "Schloß Falkenburg".

Es sind weniger die ruinösen Mauern der Burg, die den heutigen Besucher der Reichsfeste beeindrucken, als vielmehr der fast 20 Meter hohe, teilweise überhängende verwitterte Bundsandsteinfelsen, der einst die obere Wehranlage trug. Die Oberburg, die das auf dem Luftbild gut sichtbare Plateau des Burgfelsens einnahm, besitzt nur einen einzigen Zugang an ihrer Nordseite. Eine steile (erneuerte) Holztreppe führt vom Fuße des Felsens zu einer kleinen Plattform in der Felswand, an deren Ende sich eine enge, gut gesicherte Pforte, die früher zusätzlich mit einer Zugbrücke versehen war, befindet. Durch ein weiteres Tor am Ende eines Felsgan-

ges gelangt man in einen kleinen Hof, den östlich die Wohnanlage und westlich der im Bild gut sichtbare Bergfried begrenzte. Die Balkenlöcher an dessen felsigen Grundmauern deuten auf einen Anbau hin. Im davorliegenden kleinen Hof ist ein kreisrunder Schacht in den Fels geschrotet, der heute teilweise verschüttet ist. Es handelt sich dabei um einen Burgbrunnen, dessen ursprüngliche Tiefe fast 100 Meter betragen haben soll. Das übrige aufgehende Mauerwerk der ehemaligen Wohngebäude ist vollkommen verschwunden.

Die Unterburg befand sich an der nördlichen Längsseite des Burgfelsens. Zahlreiche Balkenlöcher und geglättete Felswände sind die einzigen Beweise für die an den Sandsteinfelsen angelehnten Gebäude. Aufgehendes Mauerwerk ist nicht mehr vorhanden. Der Zugang zur unteren Wehranlage führte über einen breiten Graben, der durch eine Zugbrücke und eine Toranlage gesichert war. Vom Torhaus (Pforthuß) haben sich lediglich die in den Felsen geschlagenen Gewändepfeiler erhalten. Neben einer ebenfalls in den Sandstein gehauenen Pferdetränke sowie einigen Treppenresten sind ansonsten keinerlei Spuren der ehemals stattlichen Burg zu sehen, von der es 1679 hieß: "Falckenburg ist ein vest Hauß uff einem Felsen gelegen, worauff kein anderer Eingang, alß über eine enge Träppe, so durch einen lebendigen Felsen gehawen, hat gleichwol uff dem Hauße einen brunnen und eine Roßmühl, ein stock oder baw uff dem Hauße gehört zum Fürstenthumb Zweybrücken und der andere den graffen von Leyningen, daher mit den zugehörigen Dörffern die gemeinschafft Falckenburg genennet wird."

# Burg
# Falkenstein am Donnersberg

**D**ie geringen Reste der fast völlig zerstörten Burgen Alt- und Neu-Bolanden, Dannenfels, Wildenstein sowie der Burg Hohenfels im Donnersberggebiet lassen kaum mehr etwas von der Macht des im hohen Mittelalter so einflußreichen Geschlechtes der Herren von Bolanden ahnen. Wesentlich imposanter sind dagegen die hochaufragenden Ruinen von Burg Falkenstein, die einer Seitenlinie des Reichsministerialengeschlechtes der Bolander den Namen gegeben haben.

Am Ende eines idyllischen Tales erhebt sich recht unvermittelt ein markanter steiler Fels, der bereits im Jahre 1019 in einer Urkunde des Erzbischofs Erkinbald von Mainz erwähnt wird. Dieser Felsklotz gilt als nördlichster Grenzpunkt des Reichslandes von (Kaisers)Lautern, und nicht zuletzt aus diesem Grunde bot sich wohl der von drei Seiten völlig unzugängliche Berg als Burgplatz an.

Einer Urkunde des bolandischen Hausklosters Hane aus dem Jahre 1135 verdanken wir den Namen des ältesten Ritters, der sich nach der Burg benennt, nämlich Sigbold von Falkenstein. Obgleich kein älterer Burgmann bekannt ist, kann jedoch begründet angenommen werden, daß kein geringerer als Werner I. von Bolanden, der als Gefolgsmann des Herzogs Friedrich von Schwaben seit 1116 in der Region nachweisbar ist, der Erbauer der Reichsfeste war.

Als eigentlicher Begründer des Falkensteiner Geschlechtes gilt aber jener Philipp von Bolanden, der sich 1233 in einer Urkunde ausdrücklich als Herr zu Falkenstein bezeichnet hatte, denn er erhielt die Burg vom Reich als Lehen. Das Reichslehen, das im Jahre 1398 zur Grafschaft erhoben wurde, verblieb dann für lange Zeit im Besitz dieses Geschlechtes. Erst der Tod der kinderlos gebliebenen Söhne des Grafen Johannes von Falkenstein beendete die Herrschaft und brachte in der Folgezeit großes Unheil über die Reichsgrafschaft.

Waren es zuerst nur heftige Erbstreitigkeiten, so kam es bald zu handfesten militärischen Auseinandersetzungen um das Erbe. Nacheinander folgten den bisherigen Eigentümern die Grafen von Virneburg, Dhaun-Oberstein, das Herzogtum Lothringen und seit 1745 das Haus Österreich als Besitzer, das das Oberamt Falkenstein der österreichischen Regierung in Freiburg unterstellte .

Die weitläufige Wehranlage der Burg, die einst auch das Dorf mit einschloß, hatte aber nicht nur unterschiedliche Besitzer, sondern auch ein sehr wechselvolles Schicksal. Die Burg wurde mehrfach zerstört und modernisiert wieder aufgebaut. Während des Dreißigjährigen Krieges plünderten 1632 schwedische Truppen die Befestigung, anschließend wurde sie von lothringischen Einheiten besetzt. Die Freude der Lothringer währte aber nicht lange, denn 1647 eroberten Einheiten des französischen Marschalls Schönbeck die gesamte Anlage, der alle Türme und Mauern sprengen ließ und auch die Dorfbefestigung schleifte. Diese endgültige Zerstörung des Falkensteins und der Steinraub der folgenden Jahrhunderte waren so umfangreich gewesen, daß Paul Gärtner, der verdienstvolle Burgenforscher des 19. Jahrhunderts, im Jahre 1855 bedauerte: "Jetzt ist das Alles (Burg Falkenstein, Anm. des Verf.) so vernichtet, daß man von den noch vorhandenen Resten kaum noch einen Schluß auf die ehemalige Verwendung des Raumes machen kann". Ähnlicher Meinung war sein Kollege Johann Georg Lehmann, der um dieselbe Zeit klagte, daß man "nicht ohne Mühe und Anstrengung" zur Burg gelangen könne, da "alles in Schutt und Graus liegt". Anders als bei vielen anderen pfälzischen Burgen, sind wir durch Stiche und Zeichnungen vom früheren Aussehen der Donnersbergfeste recht gut unterrichtet. Die Bausubstanz, insbesondere der Nordteil, hat zwar im Laufe der Jahrhunderte tatsächlich schwer gelitten, doch lassen sich die wichtigsten Bauteile des zweigeteilten festen Hauses noch heute recht gut lokalisieren.

Ein Parkplatz und eine Wanderhütte, am nördlichen Ende der Burg im ehemaligen Halsgraben gelegen, markieren heute den Eingang zur Hauptburg. Auf mehreren Ebenen erheben sich an dieser Hauptangriffsseite die Ringmauer mit ihrem starken Geschützturm und die dahinterliegende, in jüngster Zeit nicht gerade fachgerecht restaurierte, mächtige hochmittelalterliche Schildmauer. Über der halbrunden, heute ebenerdig gelegenen Geschützbastion mit stichbogigen Geschützscharten sind in einem eingemauerten Stein die rätselhaften Worte "Wie Du witt (willst) Melchior" eingemeißelt. Wie die Sage zu berichten weiß, ist ein Bruderzwist der Hintergrund der trutzigen Worte. Hinter der Schildmauer und dem Torbau, die im Mittelalter die gesamte Anlage an der nördlichen Angriffsseite deckten, können noch die Zugänge zu den Geschützkammern und ein in jüngster Zeit freigelegtes Gewölbe und Treppenturmreste besichtigt werden. In der Mitte der Anlage, nur wenige Meter hinter der Schildmauer, erhebt sich ein großer Felsklotz, der früher einen hohen viereckigen Bergfried, den Mittelpunkt der hochmittelalterlichen Anlage, trug.

Dahinter stehen die Außenmauern der Wohngebäude mit ihren sechs großen Fensterlöchern. Insbesondere der ehemals verputzte Palas, von dem sich noch zwei Geschoße der südlichen Außenwand über mächtigen Substruktionen erhalten haben, beeindruckt durch seine Höhe. Von der Palas-Ostseite, die hier mit der Ringmauer identisch ist, ist dagegen nur noch ein Geschoß erhalten. Das Luftbild zeigt recht anschaulich die Identität von Palas- und Ringmauer, denn man erkennt die große Mauerstärke, die bei einem reinen Wohnbau nicht notwendig gewesen wäre. Der Westseite des Gebäudes sind gewaltige halbrund vorspringende Bastionstürme vorgelagert, deren schwere Geschütze einen Angriff von Norden unwahrscheinlich machten, denn sie beherrschten flankierend die ganze Nordseite des Falkensteins.

Unterhalb des Palas befindet sich, heute noch durch einen schmalen Ausfallgang (Poterne) zugänglich, ein weiter Zwinger, dessen Wahrzeichen der am äußersten Steilabfall aufragende Rest eines runden Wehrturmes ist. Das Pendant zu diesem kleinen Wachtturm war am gegenüberliegenden Ende der Burg, jenseits des Halsgrabens, ein vorgeschobener gewaltiger Bollwerksturm, der heute leider vollkommen abgegangen ist. Ähnlich dem Bollwerksturm der Hardenburg hatte dieser Geschützturm die Aufgabe, einem potentiellen Angreifer die vorteilhafte überhöhte Position gegenüber der Burg streitig zu machen.

Nur wenigen Besuchern des historischen Bauwerks, das im übrigen ein sehenswertes Biotop ist, wird bekannt sein, daß bedeutende Gestalten des hohen und späten Mittelalters hier gelebt und gewirkt haben: so Reichstruchseß Philipp von Falkenstein, der Bewahrer der Reichsinsignien auf dem Trifels, die Erzbischöfe Kuno und Werner von Trier und möglicherweise gar Beatrix, die Gattin des gewählten deutschen Königs Richard von Cornwallis.

# Burg
# Fleckenstein

Im elsässisch-pfälzischen Grenzgebiet bei Nothweiler und Lemberg ist nicht nur eine der dichtesten Massierung mittelalterlicher Wehranlagen in der Pfalz und dem Elsaß zu finden, sondern auch eine, wie der Altmeister der Burgenforschung, Otto Piper, 1912 schrieb, "der großartigsten der ausgehauenen Burgen". Die sehenswerte Burg Fleckenstein, die weit über das Mittelalter hinaus für uneinnehmbar gehalten wurde, ist sicherlich das Paradebeispiel einer Felsenburg. Sie hat schon früh die Phantasie der Betrachter erregt, und so verwundert es nicht, daß bereits im Jahre 1589 Daniel Speckle (Specklin) eine sicherlich stark übertriebene, gleichwohl recht charakteristische Abbildung der Burg in seinem Werk "Architektura der Vestungen" veröffentlicht hat.

Obwohl der Fleckenstein erst im Jahre 1174 ausdrücklich urkundlich erwähnt wird, gibt es dennoch ein Indiz, daß die Burg wesentlich älter ist. Bereits im Jahre 1129 machte eine Adelsfamilie, die sich später nach der Burg Fleckenstein nannte, dem Kloster Walburg eine Schenkung. Die alte Ritterfamilie sollte von Anfang an nicht nur eine führende Rolle im Elsaß, sondern auch im angrenzenden pfälzischen Raum spielen. Doch wurde der Aufstieg 1276 jäh unterbrochen, denn die widerrechtliche Gefangennahme eines Speyerer Bischofs und seine Einkerkerung auf dem Fleckenstein führten zu einer Belagerung durch Truppen des Königs Rudolf von Habsburg. Nach der Einnahme der Feste fiel sie dem Reiche zu, blieb aber gleichwohl als Reichslehen weiterhin im Besitz der Fleckensteiner.

Mit dem Nachfolger Rudolfs, dem König Adolf von Nassau, besserte sich das Verhältnis zum Reich, und die Herren von Fleckenstein gelangten wegen ihrer Verdienste um Kaiser und Reich in den Genuß zahlreicher Lehen. Trotz wiederholter Streitigkeiten mit den Städten Straßburg und Hagenau hielt auch unter der Herrschaft Kaiser Ludwigs des Bayern das Wohlwollen der Krone an, und dieser erlaubte Heinrich von Fleckenstein 1346 sogar "innerhalb des Grabens um die Burg Sulz" eine Stadt anzulegen. Die Mehrung des Vermögens war nicht immer nur eine Folge friedlichen Handelns, sondern geschah auch mit militärischen Mitteln. So gelang es den Fleckensteinern, die nahegelegene Burg Blumenstein 1346 in ihre Gewalt zu bringen und ihren Widersacher Anselm von Blumenstein zu vertreiben. Trotz einiger Rückschläge ging der wirtschaftliche Aufstieg der Adelsfamilie auch im 15. Jahrhundert weiter. Die Einkünfte aus verschiedenen Lehen wurden durch die unterschiedlichsten Rechte noch erhöht. Einem Schiedsspruch aus dem Jahre 1429 kann man entnehmen, daß den Fleckensteinern beim Tod eines Leibeigenen, sei es Mann oder Frau, immer das beste Stück Vieh der Familie zufiel. Darüberhinaus war Heinrich von Fleckenstein im Jahre 1442 Inhaber eines Burglehens in Hagenau, Schultheiß in Surburg, er besaß die einträglichen Zoll- und Geleitrechte in Weitersweiler, einen "Zollturnos" auf dem Rhein, und es standen ihm die "Salmenfänge im Rhein am Leberborn" zu.

Trotz dieser und vieler anderer Einkünfte kam es aber auch zu schmerzhaften Einbußen. Eine Seitenlinie verarmte Ende des 15. Jahrhunderts weitgehend, denn Friedrich von Fleckenstein, Herr zu Madenburg und Freiherr zu Dagstuhl, genannt der Blödsinnige, verschleuderte geradezu sein Vermögen. Obwohl bis zur Mitte des 16. Jahrhunderts das Adelsgeschlecht mit Friedrich, 1535 Vogt in Germersheim, und Baltasar, 1541 Schultheiß in Hagenau, weiterhin hohe Beamte stellte, war der Höhepunkt überschritten. Die Burg, die im 15. Jahrhundert modernisiert worden war und immer noch als uneinnehmbar galt, wurde am 19. Februar 1674 von Truppen des französischen Marschalls Vaubrun besetzt. Lediglich 14 Bauern hatten dem Burgvogt als Besatzung zur Verfügung gestanden. 1680 brannten die Besatzungssoldaten die Feste nieder, die nicht wiederaufgebaut wurde.

Nach dem Aussterben der Fleckensteiner im Jahre 1720 übergab der französische König Ludwig XV. die aus 30 Dörfern bestehenden Besitzungen dem Hause Rohan-Soubise.

Die Burg ist auf und an einem 30 Meter hohen und 52 Meter langen Sandsteinfelsen errichtet worden. Sie zerfällt in zwei Teile, eine ältere obere Anlage und die später hinzugefügte, weitläufige Unterburg an der Nordseite des Felsmassivs. Der Südseite (im Bild nicht sichtbar) wurden dagegen keinerlei Bauten vorgelegt. Hier beherrscht eine mächtige Mauer, die den Burgfelsen verkleidet, das Bild. Im Innern der in geringem Abstand vom Felsen errichteten Felsverblendung waren in verschiedener Höhe Verbindungsgänge, die zu den beiden halbrund vorspringenden Flankierungstürmen am Ost- und Westende der Mauer führten.

Im Luftbild ist die große südliche Unterburg deutlich sichtbar. Eine äußere Ringmauer, ausgehend von einem isoliert stehenden Felsen westlich der Kernanlage, umzog das Vorwerk. Im Verlauf dieser ersten Wehrmauer erhoben sich zwei Mauertürme, die unterschiedliche Aufgaben hatten. Der rechteckig vorspringende östliche Turm verstärkte die Wehrmauer und beherrschte darüberhinaus den von Osten heranführenden Zugangsweg. Auch der westliche runde Wehrturm hatte eine Doppelfunktion. Er diente zur zusätzlichen Flankierung und schützte gleichzeitig den Torbau eines weiten Vorhofes. Dieser Hof war durch eine zweite, innere Ringmauer entstanden, die ebenfalls am freistehenden Felsenturm (im Bild rechts) ihren Anfang nahm. Die Wehrmauer besaß, dem Rundturm des äußeren Berings gegenüberstehend, einen rechteckigen Wehrturm. Beide Fortifikationen deckten den ersten Torbau, der einer zweiten Torbastion vorgelagert war. Das Untergeschoß dieses mit Buckelquadern verkleideten Torturmes ist vollkommen erhalten und dient noch heute als Haupteingang.

Östlich dieses Torbaues und am Fuße des Burgfelsens befanden sich mehrere Wohn- und Wirtschaftsgebäude, deren Fundamente in unterschiedlicher Höhe erhalten sind. Von großer Bedeutung ist die Zugangsanlage (14./15. Jahrhundert) zu den beiden rechteckigen, an die Felswand angelehnten Türmen, die als Treppen- und Brunnenturm dienten. Durch den mehrfach, mit Zugbrücken, Schießscharten, Wehrplattformen und Tore gesicherten Eingangsbereich gelangt man in verschiedene Felsengemächer und in die Brunnenkammer, der ein zweiter Raum vorgelagert ist. Er hatte die Brunnenwinde und einen Lastenaufzug aufzunehmen.

Neben dem erwähnten Treppenturm besitzt der Fleckenstein als Besonderheit zwei weitere Zugänge zur Oberburg. Entlang der Außenwand und im Innern des Burgfelsens führen zwei nebeneinanderliegende Treppen auf die obere Plattform, die heute weitgehend von Mauerwerk entblößt ist. Nur am Ostende (im Bild links) ragt ein Teil der nördlichen Außenmauer des Palas mehrere Stockwerke auf. Besonders sehenswert ist eine Fensternische mit seitlichen Sandsteinbänken. Ein rechteckiges Fundament und einige schön behauene Buckelquader sind die letzten Überbleibsel eines mächtigen Baues in der Mitte des Felsenplateaus, die als ehemaliger Bergfried gedeutet werden können.

Ebenso abgegangen wie die meisten Gebäude der Oberburg ist die Kapelle, die unterhalb des Palas auf einem erhöhten Felspodest ihren Platz gehabt haben soll.

**S**tahlstecher des 19. Jahrhunderts fühlten sich ebenso vom Schloßberg bei Frankenstein (Landkreis Kaiserslautern) angezogen wie die Fotografen unserer Tage, denn in der Tat zählen die Reste einer Burg auf dem hochaufragenden Felsen über dem Schloßbergtunnel der Ludwigsbahn zu den interessantesten Wehr- und Wohnanlagen der Pfalz. Nur wenige der Besucher werden jedoch wissen, daß diese Burg an den alten Grenzen der Diözesen Worms und Speyer einer der ältesten Adelssitze im Bereich des Pfälzerwaldes ist. Die Nennung eines Helenger oder Helger von Frankenstein im Jahre 1146 läßt den Schluß zu, daß die ersten Anfänge der Burg noch vor diesem Datum zu suchen sind.

Neben einer, möglicherweise von dem genannten Edelfreien (ingenius vir) errichteten Warte erbauten die Grafen von Leiningen als Schutzvögte des Klosters Limburg zu Beginn des 13. Jahrhunderts eine Burg, deren sehenswerte Reste noch heute das Bild der Waldlandschaft prägen. Namentlich bekannt sind zwischen 1204 und 1231 die Ritter Marquard, Friedrich und Helenger von Frankenstein, die als Leiningische Burgleute auf der Feste ihren Wohnsitz hatten.

Nachkommen dieser Leininger Gefolgsleute (castellani et ministeriales), die bis zur Mitte des 14. Jahrhunderts die Feste bewohnt hatten, werden auch in den folgenden Jahrzehnten genannt, so bei der Teilung der Grafschaft Leiningen im Jahre 1237, als das "castrum Franckenstein" dem Grafen Emich (IV.) von Leiningen übertragen wurde. Die Aufgabe dieser Burgmannen war es, nicht nur die Burghut zu übernehmen, sondern insbesondere den Leininger Grafen die einträglichen Zoll- und Geleitrechte auf der Straße von Frankenstein zur Rheinebene zu sichern.

Die Spaltung des Leininger Grafengeschlechtes in verschiedene Linien brachte es immer wieder mit sich, daß Burg Frankenstein "mit walde und weide und allem recht, wie gelegen und herkommen seint" (1377), an neue Familien fiel und oftmals einzelne Teile der Burg an andere Adelige veräußert wurden. Dadurch gestalteten sich die Eigentums- und Besitzverhältnisse zwischen dem Kloster Limburg, auf dessen Grund der Frankenstein erbaut worden war, den Grafen von Leiningen und den verschiedenen Burgmannen derart verworren, daß sie oftmals der Grund für langwierige Streitigkeiten waren, die man durch detaillierte Burgfriedensverträge auszuschließen trachtete.

Der bedeutsamste dieser Teilungsverträge wurde im Jahre 1418 geschlossen. In diesem erhielt Graf Emich von Leiningen das Haus, Saal genannt, in der Unterburg und das Stockwerk über der Kapelle, während den Herren von Einselthum das dem Saalbau benachbarte Haus sowie die ehemalige Küche zugewiesen wurden. Weiterhin wurden den Grafen von Nassau-Saarbrücken alle an und auf dem Burgfelsen der Oberburg befindlichen Gebäude zugesprochen. Da diese Gebäude jedoch von wesentlich geringerem Wert waren, hatten die beiden Mitbesitzer einen jährlichen Ausgleich von 25 Gulden als Entschädigung zu zahlen. Alle übrigen Bauwerke, insbesondere die Pforten, die Mantelmauer, der Bergfried, der Brunnen, die Kapelle und der Hof sowie die Zugangswege verblieben im Gemeineigentum und mußten von allen Bewohnern instand gehalten werden. Überraschenderweise scheint dieser Burgteilungsvertrag sich in der Praxis bewährt zu haben, denn entgegen den sonstigen Gepflogenheiten jener Jahre blieb er längere Zeit in Kraft.

Während Gärtner vermutet, die Burg sei bereits im Jahre 1482 zerstört und nicht wieder aufgebaut worden, lassen sich dennoch Anfang des 16. Jahrhunderts erneut drei Burgmannen auf dem Bergschloß nachweisen, so daß die Burg 1504 trotz einiger Kriegsschäden zumindest noch teilweise bewohnt war. Weitere Zerstörungen, die insbesondere 1525 erfolgt waren, scheinen jedoch nicht mehr behoben worden zu sein, so daß das "alte Schloß" Frankenstein seit 1560 als unbewohnbar galt. Lediglich in der Schloßkapelle wurde 1703 auf Veranlassung französischer Besatzungssoldaten erneut Gottesdienst abgehalten.

Seit der Mitte des 16. Jahrhunderts hatten die Besitzer in rascher Folge erneut gewechselt, und selbst die Leininger, die so lange die Geschicke des Frankensteins gestaltet hatten, schieden vorübergehend aus dem Kreis der Eigentümer aus. Als letzte Besitzer vor der Franzosenzeit werden die Kurfürsten von der Pfalz, die Herren von Wallbrunn, und erneut die Grafen von Leiningen genannt.

Die 70m über dem gleichnamigen Dorf gelegene Burg Frankenstein steht auf einem nördlichen Vorsprung des Schloßberges. Die Spornlage der Feste brachte es mit sich, daß lediglich die Südseite der Unterburg und der Südwesten als Hauptangriffsseite befestigt werden mußten. Die Burg zerfällt, auf dem Luftbild deutlich sichtbar, in eine ältere Oberburg auf dem beherrschenden Felsmassiv und eine südöstlich vorgelagerte Unterburg.

Die Gesamtanlage wurde durch einen heute leider teilweise aufgefüllten Halsgraben an der Angriffsseite gesichert. Ausgrabungen haben darüber hinaus in jüngster Zeit (1988/89) die Fundamente einer bislang unbekannten Schildmauer hinter dem Halsgraben freigelegt, die im 15. Jahrhundert durch eine vorgelegte polygonale Bastion mit schlitzförmigen Schießscharten verstärkt oder ersetzt worden ist.

Hinter der Schildmauer, in der sich ein Tor, ähnlich dem der Burg Schloßeck, befunden haben muß, erheben sich die Reste des im Untergeschoß heute teilweise restaurierten quadratischen Bergfrieds, der wahrscheinlich bereits in der ersten Hälfte des 12. Jahrhunderts erbaut wurde. An ihn lehnte sich im Westen ein kleineres Gebäude an, das ebenso wie Schildmauer und Bergfried mit Buckelquadern verkleidet war. Die übrigen, urkundlich erwähnten Baulichkeiten der Oberburg, die über eine Treppe zugänglich waren, sind bis auf geringe Reste verschwunden. Erhalten haben sich dagegen zwei Felsgänge, die man leider nicht betreten kann.

Wesentlich imposanter erscheint dem Betrachter allerdings der große zweigeteilte Wohnbau der Unterburg und der anschließende, teilweise auf dem Felsen aufsitzende Kapellenbau. Das die Bildmitte beherrschende Gebäude mit seinen schönen Fensterfronten ist identisch mit dem 1418 erwähnten Saalbau. Das Innere dieses repräsentativen Wohnhauses wird von einer gewaltigen Kaminanlage geprägt, die zu den größten ihrer Art auf pfälzischen Burgen zählt. Hinter einer starken Mauer schließt sich in südliche Richtung ein gleichhoher weiterer Wohnbau an, dessen Außenwände, teilweise mit Buckelquadern versehen, bis an die heute weitgehend verschwundene Schildmauer reichen.

Von großer kulturhistorischer Bedeutung ist der Kapellenbau, dessen herausspringender rechteckiger Erker weitgehend erhalten ist. Besonders reich mit Stäben und Kehlen profiliert, endigt der Untersatz dieses Kapellenerkers in sechs gezierten Spitzenkonsolen. Die darunterliegenden beiden kleinen Spitzbogenfenster gehören dagegen zum Untergeschoß des Kapellenbaus.

Während die bestehenden Reste der Unterburg dem späten 13. Jahrhundert angehören, ist die mit Schießscharten versehene vorgelegte Zwingermauer wohl dem 15. Jahrhundert zuzurechnen. Dieser Zwinger wurde durch einen innen offenen, halbrunden Flankierungsturm verstärkt.

# Burg
# Frankenstein

# Der Gräfenstein

**A**ls das schönste und am besten erhaltene Beispiel stauferzeitlicher Burgenarchitektur im pfälzischen Raum wird zu Recht der Gräfenstein bei Merzalben (Kreis Pirmasens) bezeichnet. Die auch "Merzalber Schloss" genannte Feste erhebt sich über zwei Ebenen auf dem Gipfel des 437 Meter hohen Haardtberges, nahe der Gemeinde Merzalben. Auf der Luftaufnahme können deutlich eine obere und eine untere Burg unterschieden werden.

Die auf einem 12 Meter hohen, an den Seiten senkrecht abgearbeiteten Felsplateau aufragende Oberburg ist der älteste Teil der Wehranlage. Er dürfte mit jener Burg identisch sein, die 1220 und 1237 in leiningischen Urkunden als "castrum Grebinstein" erstmals faßbar wird. Die Feste, ursprünglich im Besitz der Grafen von Saarbrücken, könnte, wie Günther Stein annimmt, als Ersatz für die 1168 von Kaiser Friedrich I. Barbarossa gebrochene, nahegelegene Burg Steinenschloß an diesem alten Grenzpunkt dreier Diözesen (Speyer, Worms und Metz) an der Wende des 12. und 13. Jahrhunderts errichtet worden sein. Seit 1237 war die Burg im Besitz der älteren Linie der Grafen von Leiningen, die auch nach 1250 die südliche Unterburg erbauen ließen. Die Altleininger übertrugen einem "Viztum" (vice domini, d.h. Stellvertreter des Herren), der seinen Amtssitz auf der Burg hatte, die Verwaltung des Gräfenstein und der zugehörigen Dörfer. Diese Ministerialen benannten sich im Regelfall nach der Burg und dementsprechend ist für das Jahr 1275 ein Dancrad (Dancret) von Grebinstein bezeugt. Jedoch erfreute sich das Grafengeschlecht nicht lange uneingeschränkt der Einkünfte, die ihre Dienstleute aus dem Gräfensteiner Land eintrieben, denn permanente Geldschwierigkeiten zwangen die Altleininger zu vielen Verpfändungen an Hoch- und Niederadelige, ja sogar zur Verpfändung des Dorfes Leimen an einen Bürger der Stadt Kaiserslautern.

Im Jahre 1317 übernahm eine andere Linie des Grafengeschlechtes, die Grafen von Leiningen-Dachsburg, die Burg und ihre Zubehörden. Dies war allerdings keineswegs das Ende der Verpfändungen. Im Jahre 1367 war Friedrich V. von Leiningen-Dachsburg sogar gezwungen, die Feste an den pfälzischen Kurfürsten Ruprecht I. zu verkaufen. Er und seine Nachfolger belehnten nacheinander die Grafen von Sponheim, die Markgrafen von Baden und zuletzt die Grafen von Leiningen-Hardenburg, die von 1421 bis 1535 die Herrschaft innehatten, mit dem Bergschloß. In dieser Zeit wurde auch der Gräfenstein um die nördliche Unterburg, Zwinger- und Toranlagen erweitert und verstärkt. Trotzdem stürmte im Jahre 1525 der elsässische Kolbenhaufen die Feste "gegen geringen Widerstand" und äscherte sie ein.

Durch den Tod des Grafen Emich IV. von Leiningen-Hardenburg kam der Gräfenstein durch Erbschaft und Kauf in den Besitz des Herzogs Ruprecht von Zweibrücken, der die Burg wiederherstellen ließ. Erst zwischen 1560 und 1570 endeten die permanenten Besitzwechsel mit der Übernahme der Herrschaft Gräfenstein durch die Markgrafschaft Baden-Baden bzw. Baden-Durlach. Dort verblieben Burg und Amt bis zur Französischen Revolution.

Man betritt die 1635 "durch Ohnvorsichtigkeit der kayserlichen Parrtheyen, so darinnen Posto gefasst, in Brand gerathen und völlig eingeäscherte" Burg Gräfenstein durch den vorgeschobenen nördlichen Zwinger, dessen Eingang zwei runde Flankierungstürme aufweist. Der enge Zwinger, der durch drei weitere Tore gesichert war, führt zu einer weiteren Zwingeranlage mit ebenfalls zwei runden Türmen. Von hier gelangt man zur eigentlichen Ringmauer der nördlichen Unterburg mit ihrem imponierenden rechteckigen Torbau (15. Jahrh.), dessen Obergeschoß nach hinten offen war, um es einem eingedrungenen Feind unmöglich zu machen, den Turm gegen die eigene Burg zu verwenden.

Durch ein spitzbogiges Tor erreicht man die eigentliche Unterburg, die hier von dem im 15. Jahrhundert an die Kernanlage angebauten hohen Aborttturm beherrscht wird. Gut sichtbar sind am Fuße dieses kulturhistorisch interessanten Turmbaues die Ausflußöffnungen und Abflußrinnen. Im Innern ragen noch heute an der Palaswand die Konsolsteine der versetzt übereinander angebrachten Aborterker vor. Die Fundamente in der nördlichen Unterburg lassen leider keine genaue Bestimmung der ehemals dort stehenden Gebäude zu; es könnte sich um Stallungen gehandelt haben. Direkt am Fuße des steil abfallenden Nordendes der Oberburg befindet sich ein verschütteter kreisrunder Brunnenschacht.

Südlich schließt sich die von einer starken Ringmauer umgebene Unterburg des späten 13. Jahrhunderts an. Zwei Rundbogentore führen in diesen Bereich, dessen Wohn- und Kasernenanlagen sich direkt an die wohlerhaltene Ringmauer anlehnten. Das Untergeschoß dieses Gebäudes diente Verteidigungszwecken, und daher sind in der Außenwand lediglich senkrechte Schießscharten und Lichtschlitze eingebaut. Im zweiten Geschoß befinden sich zahlreiche Nischen mit Sandsteinbänken und Spitzbogenfenstern, fünf Aborterker und Kaminanlagen.

Die ältere obere Burganlage besteht aus dem zwei- bzw. dreigeschossigen Palas, dem Treppenturm, der Mantelmauer und dem Bergfried. Über eine in neuester Zeit erbaute steinerne Treppe gelangt man zum rundbogigen Haupteingang, der durch einen darüberliegenden Gußerker gesichert war. Der Zutritt zu diesem Verteidigungsstand erfolgte durch die im Luftbild gut sichtbare Bogenöffnung über dem Tor. Dahinter, zwischen dem Bergfried und einem runden Treppenturm, befindet sich der sehr kleine Burghof, von dem der Zutritt zum Wehrturm und zum Palas möglich ist.

Der hofseitigen Palaswand wurde um 1540 ein runder Treppenturm eingefügt, der ein bequemeres Erreichen der einzelnen Stockwerke ermöglichte. Die rechteckigen Fenstergewände des Palas sind sicherlich einer noch früheren Umbauphase zuzurechnen. Sie haben die ursprünglich zweigeteilten rundbogig gerahmten Fenster ersetzt. Die beiden Obergeschosse besaßen Balkendecken, während ein Teil des Untergeschoßes eingewölbt war. In allen Etappen sorgten Kaminanlagen - eine davon wurde während der Restaurierungsarbeiten in jüngster Zeit unverständlicherweise zugemauert - für die notwendige Erwärmung der Räume. Zugänge zu der Abortanlage und dem Felsenkeller ergänzen das Bild des Palas.

Der fortifikatorisch wichtigste Bau der Burg ist ohne Zweifel der Bergfried und die ihn umgebende Mantelmauer, die einst einen Wehrgang aufwies. Der wehrhafte Charakter wird besonders durch das Fehlen von Fenstern und die Verwendung von Buckelquadern unterstrichen, die auch am Palas Verwendung fanden. Der Grundriß von Mantel und Turm wurde den beengten topographischen Gegebenheiten angepaßt, und so ergab sich die im deutschen Sprachraum nur noch zweimal nachzuweisende siebeneckige Form des Bergfriedes. Die unabhängig vom Turm erbaute, aber dicht an ihn angelehnte Mantelmauer, weist einen ähnlichen Grundriß auf.

Durch eine kleine Pforte im Burghof erreicht man den heute nur noch 17 Meter hohen Bergfried. Über eine neu eingebaute Treppe gelangt man zur Turmplattform, die nicht nur einen ausgezeichneten Überblick über die Gesamtanlage, sondern auch über weite Teile des südwestlichen Pfälzerwaldes bietet.

Ich kam zuerst an ein zerrissenes Tor, hinter welchem links die äußere Mauer fortläuft und trat dann in den Zwinger. Rechts steht der hohe Burgfelsen. Auf der nächsten Ecke erhob sich, wie es scheint, ein Turm. Ersteigt man den Felsen, welcher oben ziemlich schmal ist, so sieht man einige Mauerreste, die vielleicht auch von einem Turm herrühren... Verfolgt man die Firste des Burgfelsens, welche in einem Kopfe enden, so stößt man wieder auf Spuren von Mauern, die man auch unten am Fuße des Felsens trifft. Dies ist alles was von dem Schlosse noch übrig ist". Nicht viel anders, eher schlechter als Paul Gärtner, der im September des Jahres 1846 die alte Reichsfeste Guttenberg besuchte, geht es dem heutigen Betrachter, denn der Verlust an aufgehendem Mauerwerk hat sich seit dieser Zeit noch vergrößert. Insbesondere die Jahre nach dem Zweiten Weltkrieg waren für den Bestand der Ruine recht abträglich. Der alte Zugangsweg zur Burg war früher von mehreren Sperranlagen gesichert, von denen jedoch nur noch das heute rundbogig gefaßte letzte Tor leidlich erhalten ist. Der Torbau ist in die innere von zwei ehemals vorhandenen Zwingeranlagen eingefügt, deren Mauern an wenigen Stellen noch einige Meter aufragen. Dagegen ist die nördliche Zwingermauer mit ihrem innen offenen Flankierungsturm, deren Reste um die Jahrhundertwende noch sichtbar waren, vollkommen abgegangen.

Auch sind Aussagen über die Lage der ehemals in der Unterburg vorhandenen Gebäude kaum möglich, da die Grundmauern weitgehend von Schutt und Trümmern bedeckt sind. Lediglich das Hauptgebäude läßt sich lokalisieren. Es lehnte sich an den östlich aufsteigenden, sorgfältig geglätteten Felsen der Oberburg und besaß, nach Ausweis der in den Fels gemeißelten Balkenlöcher, drei Stockwerke.

Ein Treppenweg führt heute vom Ostteil der unteren Burg auf die Plattform des fast 50 Meter langen und sehr schmalen Burgfelsens, der die Oberburg beherbergte. In der Mitte erhebt sich der markante hakenförmige Rest des vierseitigen Bergfriedes, der in dem Luftbild aus den Bäumen ragt. Leider ist der Bergfried seiner Buckelquaderummantelung bis auf wenige Quadersteine beraubt, so daß der Betrachter nur die Bruchsteine des inneren Mauerwerks zu sehen bekommt.

Die restlichen Gebäude der Oberburg sind vollkommen verschwunden. Lediglich ein Teil der östlichen Grundmauern hat sich am Burgfelsen erhalten. Diese waren ebenso wie der Bergfried mit Buckelquadern, die sowohl Randschlag als auch Zangenlöcher aufweisen, verkleidet. Den nördlichen Abschluß der oberen Burg bildete wahrscheinlich ein Rundturm. Für diesen äußerst kargen Restbestand an aufgehendem Mauerwerk wird der Besucher allerdings durch die herrliche Aussicht von der Oberburg mehr als entschädigt. An klaren Tagen sind nicht nur der Pfälzerwald, der Schwarzwald, die Vogesen und die Rheinebene sichtbar, auch der Turm des Straßburger Münsters kann erspäht werden.

Landolf von Gudenburc ist der erste Ministeriale, der sich bereits in der Mitte des 12. Jahrhunderts nach der Reichsburg benannte. Um diese Zeit scheint die Feste auch erbaut worden zu sein. Spätestens seit dem Jahre 1317 sind Burg und Herrschaft Guttenberg als Reichslehen im Besitz des pfälzischen Uradelsgeschlechtes, der Grafen von Leiningen. Dies hinderte offensichtlich jedoch Kaiser Ludwig den Bayern 1330 nicht, seinen Neffen, den Pfalzgrafen Rudolf II. und Ruprecht I., "Gutenberc die burg und was dazu gehoret, besucht und unbesucht", zu verpfänden. Trotzdem verblieb die Burg im Besitz der Leininger bis zum Jahre 1379, erst dann wurden sie gezwungen, dem Kurfürsten von der Pfalz "die vesten Gutenberc halp" (= die Hälfte der Feste Guttenberg) zu übergeben. Die beiden Miteigentümer schlossen sofort einen der damals üblichen Burgfrieden, in denen Rechte und Pflichten geregelt waren. Der räumliche Geltungsbereich dieses Burgfriedens erstreckte sich soweit eine "Armbrust in drien (drei) schussen gereichen mag". Sowohl die Grafen von Leiningen als auch die Kurfürsten von der Pfalz beliehen in der Folgezeit die Burg derart häufig, daß schon bald die Gefahr drohte, daß die Feste in fremde Hände überginge. Der kurfürstliche Anteil wurde im Jahre 1410 an den Pfalzgrafen Stephan von Veldenz-Zweibrücken übereignet. Trotz anfänglicher freundschaftlicher Bande zu den Grafen von Leiningen brachen recht schnell Streitigkeiten über die Nutzung des gemeinsamen Besitzes aus, die nur durch einen detaillierten Teilungsvertrag beigelegt werden konnte.

Dieser Burgteilungsvertrag unterscheidet zwischen Gebäuden, die den einzelnen Miteigentümern zustehen und solchen, die gemeinsam genutzt werden sollen. Als Gemeinschaftsgut wurden dabei besonders die Fortifikationen der Vorburg genannt, die Kurtinen, alle Wege, insbesondere der zur Oberburg, die beiden Zisternen, das Gefängnis und der große Bergfried, der ringsum frei stehen mußte und nicht überbaut werden durfte. Eine weitere Verordnung verweist auf die Wasserknappheit auf Burg Guttenberg. Jeder Mitbesitzer war nämlich ausdrücklich gehalten, bei Neubauten Kandel anzubringen und das Regenwasser zu den Zisternen abzuleiten. Im Jahre 1463 schieden die Grafen von Leiningen de facto als Mitbesitzer von Amt und Burg Guttenberg aus. Die Grafen von Leiningen waren nämlich wegen Erbschaftsstreitigkeiten in eine Fehde mit den Herren von Lichtenberg verwickelt, die letztlich zum Verlust des Amtes Guttenberg führen sollte. Trotz verschiedener Sühneversuche war die Fehde im Laufe der Zeit zu einem kleinen Krieg ausgeartet. Dabei verwüsteten die feindlichen Parteien die jeweiligen Ländereien der Gegner und zündeten deren Dörfer an. Im Jahre 1451 kam es zu einer Schlacht bei Reichshofen, in der der Leininger Schaffried sich geschlagen geben mußte und in Gefangenschaft geriet. Ein Jahr später wurde er durch kurpfälzische Vermittlung zwar freigelassen, doch geriet er 1457 erneut in die Gewalt der Lichtenberger. Diese preßten dem Gefangenen 1463 eine eidliche Verzichtleistung auf die Anteile an Burg und Amt Guttenberg ab und ließen ihn danach frei. Diese Erpressung fand natürlich nicht den Gefallen der Leininger. Die Grafen Emicho und Hesso gaben erst 43 Jahre später den Anspruch auf ihren ehemaligen Anteil an der Burg und den Zubehörden in einem förmlichen Vertrag mit dem Kurfürsten Philipp auf.

Der Leininger Anteil war noch im gleichen Jahre von den Herren von Lichtenberg an die Herzöge von Zweibrücken und an Kurpfalz gelangt. In einem Abkommen einigten sich die beiden Käufer dahingehend, daß der Gesamtbesitz jeweils zur Hälfte einer Partei zustehen solle. Nachdem Pfalz-Zweibrücken 1599 auch noch den kurpfälzischen Anteil übernommen hatte, war das alte Reichslehen nach langer Zeit erstmals wieder unter einer Herrschaft vereint. Dort sollte es auch bis zur Französischen Revolution verbleiben.

Der Bauernkrieg hatte allerdings bereits im Jahre 1525 das Ende des nur "nachlässig verwahrten" Bergschlosses herbeigeführt, denn die Bauernhaufen hatten die Feste Guttenberg nach der Erstürmung eingeäschert. Seitdem gehört die Ruine im Mundatwald, deren Name im Verlauf ihrer langen Geschichte permanent gewechselt hat (Gudenberg, Gudenburg, Guttenberg, Guttenburg, Gutenberg und Gutenburg) zu den am wenigsten besuchten Burganlagen der Pfalz.

# Die
# Reichsburg Guttenberg

# Das
# Hambacher Schloß

**B**ereits Ende des 9. Jahrhunderts befand sich auf dem der Haardt vorgelagerten Berg bei Hambach eine Ringwallanlage, die bei drohender Gefahr der Bevölkerung umliegender Dörfer Zuflucht bieten sollte. In und auf diese spätkarolingische Fluchtburg wurde zu Beginn des 11. Jahrhunderts jene Befestigung gebaut, die heute drei verschiedene Namen aufweist: Kästenburg, Maxburg und Hambacher Schloß.

Das Aussehen dieser salischen Feste ist ebenso unbekannt wie der Namen ihres Erbauers. Vielfach wird angenommen, daß der Bau der Burg von den salischen Kaisern, möglicherweise Heinrich II., veranlaßt worden ist. Im Gegensatz zu dieser Vermutung sind die Eigentumsverhältnisse in der zweiten Hälfte des 11. Jahrhunderts gesichert. Wolfram, Graf der Ardennen und anschließend dessen zweiter Sohn Johann erfreuten sich des Besitzes der Kästenburg. Johann, der zwischen 1090 und 1104 Bischof von Speyer war, übergab im Jahre 1100 die Feste dem Speyerer Domkapitel, in dessen Herrschaft sie bis zur Franzosenzeit verbleiben sollte.

Die umfangreiche Burg, die häufig von ihren geistlichen Besitzern aufgesucht wurde, galt insbesondere im hohen, aber auch im späten Mittelalter als eine der wichtigsten Befestigungen der Bischöfe von Speyer. Ihre Verwaltung, Unterhaltung und Bewachung war adeligen Burgmännern anvertraut, die für ihre Arbeit mit Geld und Naturalien entlohnt wurden. So erhielt 1234 der Ritter Arnold von Engaß neben Geld jährlich "20 Malter Frucht und ein Fuder Wein". Die ersten namentlich bekannten Ministerialen, die sich nach der Feste benannten, waren aber Trushard und Burkhard von Kestenburg, die zwischen 1178 und 1196 urkundlich nachweisbar sind. Den erhaltenen Burglehensbriefen und Verordnungen kann man entnehmen, daß den bischöflichen Ministerialen der Dienst auf der Burg recht attraktiv erschienen sein muß. Ende des 14. Jahrhunderts wurde ausdrücklich darauf hingewiesen, daß das Burglehen lediglich an den ältesten Sohn vererbt werden dürfe, nicht aber an Brüder und Freunde. So verwundert es nicht, daß manche Adelsfamilie, wie die Schnittlauch (Snitelin) von Kestenburg, sich viele Generationen lang als Burglehensinhaber nachweisen lassen. Der exklusive Stand der adeligen Lehensinhaber verstand es überdies recht gut, sich von unerwünschten Bürgerlichen abzugrenzen, indem sie Nichtadelige, die der Bischof mit einem Lehen versehen hatte, einfach nicht als gleichberechtigte Personen anerkannten.

Besonders im 13. und 14. Jahrhundert, als die Kästenburg bevorzugter Aufenthaltsort der Speyerer Bischöfe war, wurden zahlreiche Gebäude und starke Fortifikationen errichtet. Sie waren derart umfangreich, daß sie die meisten pfälzischen Wehranlagen an Größe und Bedeutung weit übertrafen. Obwohl die Bischöfe Nikolaus I. und Mathias von

Ramung Ende des 14. und in der zweiten Hälfte des 15. Jahrhunderts weitere Baumaßnahmen durchführen ließen, sank trotzdem die Bedeutung des bischöflichen Bergschlosses. Der Grund war wohl die Errichtung der neuen Feste Marientraut. Folgerichtig finden wir 1477 auch keine adeligen Burgmannen mehr mit der Burghut betraut, sondern einen Bewohner des nahegelegenen Dorfes Hambach.

Die nur schwach besetzte Burg stellte dann auch während des Bauernkrieges 1525 den Nußdorfer Bauernhaufen vor keine allzugroßen Probleme. Die unbesetzten Tore der Unterburg wurden rasch überwunden und der Vogt war gezwungen, die Kernanlage zu übergeben. Die Eroberer plünderten zwar die Feste und tranken insbesondere den bischöflichen Wein, doch blieb die Oberburg von größeren Schäden verschont.

Die von Bischof Georg wiederhergestellte Burg wurde schon 27 Jahre später durch Truppen des Markgrafen Albrecht Alcibiades von Brandenburg erneut erobert. Er ließ die alte Bischofsfeste vollkommen niederbrennen. Erst etliche Jahre nach der Einäscherung veranlaßte Bischof Marquard von Speyer die notdürftige Wiederherstellung einiger Wohngebäude und machte die Kästenburg zum Sitz des bischöflichen Försters. Die zum Forsthaus herabgesunkene alte Wehranlage überstand den Dreißigjährigen Krieg ohne weitere Schäden, da die kriegsführenden Parteien dem Bergschloß keinerlei militärische Bedeutung mehr beimaßen. Anderer Ansicht waren aber offensichtlich während des Pfälzischen Erbfolgekrieges die französischen Kommandeure, denn sie befahlen 1688 die endgültige Zerstörung der mittlerweile vollkommen verlassenen Bischofsburg. Die im Jahre 1723 als einziges Gebäude der Kästenburg wiederhergestellte Burgkapelle fiel den Wirren der Französischen Revolution zum Opfer.

Doch auch nach ihrer Zerstörung war die alte Kästenburg im 19. Jahrhundert noch mehrmals Schauplatz dramatischer Ereignisse. Aus Anlaß des ersten Jahrestages der Völkerschlacht bei Leipzig entzündeten deutsche Patrioten 1814 auf dem Burgberg ein Freudenfeuer und Neustädter Bürger feierten 1831 den Jahrestag der französischen Julirevolution. Am 27.5.1832 fand in der Ruine schließlich jenes politische Fest statt, das dem Hambacher Schloß unter anderem den Beinamen "Wiege der deutschen Demokratie" einbrachte. Jener machtvollen Demonstration aufrechter Demokraten, die als "Hambacher Fest" in die Geschichte eingegangen ist, wurde in den folgenden Jahrzehnten bis zum heutigen Tag auf dem Burgberg gedacht.

Ausgerechnet diesen der demokratischen Tradition verhafteten Platz schenkten 1842 königstreue Pfälzer dem späteren König Maximilian von Bayern, der nach Plänen des Architekten August von Voit die Ruine zu einem Königsschloß, das fortan Maxburg genannt wurde, ausbauen ließ. Das Bauvorhaben scheiterte allerdings aus Geldmangel noch vor seiner endgültigen Fertigstellung. Im Schloß, das 1952 in den Besitz des damaligen Landkreises Neustadt gelangte, befindet sich heute eine Gedenkstätte an die Ereignisse des Jahres 1832.

Um die eigentliche Kernanlage zieht sich die im Luftbild nicht sichtbare weitläufige äußere Ringmauer, die weitgehend mit dem Verlauf der karolingischen Ringwallanlage identisch ist. An diese Wehrmauer waren außen rechteckige Türme, innen dagegen mehrere Nebengebäude angelehnt. Im Gegensatz zum höher gelegenen mittleren Zwinger, der weitgehend abgegangen ist, haben sich Teile des schmalen inneren Zwingers unmittelbar vor dem eigentlichen Wohnbau erhalten. Die Ostecke (im Bild rechts) wird durch einen runden Flankierungsturm (15./16. Jahrhundert) mit Schießscharten verstärkt.

Dahinter erhebt sich der im 19. Jahrhundert neu gestaltete dreigeschossige Palas. Der zweiflügelige Wohnbau, der seit 1844 wieder die ursprüngliche Höhe von drei Geschossen erreicht, kommt zwar einem Neubau gleich, doch ist das heutige Aussehen nicht weit vom mittelalterlichen Erscheinungsbild entfernt. Verändert oder hinzugefügt sind lediglich die Fensteranordnung, der Norderker, die Portale und der Zinnenkranz. Durch einen neu errichteten Aufgang im Hohen Mantel, der zusammen mit dem Bergfried die Burg an der Angriffsseite schützte, gelangt man zu dem nach Süden vergrößerten Palas und in den Burghof.

Die Mantelmauer, die in vergleichbarer Größe in der Pfalz nur noch selten zu finden ist, besitzt noch Teile ihres alten Wehrganges. Die durch mächtige Strebpfeiler gestützte Fortifikation ist an der Westseite direkt in den Bergfried eingebunden. Von ihm hat sich nur die drei Meter dicke Westmauer erhalten, die, im Gegensatz zur Mantelmauer, in voller Höhe mit Buckelquadern verblendet ist.

An die Nordseite des Palas ist ein rechteckiger Turm ohne Mauereinbindung angelehnt, der den Wohnbau um ein Stockwerk überragt. Dieses von der Bundesflagge geschmückte Bauwerk (14. Jahrhundert), das einige spitzbogige Fenster aufweist, diente früher als Abortturm.

Die ehemalige Burgkapelle St. Michael, die bereits 1388 erwähnt wird, und der im 18. Jahrhundert errichtete Nachfolgerbau sind leider völlig verschwunden.

**D**en Ausgang des verkehrstechnisch wichtigen Isenachtales beherrscht seit fast 800 Jahren eine der gewaltigsten Burganlagen der Pfalz: die Hardenburg. Die etwa 180 Meter lange und 90 Meter breite imponierende Festungsanlage, die "in den uns erhaltenen Resten eindeutig den Wehrbau der Renaissance widerspiegelt" (Günther Stein), ist das Ergebnis permanenter Um- und Erweiterungsbauten seit den allerersten Anfängen.

Es wird vermutet, daß die Feste noch vor der ersten Nennung als "castrum de Hardenberch" im Jahre 1214 erbaut worden ist. Graf Friedrich II. von Saarbrücken-Leiningen, seit 1205 Inhaber der Vogteirechte im Speyergau und der Geleitrechte auf den Straßen zwischen dem Altsiedelland um Worms und Kaiserslautern, gilt als der eigentliche Erbauer der Burg, die auf Grund und Boden des nahegelegenen Klosters Limburg ohne die notwendige Einwilligung der Mönche errichtet worden ist. In neuester Zeit wird allerdings auch der Großvater des Leiningers, Graf Simon I. von Saarbrücken, als erster Burgherr genannt. Von dieser ältesten Anlage haben sich nur wenige Bauteile erhalten, und zwar der später überbaute Halsgraben und einige wenige, teilweise in allerjüngster Zeit freigelegte gewaltige Buckelquader mit Wolfslöchern, sowie die am Westrand des Burghofes aufragende Mauer. Ihre glatten Quader mit Zangenlöchern beeindrucken den Betrachter.

Bei der ersten Teilung des Leininger Grafengeschlechtes im Jahre 1237 erhielt der ältere Sohn des Gründers (Friedrich III.) die Feste zugesprochen. Die Hardenburg garantierte dem Erben höchst einträgliche Einkünfte, denn mit der Wehranlage waren die Vogteirechte über das Kloster Limburg verbunden. Die zahlreichen Nachkommen der Leininger Grafen machten bereits 1317 einen erneuten Besitzwechsel notwendig, das heißt die Burg wurde dem Grafen Jofried von Leiningen zugesprochen, der sie zur Stammburg der jüngeren Linie der Grafen von Leiningen-Hardenburg-Dagsburg machte.

Die Feste scheint ein höchst wechselvolles Schicksal erlitten zu haben, denn ihr ursprüngliches Aussehen ist kaum mehr rekonstruierbar; wohl eine Folge der fast 50 Kriege und Fehden, die die Leininger zwischen 1398 und 1525 austrugen. Als Ergebnis dieser militärischen Streitigkeiten wurde die Burg über dem engen Taleingang 1375 zerstört und geriet Anfang des 16. Jahrhunderts sogar vorübergehend in fremde Hände, denn der Kaiser hatte die Reichsacht über die kriegerischen Grafen verhängt. Nach siebenjährigem Zwischenspiel gelang es dem pfälzischen Uradelsgeschlecht im Jahre 1519 die Rückgabe zu erzwingen.

In den nachfolgenden Jahren sind die bedeutendsten Gebäude und die gewaltigen Fortifikationen errichtet worden, die noch heute das Bild der Burg prägen. Die Wehranlagen scheinen in den zahlreichen kriegerischen Auseinandersetzungen des 16. und 17. Jahrhunderts, insbesondere während des Dreißigjährigen Krieges, durchaus ihren Zweck erfüllt zu haben, denn es sind keine Zerstörungen oder gar die Besetzung der Burg bekannt geworden. Dasselbe gilt für den Holländischen Krieg (1674 - 79). Doch den Truppen des französischen Generals Melac, der die Hardenburg im Pfälzischen Erbfolgekrieg belagern ließ, war die mittlerweile stark veraltete Renaissancefestung nicht mehr gewachsen. Nach zweijähriger Besetzung sprengten die französischen Einheiten bei ihrem Abzug im Jahre 1692 Teile der Befestigungsanlagen, insbesondere die Kuppel des großen Bollwerksturmes.

Letztmals wurde die Hardenburg zum Stammsitz der Leininger, doch im Jahre 1725 verlegte Graf Friedrich Magnus die Residenz in das nahegelegene Dürkheim. Obwohl ein Brand weiteren Schaden anrichtete, ließen die Leininger die weiterhin von leiningischen Beamten bewohnte Burg 1780/81 teilweise wiederherstellen.

Am 29.3.1794 wurde als eine der letzten intakten pfälzischen Burgen auch das alte "castrum de Hardenberch" zerstört. Französische Chasseurs sprengten den Bollwerksturm und äscherten die Gesamtanlage ein. Nach der Beschlagnahme durch die napoleonische Verwaltung und Verkauf an Privatleute gelangte die Hardenburg im Jahre 1820 in den Besitz des Königreichs Bayern.

Fast alle aufragenden Bauteile der Leiningerburg sind im 16. und 17. Jahrhundert entstanden und zeugen vom Willen der Bauherren, sich der permanent fortschreitenden Entwicklung der Feuerwaffen anzupassen. Dementsprechend prägen die Reste mächtiger, vorspringender Geschütztürme das Bild der Ruine. Neben den Rondellen an der Nordost-, Nordwest- und Südwestecke der Burg ist besonders das mächtige Westbollwerk (im Bild oben) erwähnenswert, das als Geschützturm sich noch vor dem mittelalterlichen Halsgraben erhebt. Der ehemals dreigeschossige Turm, der in jüngster Zeit durch umfangreiche Sicherungsmaßnahmen saniert wurde, hat in seinem unteren, heute noch erhaltenen überkuppelten Teil einen Durchmesser von mehr als 22 Meter bei einer Mauerstärke von 6,80 m. Der gewaltige Raum, der früher durch eine Holzbalkendecke unterteilt war, beeindruckt durch seine großen Schießscharten. Neben einer runden Öffnung in der Mitte des Kuppelgewölbes diente ein an das Bollwerk angelehnter Treppenturm als Zugang zu den heute zerstörten Obergeschossen.

Um den im Bild gut sichtbaren Hof, in dessen Mitte sich der Brunnen befindet, gruppierten sich die Wohnbauten. Am besten erhalten hat sich der auf der rechten Bildseite gelegene zweigeschossige "Marstall". In diesem Bauwerk waren aber wohl kaum Stallungen untergebracht, denn Reste von Malereien weisen auf Wohnzwecke hin. An der Nordostecke dieses Gebäudes ist der Stumpf des Kugelturmes zu sehen, der seinen Namen nach eingearbeiteten Steinkugeln hat, die dem Angreifer die Festigkeit der Mauern demonstrieren sollten. Vor dem Turm und dem anschließenden Gästebau liegt der langgezogene "Große Ausfallgarten", an dessen Ende sich die sogenannte "Münze" befindet, eine Fortifikation, deren Wall und die beiden Rundtürme zur Aufnahme von Geschützen dienten. Bemerkenswert ist auch der Ausfallgang, der hier in den freien Raum auf der Nordseite der Burg führte. Den Eingangsbereich schützte einst das "Tor–Rondell", das heute die Pförtnerloge beherbergt. Zwischen diesem Geschützturm und dem markanten achteckigen Renaissancetreppenturm befand sich einst der repräsentative Saalbau, dessen Erdgeschoß den Zugang zum Burghof gewährleistet. Die Nordwestecke des Burgareals, die vom teilweise gut erhaltenen Gefängnisturm geschützt wird, beherrschte einst ein weiterer Wohnbau, dessen gewaltige Kellergewölbe ebenso beeindrucken wie die darüberliegenden Reste der sogenannten "Bäckerei", einer "Badstube" und eines weiteren Saales.

Von besonderer Bedeutung ist die spätere Überbauung des mittelalterlich Halsgrabens, der den Zugang zum Westbollwerk zu gewährleisten hatte. Dieser außergewöhnliche und seltene Bau, der einst als "Große Kommunikation" bezeichnet wurde, ist in seinem Erdgeschoß von der nördlichen Toreinfahrt durchbrochen. Darüber führen übereinanderliegend zwei Zugänge zum mehr als 20 Meter entfernten Westbollwerk.

Zu erwähnen sind neben der südlich der Feste gelegenen Vorburg, die meist als Lustgarten bezeichnet wird, noch ein Vorhof vor dem ehemaligen Torbau, dessen Mitte eine Brunnenschale schmückt. Auf der nördlich gegenüberliegenden Talseite befinden sich die kargen Reste der Burg Nonnenfels (13. Jh.?), die als Vorwerk der Hardenburg anzusehen ist.

# Die Hardenburg

# Die
# Hohenburg

**D**er 553 Meter hohe Schloßberg im elsässisch-pfälzischen Grenzgebiet bei Nothweiler trägt die ausgedehnten Ruinen der Hohenburg, die im hohen Mittelalter und der frühen Neuzeit der Wohnsitz recht bedeutsamer Persönlichkeiten war. Die Burg, erbaut auf der nach drei Seiten steil abfallenden Bergkuppe, war von Anfang an der Wohnsitz eines der bekanntesten Adelsgeschlechter in diesem Raum, der Puller von Hohenburg. Der erste namentlich bekannte Ritter dieses Geschlechtes war Gotfrid, dictus Puellare, möglicherweise ein Sohn des Heinrich von Fleckenstein, der auf dem nahegelegenen Fleckenstein seinen Sitz hatte. Gotfrid war 1236 als Feldhauptmann an einem Kriegszug Kaiser Friedrichs II. beteiligt, der ihn nach Italien führte. Von diesem Feldzug rührt vielleicht die äußerst seltene Namensform "Puller" her, die lediglich die verkürzte oder verballhornte Form des italienischen Landschaftsnamens Apulien sein könnte.

Obwohl die Hohenburg erst im Jahre 1401 als Reichsburg erwähnt wird, könnten dennoch Gotfrid oder sein Vater die ersten Bewohner der Hohenburg gewesen sein. Die Bauformen der Burg, insbesondere der "klare dem Rechteck angenäherte Grundriß und das regelmäßige Buckelquadermauerwerk" (Thomas Biller) weisen nämlich darauf hin, daß die Burg schon am Anfang des 13. Jahrhundert erbaut worden ist.

Nach Gotfrid, der in den nächsten Jahrzehnten eine steile Karriere vom Schreiber der Pfalzgrafen bei Rhein zum "vitztum" (=Stellvetreter der Pfalzgrafen) machte, ist besonders Konrad Püller von Hohenburg erwähnenswert, der als Minnesänger zu großem Ruhm gelangte. Bis zum Tod des Wirich Puller von Hohenburg blieb die Feste uneingeschränkt im Besitze dieses Geschlechtes. Nach dessen Ableben war aber seine Witwe Vyhe von Wasichenstein gezwungen, dem Kurfürsten von der Pfalz das Öffnungsrecht an der Burg zuzugestehen, um als Vormund ihrer Söhne die Herrschaft ausüben zu können. Vyhe war damit die erste Frau, die Herrschaftsrechte über die Hohenburg und ihre Zubehörden innehatte. Einer ihrer Enkel, Wirich II., scheint ein ganz besonders erfolgreicher Geschäftsmann gewesen zu sein, denn in der ersten Hälfte des 14. Jahrhunderts wuchs das Familienvermögen außerordentlich an. Selbst Angehörige des Hochadels und das Bistum Straßburg gehörten zu seinen Schuldnern.

Nach seinem Tode begann der stete Niedergang der alten Adelsfamilie, da die zahlreichen Fehden seiner Erben in den folgenden Jahrzehnten das Familienvermögen beträchtlich minderten. Den negativen Schlußpunkt sollte Richard Puller, der letzte seines Geschlechtes, setzen, der in dauernde Streitigkeiten mit der Stadt sowie dem Bistum Straßburg und der Kurpfalz verwickelt war. Im Verlauf dieser Fehden kam es zum Verlust großer Teile des Vermögens und zur Besetzung der Hohenburg durch kurpfälzische Truppen. Richard selbst, dem homosexuelle und sodomistische Neigungen zur Last gelegt worden waren, endete in der Schweiz auf dem Scheiterhaufen.

Mit dem Tod des Ritters war die männliche Linie der Familie ausgestorben und der Rest des Vermögens wurde unter den weiblichen Erben aufgeteilt. Margaritha, eine Tochter Wirichs III., erhielt die Hohenburg und ihre Zubehörden zugesprochen. Sie war mit Schweikhard von Sickingen verheiratet und daher war die Burg fortan mit dem Schicksal dieser Adelsfamilie verbunden. Beider Sohn, der bekannte Franz von Sickingen, baute ab 1500 die Hohenburg ebenso wie seine anderen Bergschlösser zu einer modernen Feste aus, deren neuerrichtete Bastionstürme und Zwingeranlagen den Erfordernissen der Feuerwaffen entsprachen.

In der bekannten sickingischen Fehde wurde auch die Hohenburg schwer in Mitleidenschaft gezogen. Die Feinde des Reichsritters, der Kurfürst von der Pfalz, der Landgraf von Hessen und der Erzbischof von Trier, ließen nach Franzens Tod 1523 drei Fähnlein Landsknechte und 300 Reiter vor der Feste aufmarschieren und einige Geschütze in Stellung bringen. Sie zwangen damit die Verteidiger rasch zur Übergabe der Burg, die anschließend eingeäschert wurde. Damit nicht genug! Der Erzbischof und der pfälzische Kurfürst konfiszierten die Feste und gaben sie erst im Jahre 1542 an den jüngsten Sohn des gefallenen Reichsritters, Franz Conrad, zurück. Unter seiner Herrschaft wurde das Bergschloß wieder instand gesetzt und teilweise mit neuen Bauten versehen. Es verblieb bei seinen Nachkommen bis zum Jahre 1614. Die Hohenburg wurde 1689, wie viele andere Wehranlagen, im Pfälzischen Erbfolgekrieg von Truppen des französischen Generals Montclar eingeäschert und ist seitdem Ruine.

Die Baulichkeiten der herrlich gelegenen Ritterburg gruppieren sich um einen hoch aufragenden Felsen, dessen Plattform den ältesten Teil der Befestigung trug. Der 16 Meter hohe Felsklotz diente als Fundament eines gewaltigen Bergfriedes, der ob seiner Ausmaße (etwa acht mal elf Meter) wohl als Wohnturm angesehen werden kann. An der südöstlichen Seite des Sandsteinfelsens (im Bild vorn) hat sich eine Buckelquadermauer erhalten, die wahrscheinlich in Höhe der Plattform in die Außenwand des Bergfriedes überging.

Julius Näher erwähnt in seinem 1886 erschienenen Werk "Die Burgen im Elsaß" eine Wendeltreppe, die den Zugang vom südlich des Felsens erbauten Palas erlaubte. Möglicherweise sind die im Luftbild gut sichtbaren Stufen rechts des Hauptfelsens ein Rest dieser Treppe. Der ältere Eingang ist allerdings identisch mit jener Steintreppe und den hölzernen Leitern, die heute den Zutritt ermöglichen.

Am Fuße des Bergfriedes befindet sich die Brunnenanlage, die die Wasserversorgung zu gewährleisten hatte. Dem überwölbten Brunnenraum benachbart und mit ihm verbunden ist eine in den Felsen geschrotete Kammer. Sie könnte möglicherweise eine Brunnenwinde, ähnlich der auf dem benachbarten Fleckenstein, beherbergt haben. Die Südseite, geschützt durch die fast 30 Meter lange Schildmauer, war vom Palas beherrscht. Von ihm haben sich lediglich die Grundmauern und ein runder Treppenturm an der südöstlichen Ecke erhalten. Der Turm, der erst 1578 hinzugefügt wurde, war das Verbindungsglied von Wohnbau und Schildmauer. Von der danebenliegenden Burgkapelle, die Ende des 19. Jahrhunderts noch teilweise erhalten war, kündet heute nur noch wenig aufgehendes Mauerwerk. Lediglich die Reste eines Türgewändes vermitteln einen Eindruck der einstigen Pracht. Dem Eingang gegenüber befindet sich ein Rundbogenfenster, das in einer späteren Bauphase zur Schießscharte umgestaltet wurde.

An die Nordseite des Hauptfelsens war ein weiteres, rechteckiges, langgezogenes Gebäude angelehnt. Sein erhaltenes Erdgeschoß ist heute der Aufbewahrungsort von Bauspolien. An der südlichen Ecke der unteren Burg führen mehrere Treppenstufen zu einem Renaissancetor. Das Wappen der Sickinger, zwei Portraits und florale Motive zieren dieses Portal, das den Zugang zum Burghof gewährt.

Der eindrucksvollste Teil der Gesamtanlage ist aber ein gewaltiger Geschützturm, der dem älteren Außentor vorgelagert ist. Zwei Eingänge führten in die hufeisenförmige Barbakane, deren fast vier Meter starke Mauern auch schwerstem Beschuß trotzen konnten. Der im frühen 16. Jahrhundert als Flankierungsbastion errichtete Bau weist neben zwei Schießscharten einen schönen Wappenstein der Sickinger auf.

In unmittelbarer Nähe der Hohenburg ist am Ende des Bergrückens die Burgruine Löwenstein gelegen. Von der auch Lindelschmitt genannten Wehranlage haben sich nur geringe Reste im Burgfelsen erhalten.

**E**ine der sehenswertesten Burganlagen der Stauferzeit findet man im Raum der heutigen Pfalz oberhalb des Kaiserslauterer Vorortes Hohenecken auf dem beherrschenden Schloßberg. Vorbei an der Rochuskapelle führt der Weg durch einen herrlichen alten Baumbestand steil hinauf zum ausgedehnten Burgplateau. Auch bei der Hohenecker Burg trifft man auf die für den pfälzischen Burgenbau so charakteristische Spornlage am Ende eines Bergrückens.

Es wird oft, besonders in der älteren Literatur, vermutet, die Anlage sei im Anschluß an Kaiser Barbarossas Neubau der Pfalz in Kaiserslautern (1156) errichtet worden. Dagegen spricht allerdings der Baubefund, denn die ältesten Bauteile, die gewaltige Schildmauer und der ehemals fünfseitige Bergfried, weisen wohl eher in die Zeit um 1200.

Die Herren von Hohenecken waren mit großer Wahrscheinlichkeit die Nachkommen jenes Ritters Reinhard von Lautern (fidelis noster Reinhardus de Lutra), der von Kaiser Friedrich II. 1214 mit dem Patronatsrecht von Ramstein beschenkt wurde. Im Jahre 1216 übte Reinhard das überaus wichtige Reichsschultheißenamt in (Kaisers)Lautern aus, das auch in den beiden nächsten Generationen in der Hand dieser Familie bleiben sollte. Im Gegensatz zu den vier älteren Söhnen dieses Reichsministerialen, die in hohen und höchsten Ämtern außerhalb des pfälzischen Raumes zu finden waren, scheint der jüngste, der sich ausdrücklich Syridus de Hohecke (Siegried von Hohenecken) nannte, in der Heimat geblieben zu sein. Hier finden wir ihn gleichzeitig in den Ämtern des Reichsschultheißen von Lautern und Hagenau. Mit dem Sohn dieses Ritters erreichte das Geschlecht der Herren von Hohenecken seinen Höhepunkt, denn Reinhard von Hohenecken war nicht nur Reichsschultheiß, sondern auch Verwalter des gesamten Reichsgutsbezirkes von Lautern. Darüberhinaus war ihm als letztem Reichsministerialen überhaupt der Trifels mit den gesamten Reichsinsignien anvertraut.

Der Niedergang der kaiserlichen Macht beendete auch die glanzvolle Höhe, die die Hohenecker in der staufischen Aera eingenommen hatten. Erhalten blieben ihnen aber bis zum Jahre 1481 ihre Haupteinnahmequellen, die besonders einträglichen Zoll- und Geleitrechte im "Lauterer Reich", die schon der Stammvater der Hohenecker im Jahre 1216 besessen hatte.

Die Nachkommen dieses Reichsministerialengeschlechtes, das mit Philipp Karl von Hoheneck 1806 ausstarb, blieben aber der Burg, die ihnen 1277 als Reichslehen übertragen worden war, bis in das 17. Jahrhundert verbunden.

Die Reichsministerialenburg erlitt in der Folgezeit ein recht wechselvolles Schicksal. Mitte des 14. Jahrhunderts wurde die 1346 als "castrum" bezeichnete Wehranlage zur Ganerbenburg. Mehrere Familien bewohnten zwischen 1396 die Burg, an der das Bistum Mainz und die Grafen von Saarbrücken das Öffnungsrecht hatten. Zwischen 1394 und 1404 werden nicht weniger als fünf Anteilseigner genannt und zwar die Ritter Reinhard und Bohemund von Hohenecken, der Ritter Heinrich Kämmerer von Worms, die Herren von Scharfeneck und Herr Gerhard von Crapfberg. Einige Jahre später scheint sich auch die Kurpfalz den Zutritt zur Burg verschafft zu haben, denn im Jahre 1411 schloß der Erzbischof von Mainz einen Burgfriedensvertrag mit den Kurpfälzern auf dem Bergschloß.

Obwohl die Beziehungen der Hohenecker zu den Kurfürsten sich in den nächsten Jahrzehnten recht eng gestalteten, scheint die Zusammenarbeit nicht vollkommen problemlos gewesen zu sein, denn die Nachkommen der Reichsministerialen nutzten während des Dreißigjährigen Krieges sofort die Chance, sich ihres übermächtigen "Partners" zu entledigen. Die Verhängung der Reichsacht über den Kurfürsten war der willkommene Anlaß, sich des pfälzischen Burganteils zu bemächtigen. Doch nach Beendigung des Dreißigjährigen Krieges versuchte der pfälzische Kurfürst Karl Ludwig, dies wieder rückgängig zu machen. Trotz zweimaliger gewaltsamer Eroberung gelang es aber erst 1688, den alten Zustand wiederherzustellen, da sich die Herren von Hoheneck der Hilfe Lothringens versichert hatten.

Nur wenige Jahre später sprengten im Pfälzischen Erbfolgekrieg die "wälschen Mordbrenner" (Gärtner) das bereits 1668 durch kurpfälzische Belagerungsgeschütze schwer beschädigte alte Bergschloß, das niemals wieder aufgebaut wurde.

Die recht umfangreiche Wehr- und Wohnanlage besteht aus einer oberen und einer unteren Burg. Beeindruckend sind besonders die wohlerhaltenen Bauten der Oberburg, die weitgehend dem 13. Jahrhundert zuzurechnen sind. Vor einem Halsgraben, der später zum Burghof der Unterburg umgestaltet wurde, erhebt sich die mächtige, 25 Meter breite und 11 Meter hohe Schildmauer mit dem Rest des dahinterstehenden fünfseitigen Bergfriedes. Im Gegensatz zur Schildmauer ist der Turm durch eine Sprengung schwer beschädigt worden, lediglich die mit Buckelquadern verkleidete Frontseite ist noch neun Meter hoch erhalten.

Hinter diesem gewaltigen Defensivensemble befinden sich die ruinösen Reste einer großen hufeisenförmigen Wohnanlage. Dieser mindestens dreigeschossige Bautrakt an der nordwestlichen Längsseite (im Luftbild rechts) gilt als der Palas der Burg. Zahlreiche Fenster und Türen, sowohl zum Hof als auch zur Außenseite, haben sich erhalten. Besonders sehenswert ist ein gekuppeltes Rundbogenfenster mit einem gut erhaltenen Dreiviertelsäulchen mit Laubwerkskapitell. Im Erdgeschoß und im Keller diese Hauses befinden sich ansonsten lediglich Schießscharten und Lichtschlitze.

Der Quertrakt, wegen des eingebauten, durch mehrere Geschosse laufenden Kamins als "Küche" bezeichnet, ist das am meisten beschädigte Gebäude. Er lehnt sich an den dritten Flügel des Wohnbaus an, der noch einige Fenster- und Türgewände aufweist, die dem Zeitalter der Renaissance zuzurechnen sind. Im Gegensatz zum Palas sind in diesen beiden Häusern keine Kellergeschosse zu finden. In der Ecke zwischen Schildmauer und Bergfried befindet sich der heute verschüttete Brunnen und dicht daneben, anstelle eines verschwundenen Torbaues, eine moderne Treppe, über die man zur Unterburg gelangt.

Während von der umlaufenden Ringmauer nur noch auf der Nordwestseite namhafte Reste sichtbar sind, hat sich auf der Südseite neben den Fundamentresten eines quadratischen Flankierungsturmes vor allem die aufragende Giebelseite eines Dienstgebäudes aus dem 16. Jahrhundert erhalten. Dieser langgezogene Bau stieß an einen Torbau, dessen Zugbrücke leider abgegangen ist. Erhalten hat sich aber ein Torbogen mit dem Wappen der Hohenecker und der eingemeißelten Jahreszahl 1560. Daneben erhebt sich hinter dem teilweise verschütteten zweiten Halsgraben eine mächtige Felsbarriere, die die Burg von der Angriffsseite schützte. Während ein Felsgang, der diesen Felsen diagonal durchschneidet, aus der Zeit des Zweiten Weltkrieges stammt, ist die an der Innenseite eingemeißelte Felskammer der Erbauungszeit der Unterburg zuzurechnen. Sie ist neben dem bereits erwähnten Rest des Dienstgebäudes das einzig sichtbare Relikt der inneren Unterburg, da alle anderen Baulichkeiten den "Restaurierungen" und "Aufräumungsarbeiten" des 19. und frühen 20. Jahrhunderts zum Opfer fielen.

# Burg
# Hohenecken

# Die Kropsburg

Der erste bekannte Adelige, der sich nach der schön gelegenen Burg über dem reizvollen Weindörfchen St. Martin benannte, war 1210 Heinrich von Chrophisberg, ein Teilnehmer des Italienzuges von Kaiser Otto IV. Erst 13 Jahre später begegnet uns mit "Dominus Conradus de Cropsberch" (= Herr Konrad von Kropsburg) ein weiterer Ritter, der ebenso wie seine zahlreichen Nachfolger die Burg als Lehen der Bischöfe von Speyer besaß.

Schon bald scheint die Kropsburg zu einer Ganerbenfeste geworden zu sein, denn bereits vor der Mitte des 13. Jahrhunderts werden neben Edelen von Kropsburg (Chropsberg, Chrophesberg, Krophisesburc) die Herren von Tan (Dahn), von Lichtenstein und von Friesenheim als "Gemeiner" genannt. Bis zum Beginn des 15. Jahrhunderts wechselten durch Verkäufe und Verpfändungen die Besitzer recht häufig. Neben der Stadt Speyer, der ein "ewiges Öffnungsrecht" an der talseitigen Hälfte der Feste eingeräumt worden war, findet man Angehörige so bedeutender pfälzischer Adelsfamilien wie die Edelen von Hoheneck, von Altdorf, von Lachen, von Löwenstein und von Ochsenstein als Burgherren. Erst die Jahre 1318 und 1323 markieren den ersten bedeutenden Einschnitt in der Besitzgeschichte der Kropsburg. Die Herren von Odenbach und die Kämmerer von Worms, genannt von Dalberg, waren anteilig in den Besitz des Lehens gelangt, in deren Gemeinschaftsbesitz die Kropsburg bis 1439 verblieb. In diesem Jahre kam es zur zweiten wichtigen Zäsur, denn die Dalberger konnten "um die geringe Summe von 400 Gulden" die Odenbacher Hälfte erwerben. Die Kropsburg blieb von nun an bis zum beginnenden 19. Jahrhundert im Alleinbesitz der Dalberger.

Die Kropsburg diente im Laufe ihrer langen Geschichte nicht nur als Wohn- und Wehranlage, sondern auch als Gefängnis. Der prominenteste Gefangene war wohl im Jahre 1371 Graf Walram von Sponheim, der auf Veranlassung des mächtigen Erzbischofs Balduin von Trier in durchaus ehrenvoller Haft auf der Feste war. Gerhart von Odenbach, Ritter von Kropsburg, der den Gefangenen in der Geißelhaft zu beaufsichtigen hatte, mußte sich verpflichten, dem Gefangenen "an seine Libe noch Glydern nyt wee dun noch yn quetzen noch pynigen".

Die Wehranlage war zwischen dem 14. und 18. Jahrhundert mehrfach in kriegerische Auseinandersetzungen verwickelt. Während 1376 die Burg in den Kämpfen zwischen dem Grafen Emich IV. von Leiningen und den Städten Mainz, Worms und Speyer erstmals Schäden erlitt, hatten die Verteidiger in den Jahren 1461 und 1471 mehr Glück, denn Entsatztruppen des Kurfürsten Friedrich I., des Siegreichen, befreiten die Belagerten aus ihren Nöten. Ihre Nachfolger hatten dagegen im Bauernkrieg 1525 weniger Fortune. Die beiden Pförtner, fünf Knechte und einige adelige Burgmannen waren nicht in der Lage, den entschlossenen "Bauernhaufe" aufzuhalten. Glück im Unglück für die Burgherren war jedoch die Tatsache, daß die Kropsburg lediglich ausgeplündert, aber nicht zerstört wurde. Ähnlich verhielt sich der Markgraf Alcibiades von Brandenburg, der die Feste 1552 zwar besetzt hielt, gleichwohl bei seinem Abzug aber keinerlei Schäden anrichtete.

Im 17. und 18. Jahrhundert wendete sich das Blatt. Erheblichen Zerstörungen im Dreißigjährigen Krieg folgte die totale Demolierung durch französische Truppen 1689 im Pfälzischen Erbfolgekrieg. Der Abbruch von Teilen der Oberburg in den dreißiger Jahren des 19. Jahrhunderts vollendete den Untergang. Ein Privatmann, der die Ruine ersteigert hatte, verkaufte die Quadersteine der Kropsburg um "des Profitchens willen". Sie fanden Verwendung beim Bau der Festung Germersheim.

Gesicherte Baunachrichten liegen vor allem aus dem 15. bis 18. Jahrhundert vor. Ein Wappenstein mit eingehauener Jahreszahl bezeugt eine Bautätigkeit 1484, und besonders nach 1550 wurden der mittelalterlichen Wehranlage, die bereits einige Jahre zuvor durch einen großen Geschützturm verstärkt worden war, die schloßähnlichen Bauten der unteren Burg und die Vorburg hinzugefügt. Erwähnenswert sind vor allem der 1575 erbaute Zwinger mit seinen halbrund vorspringenden Türmen und das 1578 errichtete Zeughaus. Das erhaltene Tor der Vorburg mit dem charakteristischen Eckturm, beide 1583 fertiggestellt, waren vor dem Dreißigjährigen Krieg die letzten größeren Bauten. Erst nach der vollständigen Zerstörung 1689 wurden 1771 ein neuer Wohnbau in der Unterburg erstellt. Johann Georg Lehmann berichtet 1850, daß dieser vollkommen "verödet" sei. Heute dienen die Gebäude der unteren Burg als Gaststätte und Wohngebäude.

Der erhaltene zweigeschossige Eckturm (im Luftbild links oben) und der Bogen des anschließenden Hauptzugangstores zur Unterburg sind mehr als "Statussymbol, denn als wirklich militärisch nutzbare Einrichtung zu verstehen", schreibt Günther Stein in seiner ausgezeichneten Studie "Die Burgen der Pfalz". In der Tat steht die schöne Brillenscharte im Torturm in krassem Widerspruch zu den großen Fenstern, die dem rechteckigen Turm ein durchaus friedfertiges Aussehen verleihen. Die im Bereich der Vorburg aufragenden Bauten sind ausnahmslos Zutaten des späten 18. oder 19. Jahrhunderts, die von Dalbergischen Untertanen und sonstigen Privatpersonen erbaut worden sind.

Vom Torturm des Vorwerkes ausgehend, umzog eine Ringmauer aus Bruchsteinen die Gesamtanlage. Im Bildvordergrund sind die Reste der im Mauerverlauf halbrund vorspringenden Flankierungstürme gut sichtbar. Dahinter erheben sich die Bauten, die die Dalberger 1771 in den Ruinen älterer Gebäude, insbesondere des Zeughauses, errichten ließen. Zu diesen Häusern gelangt man durch das erhaltene innere Tor, das sich unmittelbar neben der Südecke der oberen Burg, der eigentlichen Kernanlage, öffnet. Der Wehrgang über dem rundbogigen Tor war durch den erhaltenen Treppenturm (Bildmitte) zugänglich. Über den schönen Renaissanceportalen des schiefergedeckten Turmes sind mehrere große Werkstücke des 15. und 16. Jahrhunderts vermauert.

Die eigentliche, höhergelegene Hauptburg ist auf dem Bild vom Blattwerk der Bäume verdeckt. Sie war von der Unterburg aus durch einen teilweise erhaltenen unterirdischen Gang und einen abgegangenen Torbau an der Südostseite zugänglich. Eine starke, an der Nordseite weitgehend zerstörte Ringmauer sicherte die Befestigung. Zur Verstärkung der Mauer wurde später ein kleiner halbrunder Turm in die gefährdete Westecke eingefügt. Unweit dieses Flankierungsturmes ist noch eine kleine, vermauerte Ausfallpforte im aufgehenden Mauerwerk sichtbar. Die südwestliche Angriffsseite wird dagegen von einem mächtigen, vorspringenden Bastionsturm, der zur Aufnahme von Geschützen geeignet war, beherrscht. Das älteste Verteidigungsbauwerk war aber zweifellos der große rechteckige Bergfried (Anfang des 13. Jahrhunderts), der dem romanischen Grundrißtyp entsprechend freistehend hinter der Mantelmauer erbaut wurde. Seine Reste, ihrer Buckelquaderverblendung beraubt, ragen noch fast zehn Meter hoch auf. Im umgebenden Trümmerschutt sind die Fundamente des einstigen Palas und an der Ostecke das Untergeschoß eines kreisrunden Treppenturmes verborgen.

Neben dem Gräfenstein und Burg Hohenecken gilt die alte Reichsfeste Landeck als die wohl schönste stauferzeitliche Burg im Raume der heutigen Pfalz. In der Tat zieht es Jahr für Jahr zahlreiche Besucher zu der am Eingang des Klingbachtales gelegenen Burgruine hin. Die oberhalb des schönen Winzerdorfes Klingenmünster gelegene Wohn- und Wehranlage wurde wahrscheinlich kurz vor dem Ende des 11. Jahrhunderts vorwiegend zum Schutz des nahegelegenen Benediktinerklosters Klingenmünster und dessen ausgedehnten Besitzungen erbaut. Möglicherweise steht der Bau der Feste in engem Zusammenhang mit dem Untergang der nahegelegenen salischen Turmburg Schlössel, die durch Kaiser Friedrich Barbarossa im Jahre 1168 zerstört worden sein soll. Diese kleine kulturhistorisch interessante Burg auf dem Treitelsberg scheint zuvor die Schutzfunktion für das Kloster wahrgenommen zu haben.

Ab dem Jahre 1210 ist die Burg als Reichslehen im Besitz der Grafen von Eberstein, doch 1222 fiel das kaiserliche Lehen an die Grafen von Zweibrücken-Bitsch und Leiningen. Bei der bekannten Teilung der leiningischen Güter (1237) zwischen den Brüdern Friedrich III. und Emich IV. wurde der Anteil des Grafenhauses an Burg Landeck letzterem zugewiesen. Im Auftrage dieser Hochadeligen verwalteten Ministeriale Burg Landeck und ihre Zubehörden. Ihren Wohnsitz in dem festen Haus hatten im Jahre 1238 Konrad von Klingen und Heinrich von Ingenheim, die zusammen mit einem Vogt die aufgetragenen Arbeiten erledigten, obwohl auch Emich IV. das Bergschloß zum Wohnsitz genommen hatte. Er war als Graf von Leiningen-Landeck nicht nur der Stammvater einer neuen Grafenlinie, sondern auch 1274 der Gründer der Stadt Landau. Der Tod seines Sohnes, der 1289 im Kampfe gefallen war, bedeutete allerdings das rasche Ende dieses Geschlechtes. Daher fiel der Leininger Anteil am Reichslehen Landeck wieder an die Krone zurück, und der deutsche König Rudolf von Habsburg übergab im nächsten Jahr seinem Vetter, dem elsässischen Adeligen Otto III. von Ochsenstein, den Lehensanteil, samt allen Zubehörden.

Die Zweibrücker und die Ochsensteiner sollten aber nicht die einzigen Besitzer der Burg und ihrer zugehörigen 14 Dörfer und großen Ländereien bleiben. Bereits im Jahre 1404 wurde der Ochsensteiner Anteil zur Hälfte als Lehen dem Bistum Speyer überlassen, und nach dem Aussterben des Geschlechtes 1485 gelangte der Rest an die Abtei Klingenmünster, die die Feste an die Kurpfalz weitergab. Daraus erwuchs Ende des 15. Jahrhunderts die politisch pikante Situation, daß drei Vertreter (Amtleute) unterschiedlicher Territorialherren auf der Burg ihren Sitz hatten.

Der Bauernkrieg (1525), der vielen umliegenden Festen zum Verhängnis wurde, scheint der Landeck nur geringe Zerstörungen zugefügt zu haben, denn es sind lediglich Brandschäden bekannt geworden. Die mächtige Kurpfalz, die nur auf Umwegen über ein Lehen von Klingenmünster Einlaß in die Burg gefunden hatte, gelangte 1570 in den Besitz von drei Vierteln der Burg. Den Kurpfälzern war auf dem Erbwege der große Bitscher Anteil zugefallen.

Die Feste Landeck, die den mörderischen Dreißigjährigen Krieg im Gegensatz zu vielen anderen pfälzischen Bergschlössern völlig unbeschadet überstanden hatte, wurde nach dem Friedensschluß von Münster und Osnabrück im Jahre 1648 nach kurzem österreichischen Zwischenspiel ihren früheren Besitzern zurückgegeben.

Wesentlich weniger glücklich verlief für die Feste Landeck der Pfälzische Erbfolgekrieg. Französische Truppen äscherten die veraltete Burg ein. Sie ist seitdem Ruine.

Vom eigentlichen Treitelsberg durch einen langen, tiefen Halsgraben getrennt, wurde die Burg Landeck auf einem vorgelagerten Ausläufer dieses Bergmassivs erbaut. Das Luftbild zeigt eine mittelalterliche Wohn- und Wehranlage, die von einem mächtigen quadratischen Bergfried an der nördlichen Angriffsseite beherrscht wird. Der mit Buckelquadern verkleidete Turm, dessen ursprüngliche rundbogige Einstiegsöffnung auf der Rückseite zu sehen ist, gehört zu den am besten erhaltenen Bergfrieden in der heutigen Pfalz. Die Zinnen der Plattform sowie der im Bild nicht sichtbare Eingang an der Nordseite sind eine Zutat des 19. Jahrhunderts. Rechts und links des nur noch 23 Meter hohen Bergfriedes erstreckt sich die etwa 10 Meter hohe Schildmauer, die aufgrund ihrer Länge den Charakter einer Mantelmauer hat. Die Schildmauer ist zugleich ein Teil der die Kernanlage umschließenden inneren Ringmauer. Diese ist, entsprechend der geringeren Gefährdung, schwächer und überdies sind im Süden, Westen und Osten Wohngebäude an den Bering angelehnt.

Der langgestreckte östliche Fachwerkbau ist fast völlig verschwunden. Lediglich Teile der beiden Giebelseiten stehen noch. Der dazwischen liegende Biergarten der Burgschenke ist heute ein beliebter Treffpunkt der zahlreichen Burgbesucher. Der südliche Verbindungsbau zwischen den beiden Wohnhäusern beherbergt heute eine moderne Toillettenanlage und eine Aussichtsterrasse.

Im 15. Jahrhundert waren die Grafen gezwungen die Feste Landeck den geänderten kriegstechnischen Erfordernissen anzupassen. Die Gesamtanlage wurde um eine große Zwingeranlage erweitert, deren fünf Flankierungstürme mit ihren gotischen Schlüssellochscharten eine erhebliche Verstärkung der Verteidigungsfähigkeit darstellten.

Die äußere Ringmauer wurde darüberhinaus am Burggraben durch ein zusätzliches Vorwerk geschützt, das neben einem weiteren Flankierungsturm noch einen vorspringenden Torturm aufweist. Das rundbogige Tor, einst durch eine Zugbrücke verschließbar, erreicht man über die hölzerne Brücke. Ein weiterer, dahinter liegender Torbau der Zwingermauer ist verschwunden; doch wird der Betrachter durch das wohlerhaltene rundbogige Haupttor in der Mantelmauer entschädigt.

In recht enger Beziehung zur Burg Landeck steht die unterhalb der Feste in den Weinbergen stehende St. Nikolaus Kapelle. Vermutlich war kein Geringerer als Graf Emich der IV. von Leiningen um 1250 der Erbauer der kleinen Kirche. Der Sakralbau, der nicht mir der Burgkapelle identisch ist, birgt in seinem Inneren Reste von Wandmalereien des 13. Jahrhunderts.

# Burg
# Landeck

# Burg
# Lichtenberg

Unweit der Kreisstadt Kusel liegt inmitten des westpfälzischen Hügellandes jene Wehranlage, die zu den größten Burgen des gesamten deutschen Sprachraums zählt. Die 425 Meter lange Feste Lichtenberg, die nicht weniger als 19 Namensvettern im alten Reich hat, wird erstmals im Jahre 1214 erwähnt, als der spätere Kaiser Friedrich II. in Basel deren Abriß verfügte. Diese harsche Anordnung hatte Abt Peter III. vom ostfranzösischen Kloster St. Remy in Reims erwirkt. Er hatte geltend gemacht, die Adelsburg sei widerrechtlich auf Grund und Boden des Benediktinerklosters erbaut worden. Pikanterweise war der verklagte Bauherr kein Geringerer als Graf Gerlach III. von Veldenz, der ausgerechnet als Schutzherr der Probstei Remigiusberg eingesetzt war.

Trotz der königlichen Anordnung wurde Burg "Liechtenberch" aber nicht abgebrochen, sondern im Gegenteil zu einer noch größeren und stärkeren Befestigung ausgebaut. Der Graf von Veldenz scheint sich aber nicht nur mit dem Reich arrangiert, sondern auch mit dem Kloster St. Remy ausgesöhnt zu haben, denn er und seine Nachfolger blieben weiterhin die Schutzvögte des Remigiuslandes.

Mit Gottfried von Rulsberg begegnet uns im Jahre 1258 erstmals ein Burgmann auf der Lichtenburg, der wie zahllose niederadelige Nachfolger von den Veldenzer Grafen zur Burghut eingesetzt worden war. Der Größe der Feste entsprechend wurden meist mehrere Ministeriale gleichzeitig mit diesem Amt betraut, die ihren Wohnsitz auf der Burg zu nehmen hatten. Daher verwundert es nicht, daß im östlichen Burgteil, der sogenannten Ritterburg, zahlreiche Wohnhäuser dieser Adelsfamilien zu finden waren. Besonders im 14. Jahrhundert stieg die Zahl der Burgmannen außerordentlich an. Waren es im Jahre 1302 sechs Ritter und 1371 schon 15, so stieg die Anzahl wenige Jahre später auf 21 Ministeriale an.

Nach fast 250 Jahren war die Herrschaft der Veldenzer über das Bergschloß Lichtenberg beendet, denn 1444 starb das alte Grafengeschlecht aus und die Feste gelangte daher durch Heirat an den Pfalzgrafen Stephan, einen Sohn des deutschen Königs Ruprecht von der Pfalz. Die Grafschaft Veldenz wurde damit Teil des Herzogtums Pfalz-Zweibrücken, bei dem sie bis zum Ausbruch der Französischen Revolution verbleiben sollte.

Die Burg wurde sogleich Sitz des Zweibrückischen Amtes (später Oberamtes) Lichtenberg. Zur Ausübung der Amtsgeschäfte wurden von den Herzögen auf dem Bergschloß ein "Amtmann", ein "Landschreiber" und ein "Keller" (= Verwalter) als Beamte eingesetzt. Überhaupt nahm die Anzahl der Bewohner in jenen Jahren weiter zu, so daß neben den Burgmannen und Beamten nicht weniger als 45 Knechte und Mägde auf dem Bergschloß beschäftigt waren. Lichtenberg beherbergte aber auch häufig als illustre Gäste die Herzöge von Zweibrücken, deren Wohntrakte entsprechend luxuriös ausgestattet waren.

Die mittelalterliche Burg war zwar während des Dreißigjährigen Krieges von kaiserlich-spanischen Truppen besetzt, doch erlitt sie in diesem mörderischen Ringen keine größeren Schäden. Sie wurde im Gegenteil sogar modernisiert und weiter ausgebaut. Es entstand insbesondere der zweigeschossige östliche Bollwerksturm, der für die damalige Zeit zu den stärksten seiner Art zählte.

Bereits einige Jahrzehnte vor dem Übergang der Feste 1792 an die Franzosen begann der unaufhaltsame Abstieg, denn 1758 hatte Herzog Christian IV. die Verwaltung des Amtes nach Kusel verlegt. Überdies plünderten französische Revolutionstruppen die alte Wehranlage mehrmals aus, die darüber hinaus 1799 durch einen Großbrand zum größten Teil eingeäschert wurde. Das endgültige "Aus" war aber die Versteigerung der Häuser und Ruinen zum Abbruch.

Nach dem Ende der französischen Herrschaft gelangten Burg und Amt 1816 an den Herzog von Sachsen-Coburg-Gotha, der das Fürstentum Lichtenberg bereits 1834 an Preußen verkaufte. Obwohl sich seit der französischen Zeit die alte Befestigung wieder mit Leben erfüllte, da sich zahlreiche Menschen auf dem Areal angesiedelt hatten, verfiel das alte Grafenschloß immer mehr. Vogelzüchter, Backofenbauer, Nagelschmiede und Leinenweber erbauten neue Häuser, gestalteten andere um oder brachen alte Gebäude ab, so daß die Feste ein vollkommen neues Aussehen bekam. Dies änderte sich 1895 grundlegend, denn die Gesamtanlage wurde unter Denkmalschutz gestellt und es begann ein teilweiser Wiederaufbau. Die Eigentümer ließen die "Landschreiberei", die Toranlagen, die Zehntscheune, den Bergfried und den Hufeisenturm zwischen 1900 und 1987 wieder neu errichten und die restlichen Bauteile wurden saniert oder gesichert.

Burg Lichtenberg, 1918 in Besitz des Landkreises St. Wendel, 1937 des Landkreises Birkenfeld, ist seit dem Jahre 1969 Eigentum des Landkreises Kusel.

Wie die meisten Wehranlagen des Mittelalters entstand Burg Lichtenberg nicht nach einem Gesamtplan. Sie entwickelte sich erst im Laufe der Jahrhunderte zu dem Wohn- und Wehrbau, wie er sich uns heute darstellt. Die Anlage besteht eigentlich aus zwei getrennten Burgen, die erst nach und nach zu einer Einheit verschmolzen sind. Noch im Jahre 1387 wird deutlich in "Burg Lichtenberg oben und nieden" unterschieden. In der älteren Literatur, aber auch dem Burgführer von 1988, wird allgemein angenommen, der östliche Teil, die untere Burg, sei die nach 1200 entstandene Keimzelle der Feste, der um 1270 als weitere separate Feste die obere Burg folgte. Dagegen spricht allerdings der Grundriß der oberen Burg, dessen "gerundetes Schema" geradezu den älteren romanischen Typus verkörpert. Für diese These spricht auch der freistehende gewaltige Bergfried, der "mehr einem Wohnturm ähnelt" (Günter Stein). Er steht auf dem höchsten Punkt des Berges und ist von einer Ringmauer umzogen, an die sich einst innen Wohngebäude anlehnten.

Im Laufe der Jahrhunderte wurde die Burg nach Osten erweitert, so daß die östliche Angriffsseite (im Luftbild vorne) mehrfach gesichert ist. Beeindruckend ist vor allem der 1620 von den Spaniern errichtete Hufeisenturm, der zur Aufnahme von Kanonen bestimmt war. An ihn schloß sich südlich das sogenannte Wachthaus (1720) und das erste, mit einem Gußerker versehene Tor an. Hinter diesem jüngsten Verteidigungsbollwerk befindet sich der äußere Halsgraben, hinter dem eine zweite Schutzmauer aufragt. Dieser um 1580 errichtete Ringmauerteil besaß neben halbrunden Flankierungstürmen an Nord- und Südende in der Mitte als Hauptverteidigungswerk den Felsenturm, der ein Geschütz aufnehmen konnte. Ein zweites Zugangstor im Verlauf dieser Wehrmauer wird durch einen runden Wachtturm geschützt. Der Besucher erreicht nun den inneren älteren Verteidigungsbereich, dessen Halsgraben von einer steinernen Bogenbrücke überspannt war. Der dritte Eingang, früher mit einer Zugbrücke gesichert, gewährte Wagen und Einzelpersonen getrennt Einlaß.

Südlich des Tores erhebt sich ein spätgotischer Bau, der seit 1444 als Landschreiberei diente. An seiner Südostecke wird das ehemalige Dienstgebäude, das heute die Burgschenke beherbergt, von einem Wahrzeichen der Feste überragt, einem Rundturm mit barocker Haube. Nach Osten schließen sich der wenig geglückte Neubau eines Gasthauses und eine Jugendherberge an.

Das Luftbild verdeutlicht den Verlauf der südlichen Ringmauer, die durch halbrund vorspringende Flankierungstürme zusätzlich gesichert ist. Die langgezogene Wehrmauer verbindet die vordere Anlage mit der unteren "Ritterburg", die sowohl eine mächtige Schildmauer als auch einen eigenen Bergfried besaß. Der viereckige Turm, dessen Fundamente meterhoch erhalten sind, sicherte den Eingangsbereich, ein sogenanntes Übergreiftor. Das Torhaus hatte neben der Zugangssicherung noch eine zweite Aufgabe, es diente als Gotteshaus, denn in seinem Obergeschoß befand sich die St. Georgskapelle, die im 18. Jahrhundert abgebrochen worden ist. Leider haben sich von der unteren Burg außer Fundamentresten der zahlreichen Ritterhäuser nur ein Brunnen, eine Zisterne und Teile eines Kamins in der Westmauer erhalten.

Besonders sehenswert sind aber die Wohn- und Wehrbauten der erweiterten "Grafenburg". Vom Bergfried auf dem Luftbild teilweise verdeckt, erheben sich die Gebäude der äußeren Oberburg, die zum großen Teil im 14. und 15. Jahrhundert errichtet worden sind. Ein Tor in der westlichen Wehrmauer (Bildmitte) gewährt Einlaß zum Burghof, der vom westlichen (15. Jahrhundert) und östlichen (14. Jahrhundert) Palas beherrscht wird. Die repräsentativen Wohngebäude werden vom Rest eines halbrunden dreigeschossigen Geschützturmes verbunden. Der Bereich zwischen oberer und unterer Burg wird von der 1720 errichteten Burgkapelle und der in neuester Zeit wieder hergestellten Zehntscheune geprägt. In dem alten Wirtschaftsbau sind heute das bekannte "Musikantenlandmuseum" und eine Außenstelle des Naturkundemuseums der Gesellschaft "Pollichia" untergebracht.

Nicht leicht wird man unter einer anderen Burgstätte eine lohnendere, vielseitigere Umsicht finden und genießen können, als auf diesem von allen Seiten frei sich erhebenden Bergkegel und auf dieser weder durch Gebüsche noch durch Waldungen beengten Felsmasse, vorzüglich von dem Signalsteine auf dem nördlichen vorspringenden Felsen. Nach allen vier Weltgegenden hin umgeben uns ringsum nahe und ferne waldige Berge und Hügel, teils mit himmelstarrenden dunkeln, mitunter riesenhaften Felsenkämmen; dazwischen erblicken wir die sorgfältig bebauten Gemarken mehrerer Dörfer, liebliche Triften und Wiesen, mit Waldparzellen abwechselnd; auch gewähren uns die Bergeinschnitte eine Aussicht gegen Osten in die lachenden Fluren der Rheinebene und auf die fernen blauen Gebirgsketten jenseits dieses deutschen Stromes. Es ist vergebliches Mühen, all diese manigfaltigen und abwechselnden, teils wilden, teils sanften Nah- und Fernsichten, die mit jedem Schritte, sowie mit jedem veränderten Standpunkte unsere Blicke fesseln und entzücken, mit entsprechenden Worten wiederzugeben, indem der tote Buchstaben auch bei dem höchsten und ausgesuchtesten Redeschwalle weit hinter der schönen Wirklichkeit und hinter den Gefühlen, die ein solcher Anblick bei uns erregt, zurückbleiben würde. Schrift und Sprache sind zu arm, um solche Punkte genügend und erschöpfend schildern zu können; darum lieber Leser, komme, schaue, fühle und genieße selbst!" schrieb im Jahre 1857 der professionelle Burgenbesucher Johann Georg Lehmann nach seiner Rückkehr von der alten Reichsfeste Lindelbrunn. Dem ist auch fast einhundertundfünfzig Jahre danach nichts mehr hinzuzufügen. Die Burg, ursprünglich Lindelbol (=Lindenberg), später Lindelborn genannt, wurde als Reichsfeste wahrscheinlich noch im ausgehenden 12. Jahrhundert auf dem beschriebenen Felsen nahe der Gemeinde Vorderweidenthal errichtet. Die ersten Nachrichten über die Feste stammen allerdings aus einer späteren Zeit. Dieter, genannt von Lindelbollen, der Jüngere, der 1268 im nahegelegenen Kloster Eußerthal seine letzte Ruhestätte gefunden hat, ist der erste uns bekannte Ministeriale, der sich nach der Reichsburg benannte. Nach seinem Tod kam das Reichslehen an seinen Bruder Merkelin, und damit scheint dieses Geschlecht endgültig ausgestorben zu sein, denn im Jahre 1274 wurde das Gut an die gräflichen Brüder Emich IV. und Friedrich III. von Leiningen übergeben. Dieser Gemeinschaftsbesitz ging 1317 mit "Walde und Weide und mit allem Recht, wie sie gelegen und herkommen seint" an die Linie der Grafen von Leiningen-Hardenburg und verblieb dort bis 1570. Jedoch war aus dem Alleinbesitz schon im 14. Jahrhundert recht schnell eine Ganerbenburg geworden, denn die Leininger verpfändeten, verkauften und verlehnten unterschiedlich große Teile der Herrschaft Lindelbrunn sowohl an Hoch- als auch an Niederadelige aus dem gesamten pfälzischen Raum. Im 15. Jahrhundert vergrößerte sich die Vielzahl der "Gemeiner" (=Mitbesitzer) außerordentlich. Dies gab häufig Anlaß zu vorwiegend besitz- oder nutzungsrechtlichen Streitigkeiten. Die Ganerben, die keineswegs immer untereinander wohlgesonnen waren, schreckten dabei im Zweifelsfalle vor Gewaltanwendung nicht zurück. Diese Probleme waren jedoch von ungleich geringerer Qualität als jene, die von außen herangetragen worden waren. Im Jahre 1440 hatte Graf Emich von Leiningen, da er von dem Speyerer adeligen Bürger Heinrich Steinhausen Geld geliehen hatte, diesen als Ganerben auf der Burg aufnehmen müssen. Dies sollte der Feste allerdings nicht zum Guten gereichen, denn der Speyerer war in einen größeren Streit mit dem Bistum Speyer und der Kurpfalz verwickelt, in dessen Verlauf die Verbündeten versuchten, den Bürger in ihre Gewalt zu bekommen. Ein gemeinsamer Heerhaufe war vor die Burg Lindelbrunn gezogen und belagerte das Bergschloß sieben Wochen lang. Während diese Fehde durch Vermittlung der Grafen von Leiningen noch einigermaßen glimpflich für die Burg und ihre Bewohner ausging, brachte ein weiterer Ganerbe zwischen den Jahren 1448 und 1450 größeres Unheil über die Herrschaft Lindelbrunn. Die Verwicklung des widerrechtlich aufgenommenen Ganerben Heinrich Holzapfel in eine Fehde mit dem Bistum Speyer und der Reichsstadt Landau hatte eine erste erfolglose Belagerung durch die Truppen der Stadt und des Bischofs nach sich gezogen. Eine zweite folgte durch die Grafen Friedrich von Bitsch und Bernhard von Leiningen, denn der Ritter Heinrich von Holzapfel hatte sich in Lindelbrunn verschanzt. Daher mußten die beiden Miteigentümer "also wieder hinweg reitten und mochten in ir (=ihr) Schloß nit kommen". Die nachfolgende Einnahme der Burg durch die Söldner der beiden Grafen scheint nur geringe Schäden verursacht zu haben, so daß der Lindelbrunn den Ganerben weiterhin uneingeschränkt zur Verfügung stehen konnte.

Im Bauernkrieg kam allerdings, wie für so viele pfälzische Herrensitze, das endgültige "Aus". Der "Kleeburger Kolbenhaufe" überwältigte rasch die kleine Besatzung, plünderte das Bergschloß aus und verbrannte unter allgemeinem Jubel die verhaßte Stätte. Die alte Reichsburg, die später mit all ihren Zubehörden wieder in den Alleinbesitz der Grafen von Leiningen kam, wurde nicht wieder aufgebaut. Ein bewaldeter Bergkegel trägt die Reste der ehemaligen Reichsfeste, die einen fast dreieckigen Grundriß hat. Aufgrund der topographischen Lage auf dem hohen Felsplateau waren umlaufende Gräben oder ein Halsgraben überflüssig. Der Burgbering scheint nur aus einer einzigen Mauer bestanden zu haben, an die sich im Inneren verschiedene Gebäude anlehnten.

An der 70 Meter langen Ostseite erreicht der Burgweg die ehemalige Toranlage, von der sich geringe Reste erhalten haben. Die Ostmauer ist ebenso wie das äußere Tor abgegangen. Das innere Tor ist dagegen noch teilweise halbhoch vorhanden. Von diesem ehemaligen Torbau erreicht man nach kurzem Aufstieg das eigentliche Burgareal. Da dieses weitgehend ohne aufgehendes Mauerwerk ist, wird die Szenerie von der Innenseite der Außenwand eines sehr großen Wohnbaues beherrscht. Diese starke Mauer, die mit der südwestlichen und nordwestlichen Ringmauer identisch ist, läßt noch zwei Stockwerke sowie ein Kellergeschoß erkennen. Zwischen den Resten einer großen Kaminanlage befinden sich die im Luftbild (außen) sehr gut zu erkennenden Fenstergruppen, die mit Rundbogenblenden gerahmt sind. Im darunterliegenden Geschoß des mit Buckelquadern verblendeten Palas sind dagegen nur sehr kleine rechteckige Fenster vorhanden, die wohl eher als Lichtschlitze anzusehen sind.

An der Westseite ragt ein sehr schöner Aborterker vor die Außenwand, der auf fein profilierten Kragsteinen ruht. Im östlichen Flügel ist eine Heizanlage eingebaut, deren Kaminschacht durch die Außenmauer zum nächsten Stockwerk führt. Die beiden Konsolen, die an der Außenseite dieser Mauer zu sehen sind, gehören zu einem zerstörten Abort- oder Gußerker. Obwohl der anschließende überhängende Felsen einen runden Turm getragen haben soll, weist er nur noch sehr wenig Mauerwerk auf. Doch entschädigt ein in den Felsen eingemeißelter Keller den Betrachter. Im östlichen Teil sind noch die restaurierten Grundmauern der Burgkapelle, einer Zisterne und eine Felsentreppe, die zu einem tieferliegenden Gemach führte, erwähnenswert. Eine Besonderheit ist der außerhalb der Burganlage, vor der Palas-Südwestwand liegende Brunnen, der wohl durch einen besonderen Bau gesichert war.

# Die Reichsburg Lindelbrunn

# Die
# Madenburg

Im Jahre 1923 nannte der Konservator des Landauer Museums, Julius Hagen, überschwenglich die auf dem Südgipfel des Rothenberges bei Eschbach gelegene Madenburg "Königin der Burgen des Wasgaus". Der Anlaß zu dieser Wertung war sicherlich nicht nur die vom Nestor der pfälzischen Burgenforschung, Johann Georg Lehmann bereits 1857 gepriesene "doppelte Aussicht", die - für Haardtrandburgen außergewöhnlich - Rheinebene und Pfälzerwald gleichermaßen umfaßt, sondern auch die Tatsache, daß es sich um eine der größten und ältesten Burgen der Pfalz handelt.

Der topographischen Lage am Ausgang des Kaiserbachtales zur Rheinebene kann man die ursprüngliche Hauptaufgabe der Burg entnehmen: den Schutz des Talausganges und der umliegenden fruchtbaren Ländereien mit ihren sieben reichen Dörfern Arzheim, Eschbach, Nußdorf, Mühlhausen, Waldhambach und Waldrohrbach entnehmen. Nicht zuletzt aufgrund ihrer langen Geschichte und der exponierten Lage, war die Burg oftmals Schauplatz dramatischer politischer und militärischer Ereignisse.

Obwohl die im Volksmund "Eschbacher Schloß" genannte Höhenburg erst seit 1176 urkundlich gesichert nachweisbar ist, gibt es doch gute Gründe sie mit der "Parthenopolis" (= Jungfrauenburg) genannten Anlage gleichzusetzen, auf der sich 1076 eine Fürstenopposition mit dem gebannten Kaiser Heinrich IV. treffen wollte. Die Bedeutung, die man der Feste auch im 12. Jahrhundert beimaß, läßt sich aus der Tatsache ableiten, daß Kaiser Heinrich V. den Mainzer Erzbischof Adelbert sofort nach dessen Gefangennahme zwang, das "castrum beatae Mariae virginis" (= Marienburg) dem Reiche wieder zurückzugeben. Nach Saliern und Staufern gelangten im 13. Jahrhundert die Grafen von Leiningen in den Besitz der Feste, und ihnen war es vergönnt, die Burg aus dem Lehensbesitz in persönliches Eigentum zu überführen. Durch Verpfändungen kam es in den folgenden Jahren zu permanent wechselnden Besitzverhältnissen, bis die Burg 1516 in den Besitz der Bischöfe von Speyer kam. Sie verblieb dort bis zur französischen Revolution. Im Mai des Jahres 1470 gehörte die Madenburg zu jenen Festen, die von Kurfürst Friedrich erstürmt wurden, weshalb der streitbare Herr den Beinamen "der Siegreiche" erhielt. Die Eroberung war so spektakulär, daß der Chronist des Kurpfälzers Michael Behaim gar ein Gedicht mit dem beziehungsreichen Titel "Wie die Madenburg erstiegen ward" verfaßte.

Der Wiederaufbau, insbesondere nach den umfangreichen Zerstörungen des Bauernkrieges (1525), erfolgte nach den neuesten Erkenntnissen der Festungsbaukunst. Trotzdem gelang es bereits wenige Jahre später den Truppen des Markgrafen von Brandenburg, Alkibiades, das "lustiger und wehrhafter" erbaute Bergschloß zu erstürmen. Auch im Dreißigjährigen Krieg blieb das Eschbacher Schloß von Unheil nicht verschont, denn im zweiten Anlauf erstürmten Mansfeldische Truppen die Feste, die von nun an wechselnde Besatzungen - Kaiserliche, Schweden, Franzosen ... - zu erdulden hatte, bis endlich 1650 die Burg den Bischöfen von Speyer zurückgegeben wurde. 1689 erlitt die Madenburg das gleiche Schicksal der meisten pfälzischen Burgen; die mittlerweile militärisch völlig veraltete Anlage wurde von den Truppen des französischen General Monclar zerstört und diente fortan als Steinbruch.

Noch einmal sollte die stolze Burg in aller Munde sein, denn im Jahre 1843 wurde hier die Tausendjahrfeier der Zugehörigkeit der Pfalz zum Reich gefeiert. Sie mußte durch einen furchtbaren Gewittersturm aprupt abgebrochen werden mußte und die Festteilnehmer waren zu einer regelrechten Rutschpartie ins Tal gezwungen. Ein Vorfall, der die Zeitgenossen schmunzelnd vom "Eschbacher Rutsch" sprechen ließ.

Nach kurzem Aufstieg vom Waldparkplatz erreicht man den äußeren Halsgraben, der im späten 16. Jahrhundert teilweise von einer Geschützbastion überbaut worden ist. Dahinter erhebt sich eine der stärksten Verteidigungsanlagen des frühen 16. Jahrhunderts, die pfälzische Burgen aufzuweisen haben. Eine gewaltige, bis zu 7 Meter dicke und 12 Meter hohe Mauer, springt in der Mitte spornartig vor und beherbergt dort sowie an den Seiten Geschützkammern. Im westlichen Teil der Fortifikation gewährt ein rundbogiges Tor Zugang zum zweiten Halsgraben. Dieser wurde, ebenso wie die dahinterliegende Schildmauer, im hohen Mittelalter zum Schutz der Kernburg errichtet. Die in Buckelquadertechnik errichtete starke Mauer hat die Besonderheit einer schrägen Dosierung des östlichen Sockels aufzuweisen.

Ebenso bemerkenswert ist die südliche Umfassungsmauer, deren untere Teile und ein heute vermauertes rundbogiges Tor möglicherweise noch aus salischer Zeit stammen. Der Torbogen wurde 1516 durch eine tieferliegende spitzbogige Pforte ersetzt und von einer gewaltigen flankierenden Torbastion geschützt, von der allerdings lediglich ein Gurtbogen des Untergeschosses erhalten ist. Rechts des Tores befindet sich ein Brunnenhaus, das vom Madenburgverein im 19. Jahrhundert wiedererrichtet worden ist.

Beim Eintritt in die Kernanlage erblickt der Besucher mehrere Bauwerke aus unterschiedlichen Epochen. Im Südteil des weiten Areals befinden sich die Reste der gotischen St. Nikolaus Kapelle und die wohlerhaltenen Umfassungsmauern des "Zeughauses". Östlich des Zuganges versperrt dagegen der quergestellte Trakt des Phillipsbaues (1550), der sich an einen älteren Turm (14. Jh.) anlehnt, den Blick auf die dahinterliegenden Gebäude der Kernanlage. Der schmale langgestreckte Hof der Hauptburg wird heute von den beiden Renaissance-Treppentürmen des Eberhardbaues (1593) mit ihren schönen Fenstergewänden und reich dekorierten Portalen beherrscht. Der übrige Schloßbau ist bis auf ein Kellergewölbe leider weitgehend abgetragen, so daß der vordere Turm heute freisteht. Auf der gegenüberliegenden Westseite erheben sich entlang der Ringmauer mit ihren Wehrgangresten ein Küchenhaus mit gemauertem Backofen und ein dreigeschossiges Wohnhaus. Den nördlichen Hofabschluß bildet die Rückseite der Schildmauer, deren hoch aufragendes südliches Ende möglicherweise die Funktion eines Bergfriedes hatte.

So wie im 19. Jahrhundert die 180 Meter lange Feste das Ziel zahlreicher Besucher war, unter ihnen Kronprinz Maximilian von Bayern und der entschiedene Demokrat Robert Blum, so vermag auch heute noch die Madenburg zahlreiche Wanderer aus nah und fern anzulocken.

**F**ast am Ende des Modenbachtales ragt auf der nördlichen Talseite ein schmaler steiler Fels hoch aus den Wipfeln des dichten Waldes. Auf diesem langen Sandsteinklotz scheinen die Reste der ehemaligen Reichsfeste Meistersel, die auch Modeneck genannt wird, ihrem endgültigen Verfall entgegenzudämmern. Nur die dringend notwendigen Sanierungsmaßnahmen könnten ihn noch aufhalten. Dies ist um so bedauerlicher, als die selten besuchte Burganlage zu den ältesten der Pfalz zählt. Der ungewöhnliche Name "Meistersel" der wohl im 11. Jahrhundert gegründeten Feste, wird im allgemeinen als "Wohnung des Meisters" oder "Herrenhaus" gedeutet.

Sowohl die Erbauer als auch die ersten Bewohner der Wehranlage auf der 492 m hohen Bergkuppe inmitten der "Haingeraide" sind unbekannt. Erstmals erscheint der Name der Feste im Januar des Jahres 1100 in einer Schenkungsurkunde des Bischofs Johannes von Speyer. Im gleichen Jahrhundert gelangte die Felsenburg in Reichsbesitz und wurde von den Königen und Kaisern an Ministeriale verliehen. Heinrich von Meistersel ist der erste uns bekannte Niederadelige, der sich Ende des 12. Jahrhunderts nach der Feste im Modenbachtal benannte und sie zusammen mit der Vogtei von Dörrenbach und Spehtesbach (heute eine Wüstung) von Kaiser Heinrich IV. als Lehen erhalten hatte. Ihm folgten als Lehensinhaber Sifrid (Siegfried) von "Meistersell", der den Beinamen Kopf trug und anschließend dessen gleichnamiger Sohn. Mit der darauffolgenden Generation, den Rittern Sigelo, Ulrich und Jacob von Meistersel, scheint die Reichsministerialenfamilie nach 1277 ausgestorben zu sein, denn 1306 wird der Reichslandvogt Otto IV. von Ochsenstein als Lehensinhaber genannt. Seit der Mitte des 14. Jahrhunderts scheint aus der Reichsfeste allmählich durch Verpfändung eine Ganerbenburg geworden zu sein. Neben den Herren von Ochsenstein hatte nun auch der Pfalzgraf Ruprecht Zugang zur Burg. Im Jahr 1369 war darüberhinaus der Ritter Konrad Landschaden, "vizdum zu Neustadt", gegen die Zahlung von 5000 "guten, kleinen florenzer Goldgulden" in den Besitz der Hälfte des "festen Hauses" Meistersel gelangt. Die Anzahl der Miteigentümer sollte aber noch größer werden, denn rasch folgten die Ritter Johannes von Gommersheim, Johannes Ostertag von Winstein, Kurfürst Ruprecht I. von der Pfalz, Bischof Raban von Speyer und dessen Bruder Hans von Helmstadt. Obwohl die Herren von Gommersheim, Winstein und Ochsenstein im 15.

Jahrhundert als Mitbesitzer ausschieden, vergrößerte sich die Anzahl der Ganerben immer mehr. Dies scheint gewisse Probleme mit sich gebracht zu haben, denn die Rechte und Pflichten der verschiedenen Teilhaber wurden in peinlich genauen Verträgen beschrieben und von den Rittern anschließend beschworen. So waren sie verpflichtet, alle zwei Jahre auf ihre Kosten einen Baumeister zu bestellen, der die "veste meisterfelden" in guten baulichen Zustand zu versetzen hatte.

Einem Teilungsvertrag, der 1407 abgeschlossen worden war, verdanken wir auch die genaue Aufzählung der damals auf der Burg Meistersel errichteten Gebäude. Insbesondere werden dabei das steinerne Haus, ein Küchenbau, ein großer und ein kleiner Stall, ein Turm, der Burgbrunnen, Tränken, ein Backhaus, ein Torbau und das Gefängnis erwähnt. Die Fortifikationen, alle Wege und Gänge sowie der Brunnen, waren dabei von den Ganerben gemeinsam zu unterhalten.

Diese "Burgfriedensverträge" bewährten sich offensichtlich nicht nur im Innenverhältnis, sondern auch nach außen. So genügte der Hinweis, der Ritter Holzapfel von Herxheim sei auf einer anderen Burg "brüchig an dem Burgfrieden" geworden, ihn als Ganerben auf der Feste Meistersel abzulehnen.

Erst mit dem Übergang der gesamten Burg und all ihrer Zubehörden im Jahre 1662 an die Herren von der Leyen hatten die Verpfändungen und Teilverkäufe ein Ende. Jedoch scheinen die Grafen die Burg bereits als Ruine gekauft zu haben, denn "von dem alten Schlosse Meistersehl" war 1662 nur noch "ein großes Mauerstück" übrig. Die Feste ist wohl im Dreißigjährigen Krieg untergegangen und nicht wieder aufgebaut worden. Trotzdem war das ehemals feste Haus für die Herren von der Leyen von großem Wert, denn die zugehörigen Dörfer und Ländereien waren schließlich erhalten geblieben.

Meistersel ist eine dreigeteilte Anlage, deren jüngstes Teil das nördlich vor dem Halsgraben gelegene, fast quadratische Vorwerk ist. Nur noch wenige der Umfassungsmauern künden von dieser Befestigung, die zahlreiche Schlitzscharten an der Westmauer aufwies. Der Zugang führt entlang dieses Vorwerks zum breiten Halsgraben, hinter dem die eigentliche Hauptburg zu finden ist.

Die Brücke über dem Halsgraben stützte zwei Pfeiler, deren untere Steinreihen sich erhalten haben. Der Torbau am gegenüberliegenden Brückenkopf ist in seinem vorderen nördlichen Teil vollständig abgegangen. Dagegen hat das hintere Tor (im Bilde rechts unten) bisher den widrigen Umständen getrotzt. Vom Torbau ausgehend war die untere Burg von einer Ringmauer umgeben, die ebenso wie die Außenmauer der beiden großen Wohngebäude nur noch teilweise vorhanden ist.

Vom "steinernen Haus", das südlich des inneren Burgtores stand, kündet lediglich ein tonnengewölbter Keller. Auch das an die Toranlage und den aufragenden Felsen der Oberburg angelehnte zweite Wohnhaus zeigt nur noch seine Südseite aufgehenden Mauerwerk. An dieser Giebelwand haben sich ein spitzbogiger Eingang und einige rechteckige Fenstergewände erhalten. An der Ostseite der unteren Wehranlage führt ein rundbogiges Felsentor zum Brunnen, der von der Felsplattform der Oberburg in die Tiefe geschrotet ist. Durch einen Zugang von der Unterburg zum Brunnenschacht war die Versorgung beider Burgteile gewährleistet. Gut erhalten hat sich die untere Buckelquaderummauerung des Brunnenraumes und ein darüberliegender Lichtschlitz. Auch am nordöstlichen Ende dieser Ebene, an der sogenannten "Schnabelecke", waren einst Wohnbauten an den Felsen angelehnt, von denen lediglich karge Reste der Außenmauern künden. In ihnen residierte Hans von Helmstadt.

Der Aufgang zur Oberburg erfolgte über eine in den Felsen gehauene Treppe, die früher durch mehrere Tore gesichert war. Der lange schmale Burgfels, der die obere Anlage trug, war durch eine mächtige – im Bild gut sichtbare – Wand in zwei Teile geteilt. Vom nördlichen Palas, in dessen Mitte eine Zisterne eingelassen war, sind nur wenige Bauteile erhalten. Doch wird der Besucher durch den südlichen Wohnbau entschädigt, denn dessen Ostmauer beherbergt neben zwei kleinen Fenstern eine große Stichbogennische mit vier gleichgroßen spitzbogigen Fenstern. Diese im deutschen Sprachraum außerordentlich seltene spätgotische Fenstergruppe zählt trotz einer Beschädigung zu den schönsten ihrer Art in der Pfalz.

# Die
# Reichsburg Meistersel

# Die Sankt Michaelsburg

In unmittelbarer Nähe der Benediktinerprobstei Remigiusberg, nahe der westpfälzischen Kreisstadt Kusel, erheben sich die wenigen erhaltenen Mauern der St. Michaelsburg, die im Volksmund allgemein Michelsburg genannt wird. Schon im Jahre 1124 soll sich auf dem Gipfel des Michaelsberges, der mit dem heutigen Remigiusberg identisch ist, eine hölzerne Befestigung befunden haben. Die Mönche der von der Abtei St. Remy in Reims abhängigen Probstei sahen natürlich zu Recht in der Burg eine Bedrohung ihrer Ländereien und versuchten folgerichtig die lästige Wehranlage zu beseitigen. Da militärische Mittel wohl ausschieden, kauften sie kurzerhand die Feste ihren Erbauern, adeligen Rittern, ab, rissen sie nieder und errichteten an ihrer Stelle die Probstei St. Remigiusberg.

Der Bau der heutigen Michelsburg erfolgte dagegen erst im 13. Jahrhundert. Der Grund zur erneuten Befestigung des Berges war der Tod des Grafen Gerlach V. von Veldenz, der Schirmvogt des Remigiuslandes gewesen war. Erbin des Verstorbenen war seine kaum dreijährige Tochter. Sowohl der Großvater der mütterlichen Linie, Graf Heinrich II. von Zweibrücken, als auch der mütterliche Großoheim, Wildgraf Emich von Kyrburg, verlangten die Vormundschaft und erhoben Ansprüche auf die besonders einträglichen Vogteirechte. Heinrich II., der einem Angriff seines Konkurrenten zuvorkommen wollte, ließ 1260 in aller Eile eine Holzburg neben der Probstei errichten. Obwohl der Graf dem Abt in Reims den Abriß der Burg nach Beendigung der Gefahr zugesichert hatte, blieb die Wehranlage, auch nachdem die Kontrahenden sich gütlich geeinigt hatten, weiterhin bestehen. Während der Pfalzgraf behauptete, dies diene lediglich dem Schutz des Remigiuslandes, klagte der Abt, es geschähe ausschließlich zur Bedrückung der armen Leute des Heiligen Remigius.

Es kam wie die Kleriker befürchtet hatten. Das Grafenschloß wurde in der Folgezeit vergrößert und die hölzernen Teile durch massive Steinbauten ersetzt. Die Möglichkeit solchen Handelns ergab sich aus der Tatsache, daß die Grafen Veldenz bereits seit dem 10. Jahrhundert als Schutzvögte über das Remigiusland eingesetzt worden waren. Das Land der Abtei war seit der Jahrtausendwende rechtlich vom Nahegau gelöst, genoß also Immunität. Daher waren die Mönche mehr oder weniger unabhängig. Lediglich besondere weltliche Aufgaben, vor allem das Gerichtswesen und militärische Belange, waren den adeligen Vögten übertragen. Die Grafen von Veldenz dehnten ihre Rechte im Laufe der Jahrzehnte aber immer mehr aus und trachteten danach, ihre Funktion zum Aufbau einer eigenen Landesherrschaft zu nutzen.

Dem widerrechtlichen Bau einer Burg auf dem Remigiusberg war schon ein ähnliches "Delikt" vorhergegangen. Die Grafen hatten auf dem Grund und Boden der Mönche die Feste Lichtenberg errichtet und trotz Widerspruchs und eines königlichen Urteils nicht abgerissen.

Ähnlich verhielt es sich nun auch auf der neuen Burg. Auch diese Feste war weniger eine Schutz- als vielmehr eine Zwingburg. Die Eingriffe der Grafen häuften sich derart, daß Mitte des 13. Jahrhunderts über Graf Gerlach V. der Kirchenbann ausgesprochen werden mußte. Letzten Endes ohne Erfolg!

Nach dem Aussterben der Veldenzer im Mannesstamm waren am Anfang des 15. Jahrhunderts die Grafschaft und die Burg durch Heirat an die Zweibrücker Linie des Hauses Wittelsbach gekommen. Dies besserte aber die Lage der Benediktiner keineswegs. Die neuen Herren räumten "die St. Michaelsburg, die Sloiß, die die Graven von Veldenz gebuwet und gemacht han" niederadeligen Rittern als Lehen ein, die die Geschäfte, im Regelfall die Ausplünderung des Klostergutes, übernahmen. Anfang des 16. Jahrhunderts war die in der Westpfalz bekannte Adelsfamilie Blick von Lichtenberg mit dieser Aufgabe betraut.

Die Lehensleute wurden aber bald abgelöst, denn von 1524 an bewohnte jedoch ein leibhaftiger Pfalzgraf, Ruprecht, genannt "der Hinkende" oder "der Kränkliche", die Burg bis zu seinem Tode im Jahre 1541. Das Ableben von Pfalzgraf Leopold Ludwig im Jahre 1634 beendete vorübergehend die lange Zugehörigkeit der Burg zum Fürstentum Pfalz-Veldenz. Trotz einer Verfügung aus dem Jahre 1571, derzufolge "im Falle Aussterbens ... Remigiusberg, weil von alters her ein Stück vom Fürstentum Zweibrücken gewesen, an Zweibrücken zurückfallen" soll, wurde das Bergschloß an König Karl XI. von Schweden vererbt. Dessen Beamte nahmen schon vier Monate nach dem Tod des Pfalzgrafen die Burg in Besitz und blieben bis zum Frieden von Rijswijk (1697). Die Aufgabe der Herrschaft war aber keineswegs friedlicher Natur. Obwohl sie vertraglich zum Abzug verpflichtet waren, mußten kurpfälzische Soldaten die Schweden mit Gewalt vertreiben.

Die St. Michaelsburg, die schon im Dreißigjährigen Krieg Schäden erlitten hatte, fiel wahrscheinlich endgültig dem Pfälzischen Erbfolgekrieg zum Opfer und ist seither Ruine. Durch Versteigerung als französisches Nationalgut gelangten die Reste der alten Wehranlage Anfang des 19. Jahrhunderts in Privatbesitz. Doch auch dem zerfallenen Gemäuer drohte durch die Anlage eines Steinbruches akute Gefahr, die erst nach 1936 gebannt werden konnte.

Das Wahrzeichen der Burgruine ist die fast 20 Meter hohe Schildmauer, die sich hinter einem tiefen Halsgraben an der östlichen Angriffsseite erhebt. In ihrer Mitte ist eine rundbogige Öffnung eingelassen. Sie gewährt den Zugang zu einer Geschützscharte.

Die von drei Strebepfeilern gestützte Wehrmauer findet im fensterlosen nördlichen Bering ihre Fortsetzung. Hier machte die relativ sanfte Hangneigung eine starke Mantelmauer notwendig. Darüberhinaus war diese Bergseite durch einen Graben zusätzlich geschützt, um einem potentiellen Gegner das Heranschieben von Belagerungsmaschinen unmöglich zu machen. Die bedeutend schwächere Südseite der Ringmauer war mit der Palasaußenseite identisch. Von diesem Wohngebäude künden heute lediglich noch drei große ausgebrochene Fenster. Ältere Darstellungen aus dem 19. Jahrhundert zeigen den Palas als ein mehrgeschossiges Gebäude mit einem repräsentativen Treppengiebel. Einige Konsolsteine an der Innenseite der Nordmauer deuten auf ein weiteres Gebäude in der Oberburg hin. Da jedoch der Innenraum der Kernanlage mit Schutt bedeckt und eingeebnet ist, sind gesicherte Angaben über die Gebäude und Raumaufteilung derzeit nicht möglich. In der Westseite des Berings (im Bild vorne) klafft heute anstelle des ehemaligen Burgtores eine breite Lücke.

Der älteren Oberburg wurden in einer zweiten Bauphase mehrere Vorwerke hinzugefügt. Während sich von der Nordwestbastion (im Bild links vorne) das aufragende Mauerwerk eines ovalen Turmes und eines anstoßenden Gebäudes erhalten haben, sind von der entsprechenden Fortifikation an der gegenüberliegenden Südwestecke nur noch die Grundmauern vorhanden. Vollkommen von Schutt bedeckt ist dagegen ein drittes Vorwerk am südlichen Ende des Halsgrabens.

Im Innern der Oberburg wurde Mitte des 19. Jahrhunderts ein Gedenkstein aufgestellt, der die Inschrift trägt:

*"Dem heiligen Remigius*
*Bischof von Reims dem*
*Bekehrer des ruhmreichen*
*Frankenkönigs Chlodwig*
*dem Verkünder des göttlichen Wortes*
*in den umliegenden Gauen.*
*Errichtet im Jahre 1853."*

In der Mitte des 19. Jahrhunderts beschrieb Johann Georg Lehmann den Weg zur Burg Montfort (=Starkenburg), als äußerst "mühsam und beschwerlich", und auch heute scheint dies trotz verbesserter Verkehrsverbindungen weiterhin der Fall zu sein, denn bei den zahlreichen pfälzischen Burgenfreunden ist das nordpfälzische Bergschloß, das abseits vom hektischen Treiben unserer Tage im stillen Hagenbachtal zu finden ist, immer noch weitgehend unbekannt. Dies ist um so bedauerlicher, als es sich bei dem festen Haus, das auf einer ins Tal vorstoßenden Bergzunge liegt um das Paradebeispiel einer Ganerbenburg handelt.

Burg Montfort war wahrscheinlich ein Lehen der Bischöfe von Worms an die Grafen von Veldenz, die die Burg ihrerseits weiterverlehnten. Obwohl ein urkundlicher Beleg fehlt, kann auf Grund verschiedener stilistischer Merkmale das Ende des 12. Jahrhunderts als Erbauungsdatum angenommen werden. Der ersten urkundlichen Erwähnung im Jahre 1226 folgte 1238 die zweite, die sich ausdrücklich auf die Burg bezieht. Schon zu diesem frühen Zeitpunkt war die Wehranlage nicht mehr im Alleinbesitz des Eberhard von Lautern, der als der eigentliche Gründer der Feste angesehen wird. Neben diesem berühmten Reichsministerialen, der vor seiner Montforter Zeit in hohen Reichsämtern in Italien tätig war, ist auch noch Berthold von Bockenheim bezeugt, der wohl mit jenem Bertolf Muckelin identisch ist, der seinem Sohn 1238 sein Montforter Lehen übertrug. Eberhard von Lauterns Sohn Arnold I. ist der erste Montforter, der sich ausdrücklich nach der Feste benennt. Die Anzahl der Ganerben, auch Gemeiner genannt, vergrößerte sich durch Erbteilung, Einheirat und Kauf immer mehr. Besonders im 14. Jahrhundert erhöhte sich ihre Anzahl geradezu explosionsartig. So wurden 1352 nicht weniger als 15 niederadelige Gemeiner aufgezählt. Es waren: Herman von der Porten, Heinrich Fust von Stromberg, Reymund von Dalsheim, Johann von Randeck, Diedrich das Kind, Friedrich von Montfort und sein Bruder Johan, Philipp von Montfort und sein Bruder Heinrich, Cuno von Montfort, Johann von Spanheim, Johann von Bassenheim, Cuno von Osthuen, Dielle von Merstat und sein Bruder Bötz. Diese Vielzahl von Burgbewohnern brachte natürlich erhebliche Probleme mit sich, denn für die neuen Bewohner mußte Wohnraum geschaffen werden.

Da Neubauten nicht in beliebiger Anzahl innerhalb des bestehenden Berings errichtet werden konnten, wurden bereits vorhandene Gebäude erweitert oder kurzerhand geteilt. Da die Anzahl der Bewohner auch weiterhin Bestand hatte, waren bis zum Untergang der Burg im 15. Jahrhundert nicht weniger als 82 Prozent der vorhandenen Fläche mit den einzelnen Burghäusern, Wirtschaftsgebäuden und den Fortifikationen überbaut.

In den Jahren 1397 und 1398 war die Existenz der Ganerbenburg aufs äußerste gefährdet, denn die Kurfürsten von der Pfalz und Trier drohten das Schloß "mit namen montfort" zu zerstören, "umb schade, raub und name" (Schaden, Raub und Einnahme) zu verhüten, die den Schlössern, Land und Leuten der Kurfürsten durch die Montforter Ganerben drohten. Zwar konnte diese ernstliche Existenzbedrohung noch einmal abgewendet werden, doch im Jahre 1440 wurde erneut wegen Übergriffen gegen Untertanen des Bischofs von Mainz und der Kurfürsten von der Pfalz mit militärischen Maßnahmen gedroht. Möglicherweise waren diese Klagen unberechtigt, doch nützte das den Ganerben wenig.

Am 15. Oktober 1456 schlossen die Heerhaufen der beiden Fürsten die kleine Feste ein, brachten ihre Artillerie in Stellung und beschossen das Bergschloß. Immerhin fünf Tage lang trotzte die 60 Mann starke Verteidigerschar dem überlegenen Gegner, dann waren sie gezwungen, die beschädigte Burg Montfort zu übergeben.

Die Friedensbedingungen der Sieger waren außerordentlich hart. Die Burg wurde besetzt und sollte erst nach Erstattung der Kriegsunkosten an die Sieger wieder freigegeben werden. Die wirtschaftlich schwachen Ganerben waren natürlich nicht in der Lage, innerhalb eines Jahres die geforderte sehr hohe Kriegsentschädigung aufzubringen. Aus diesem Grunde wurde Montfort geschleift und verbrannt.

Ein Wiederaufbau der Burg erfolgte nicht, obwohl noch im Jahre 1602 "die überaus starken Mauern" der Befestigungen und "sieben besondere mit starken Mauern aufgeführte Wohnstöcke" vorhanden waren. Die Ganerben waren offensichtlich daran gehindert oder nicht gewillt, die Burg wieder herzurichten. Lediglich Herman Boos von Waldeck erhielt im Jahre 1480 "auf sein bittliches Ansuchen" die Hofstatt des Schlosses Montfort erneut als Lehen übertragen. Doch auch er war nicht mehr an der nun möglichen Wiederherstellung der Ganerbenburg interessiert, sondern erbaute am Fuße des Burgberges ein schloßartiges Anwesen, dessen Reste als Montforter Hof noch heute bestehen.

Um die Gesamtanlage ist ein teilweise immer noch sichtbares, ausgeklügeltes System von Zwingeranlagen und Gräben vorgelegt, das im Süden geländebedingt näher an die Kernanlage herangeschoben ist als im Norden. Dort wurde der Raum genutzt für zusätzliche Wohn- und Wirtschaftsgebäude. Die Zwingermauern waren an besonders gefährdeten Stellen durch einige Flankierungstürme verstärkt. Dies gilt besonders für die östliche Angriffsseite, die entsprechend der dort drohenden Gefahr nicht nur einen tiefen Halsgraben, sondern auch noch eine dahinterliegende starke, mit Buckelquadern verkleidete Schildmauer aufweist. Die früher sicherlich vorhandene Zugbrücke über den Halsgraben wurde durch eine Toranlage gesichert. Vom Brückentor führt der Weg entlang der Zwingermauern durch zahlreiche Torbauten zum eigentlichen Kern der Anlage.

Das Luftbild verdeutlicht, daß dieser zentrale Burgkern ebenfalls von einer umlaufenden Ring- oder Mantelmauer umgeben war, die in der Ostseite neben einem die Mauer verstärkenden Turm ihren Eingang hat. Direkt an die Außenmauern sind die teilweise noch mehrere Stockwerke aufragenden Burghäuser angelehnt, die den Gemeinern als Wohnung dienten. Einige der Häuser haben sich ihren wehrhaften Charakter bewahrt und vermitteln einen guten Eindruck von der Wohnkultur des 14. und 15. Jahrhunderts. Die Reste romanischer Torbögen zu den Kellern, die Kamine, Abortanlagen und Fensternischen aus unterschiedlichen Epochen, vervollständigen das Bild dieser Wohntürme.

Die dichte Bebauung ergab natürlich recht beengte Verhältnisse, so daß lediglich beim Burgtor und rings um die zentral gelegene Zisterne ein wenig Platz für einen kleinen Burghof war.

Den Freilegungs- und Restaurierungsarbeiten eines in den vergangenen Jahren rührigen Burgenvereines ist es zu verdanken, daß diese wohl interessanteste Ganerbenburg der Pfalz zu einem außerordentlich lohnenden Ausflugsziel geworden ist.

# Die
# Burg Montfort

# Die
# Moschellandsburg

Seit mehr als 800 Jahren wird der felsige Berg südlich der Stadt Obermoschel von der Burg Landsberg gekrönt, die den meisten Pfälzern besser unter ihrem volkstümlichen Namen Moschellandsburg bekannt ist. Die 160 Meter über der Talsohle gelegene mächtige Feste, die wahrscheinlich von Graf Emich II. von Schmidburg errichtet wurde, diente insbesondere seit dem 15. Jahrhundert dem Schutze des einträglichen Silber- und Quecksilberbergbaues, der in der näheren Umgebung und am Burgberg betrieben wurde.

Der Gründer der Wehranlage vererbte Burg Landsberg an einen seiner Söhne, den Grafen Gerlach I. von Veldenz, dessen Nachkommen bis in das 15. Jahrhundert die Feste als Lehen des Bischofs von Worms innehatten. Erst mit dem Tod des letzten Veldenzers, des Grafen Friedrich III., gelangte die Burg zusammen mit der Feste Lichtenberg bei Kusel 1444 in die Hand der Pfalzgrafen von Pfalz-Zweibrücken. Das einzige Kind des Friedrich III., seine Tochter Anna, hatte nämlich den Pfalzgrafen Stefan, einen Sohn des deutschen Königs Rupprecht, geheiratet.

Von den im 13. und 14. Jahrhundert von den Veldenzern mit der Burghut betrauten Burgmannen seien stellvertretend genannt: Hellwig, genannt von Landisberg (1256), Ritter Balduin von Landesberg (1263), Ruland von Landsberg (vor 1268), Wilhelm von Acker (1323) und Heinrich Hacker, Ritter von Landesberg (1332).

Der Übergang an die Grafen von Pfalz-Zweibrücken war der Beginn der eigentlichen Blütezeit der Moschellandsburg. Der Sohn des Stephan, Herzog Ludwig der Schwarze, auch der "Veldenzer" genannt, machte die Burg zum Mittelpunkt seiner Grafschaft, die sich im Laufe der nächsten Jahre und Jahrzehnte zu einer beachtlichen Macht im Südwesten des Reiches entwickelte. Der Herzog, der seinen Wohnsitz auf die Burg verlegt hatte, wandte beträchtliche Geldmittel auf, um das Bergschloß auszubauen. Es entstanden dabei aber nicht nur Wohnbauten, sondern vor allem hochmoderne Fortifikationen, die den todbringenden Feuerwaffen trotzen konnten.

Die Probe aufs Exempel kam im Jahre 1661, als Herzog Ludwig mit dem Kurfürsten Friedrich I., genannt dem "Siegreichen", in Konflikt um die Vormacht in der nördlichen Pfalz geriet. Die neuerbauten Türme und Mauern hielten tatsächlich dem Ansturm der kurfürstlichen Truppen stand, so daß der sieggewohnte Pfälzer unverrichteter Dinge wieder abziehen mußte. Zehn Jahre später endete der erneute Versuch der Kurpfälzer mit einem Unentschieden; die Belagerung wurde auf dem Verhandlungswege beendet. Trotzdem reimte der Biograph

und Hofpropagandist Friedrichs, der bekannte Michel Behaim: "Er (der Herzog) ergab sich gar und gentzlich". Auch im Jahre 1512 scheint die Burg nur knapp der Zerstörung entgangen zu sein, denn dem Ritter Ruprecht von Randeck war es gelungen, das "schloß Landsperg" in einer nebligen Nacht im Handstreich zu nehmen und sich vorübergehend in dem Bergschloß festzusetzen.

Bis zum Anfang des 17. Jahrhunderts diente die Wehranlage als Witwensitz der Zweibrücker Herzoginnen und von 1618 bis 1681 als Residenz der pfalzgräflichen Seitenlinie von Landsberg.

Im Dreißigjährigen Krieg sollte sich das Blatt für die Moschellandsburg endgültig wenden. Den Spaniern, die bereits 1620 die mittlerweile veraltete Renaissancefestung ohne nennenswerte Gegenwehr besetzt hatten, folgten 1631 die Schweden, deren Soldaten fast vier Jahre auf der Burg stationiert waren. Sie wurden von General Tillys Kroaten ersetzt, die 1635 das schwedische Kontingent in die Flucht geschlagen hatten. Die alte Wehranlage war von dem ständigen Besitzerwechsel und der permanenten Stationierung fremder Truppen derart in Mitleidenschaft gezogen worden, daß der regierende Herzog nach dem Abzug der Besatzungstruppen im Jahre 1646 seine Stammburg "gantz in Ruin" vorfand.

Pfalzgraf Friedrich Ludwig war gezwungen, enorme Summen in das teilweise eingeäscherte Bergschloß zu stecken, um die Wohn- und Wehrbauten wiederherzustellen oder neu zu errichten. Die "Muschel-Landsberg", von deren Aussehen im ausgehenden 17. Jahrhundert ein Stich von Mathäus Merian kündet, war seit 1681 von der Witwe des Pfalzgrafen Friedrich Ludwig bewohnt. Doch die alte Dame konnte sich nicht lange ihres Ruhesitzes erfreuen, denn am Ende des Pfälzischen Erbfolgekrieges wurde das "Hauß Landsberg" von französischen Truppen besetzt. Deren Kommandeur, der von seinem Oberbefehlshaber Marschall Marquis de Boufleur den Befehl hatte, lediglich die Verteidigungsanlagen zu schleifen und die herzogliche Wohnung zu schonen, ließ gleichwohl das gesamte Bergschloß sprengen und niederbrennen. Die Moschellandsburg ist seitdem Ruine.

Zu den ältesten Burgteilen der Moschellandsburg gehört ihr Wahrzeichen, der hochaufragende Rest eines gewaltigen Bergfriedes. Vom Aussehen des aus Bruchsteinen erbauten Turmes, der an seinen Ecken Buckelquader mit Randschlag (12./13. Jahrhundert) aufweist, sind wir dank eines Stiches von Mathäus Merian recht gut unterrichtet. Der ehemals rechteckige Wehrturm, dessen Nordwestseite noch drei Geschosse hoch erhalten ist, besaß ein auffallend steiles Satteldach mit vier kleinen Erkertürmchen an den Ecken. Aus der gleichen Zeit stammen wohl auch die Reste der Schildmauer, die sich vor dem Bergfried entlang der Ostseite der Burg (Angriffsseite) erstreckte. Sie bestand aus dem aufgehenden

Felsen und einer Quaderverblendung, die sich teilweise erhalten hat. An das Innere dieser Mauer, die die dahinterliegenden Wohn- und Wirtschaftsbauten der Kernanlage zu decken hatte, waren direkt Gebäude angelehnt, deren Fundamentmauern und Kellergewölbe noch sichtbar sind.

Im 16. Jahrhundert wurden die Schildmauer und eine vorgelegte Zwingermauer durch einen halbrunden Geschützturm verstärkt. Merians Stich gibt auch hier Auskunft über das einstige Aussehen dieses Batterieturmes. Er war mindestens dreigeschossig, hatte zwei übereinander liegende Schießscharten und besaß ein kegelförmiges Dach mit einem aufgesetzten Türmchen.

Vor der verstärkten Schildmauer befand sich der tiefe Halsgraben, der heute vollkommen verfüllt ist. Eine Zugbrücke, die von einem Torturm gesichert war, gewährleistete den Zugang zur unteren Burg. Während von der Brücke keinerlei Reste zu sehen sind, haben sich vom Turm die Fundamente erhalten. Ganz in der Nähe dieser Toranlage fallen dem aufmerksamen Betrachter polygonale Quader in das Auge, die die untere Schicht einer den Burgweg flankierenden Mauer bilden. Sie könnte, wie Günther Stein mutmaßt, Teil einer Vorgängerburg des 10./11. Jahrhunderts sein. Ein zweites Tor (im Luftbild rechts) sicherte den Zugang zu einer Zwingeranlage, die die gesamte Oberburg umschloß. An der Westseite erhob sich im Verlauf der Zwingermauer ein gewaltiger, runder Geschützturm, dessen Innendurchmesser nicht weniger als 10 Meter betrug (im Luftbild vorne).

Die übrigen Gebäude dieser westlichen Vorburg sind bis auf geringe Reste völlig verschüttet. Dagegen hat sich von der dritten Toranlage (hinter dem Gittermast) das Untergeschoß eines Turmes erhalten, durch das man in den Kernbereich der Moschellandsburg gelangt. Fundamente, Kellergewölbe und Trümmer künden dort von den einstigen Wohnbauten.

**Z**usammen mit dem Trifels, dem Berwartstein und dem Hambacher Schloß gehört die Feste Nannstein zu den wohl bekanntesten Burgen der Pfalz. Diesen Ruhm verdankt die spätere Sickingerburg weder ihrer strategisch günstigen Lage noch ihrem recht hohen Alter, sondern vielmehr ihrer spektakulären Belagerung im Jahre 1523. Dieses Datum ist nämlich nicht nur mit dem Tod des Verteidigers Franz von Sickingen identisch, sondern war auch gleichbedeutend mit dem Ende der befestigten Bergschlösser in der Pfalz.

Mit ziemlicher Sicherheit ist die Burg älter als die erste urkundliche Erwähnung von 1189 vermuten läßt, doch ist die oft genannte Jahreszahl 1162 nicht mit letzter Sicherheit bewiesen. Ein erster Burgmann, der sich nach der Feste benennt, wird 1190 mit Albert de Nannenstein bekannt. Er war ein Lehensmann der berühmten Herren von Bolanden war.

In der Mitte des 13. Jahrhunderts begegnen uns zahlreiche Niederadelige, die den Namenszusatz "Nannestein", "Nannenstuhl" oder auch "Nannestal" führen. Die Burg war damals im Besitz der Herren von Dhaun zu Oberstein und gelangte nach deren Aussterben mit "allen Rechten und Zubehörden" als erledigtes Reichslehen im Jahre 1322 an die Grafen von Zweibrücken-Bitsch. Diesen Rechtsakt, den der Gegenkönig Friedrich der Schöne vorgenommen hatte, korrigierte jedoch bereits im darauffolgenden Jahr Kaiser Ludwig der Bayer, der die starke Feste an den Rauhgrafen Konad IV. von Altenbaumburg übergab.

Besonders im 14. und 15. Jahrhundert waren die Besitzverhältnisse der Feste Nannstein und ihrer Zubehörden außerordentlich verworren. Die Burg war nun nicht mehr im Alleinbesitz eines Adelsgeschlechtes, sondern wurde unter viele Herren aufgeteilt, die ihre Anteile teilweise an Dritte weiter-verpfändeten. Die wichtigsten Burgeigner jener Zeit waren die Grafen von Sponheim, Veldenz, Leiningen und Zweibrücken, sowie die Wildgrafen und der Ritter Heinrich Eckbrecht von Dürkheim.

Die für die weitere Burggeschichte bedeutsamsten Besitzwechsel fanden jedoch am Anfang und am Ende des 15. Jahrhunderts statt. Im Jahre 1409 hatten die Grafen von Sponheim ihren Anteil an der Feste Nannstein an das elsässische Geschlecht der Puller von Hohenburg verpfändet. Genau dieses Viertel der Burg war auf dem Erbwege 1482 in die Hände der Herren von Sickingen gelangt, als der kurpfälzische Großhofmeister Schweikhardt von Sickingen die letzte Hohenburgerin geheiratet hatte. Aus dieser Ehe ging kein Geringerer als der berühmte Franz von Sickingen hervor, dessen Wirken für den Nannstein erhebliche Auswirkungen haben sollte. Der Reichsritter trat 1504 das Erbe des im Bayrischen Erbfolgekrieg gefallenen Vaters an, und es gelang dem erfolgreichen "Geschäftsmann" ab 1518 nach und nach die gesamte Feste zu erwer-

ben. Kaum in den Alleinbesitz der Burg gekommen, entwickelte Franz von Sickingen eine geradezu rastlose Bautätigkeit. Die umfangreichen Um- und Neubauten, die alle der Entwicklung der Feuerwaffen angepaßt waren, kamen einem Neuaufbau gleich. Von besonderer Bedeutung war die Errichtung des "Großen Rondells", das zu den stärksten Geschütztürmen seiner Zeit zählte. Ähnlich wie seine adeligen Zeitgenossen, hielt Franz von Sickingen den zum Bergschloß umgestalteten Nannstein für militärisch sicher. Das erwähnte Rondell glich durch seine immense Höhe die für die Burg so gefährliche Überhöhung des südlich gegenüberliegenden Bergkammes aus. Genau so unübersehbar wie die Umbaumaßnahmen des Reichsritters waren aber auch die Schäden, die er der Feste durch sein politisches und militärisches Handeln zufügte.

Im sogenannten "Reichsritterkrieg", den Franz von Sickingen gegen den Kurfürsten Ludwig V. von der Pfalz, den Erzbischof von Trier und den Landgrafen Philipp von Hessen 1522/23 vom Zaun gebrochen hatte, wurde die Burg belagert und von der starken Artillerie der Fürsten weitgehend zerstört. Franz von Sickingen schien anfangs von den elf schweren Geschützen seiner Gegner nicht all zu sehr beeindruckt gewesen zu sein, denn er hatte seinen Kontrahenten ausrichten lassen: "Ich höre, er habe new Geschütz, so habe ich newe Mauern, wir wollen es miteinander versuchen". Der Optimismus des Reichsritters war allzu groß. Er, der sich allein auf seine kurz vor Kriegsbeginn hastig aufgeworfenen Mauern verlassen hatte, erlitt in den Trümmern des großen Rondells eine so schwere Verletzung, daß er bald darauf verstarb.

Im Auftrag der Pfalzgrafen verwalteten kurpfälzische Amtleute aus Kaiserslautern den eroberten Nannstein und das dazugehörende sickingische Groß- und Kleingericht. Erst 19 Jahre später erhielten die Söhne des Verlierers den Nannstein als Lehen der Kurfürsten von der Pfalz zurück und begannen mit dem Wiederaufbau. Der Enkel des Reichsritters, Reinhard von Sickingen, vollendete 1595 den Bau. Von seiner einstigen Pracht kündet ein Stich des bekannten Kupferstechers Mathäus Merian.

Nach dem Fall von Kaiserslautern im Jahre 1635 zog der kaiserliche General Gallas vor die Tore der Stadt Landstuhl und zwang die Verteidiger rasch, Stadt und Feste zu übergeben. Bis 1643 blieben die Kaiserlichen im sickingischen Territorium, das sie anschließend an lothringische Einheiten übergaben. Diesen scheint der Aufenthalt wohl bekommen zu sein, denn sie räumten auch nach dem Westfälischen Frieden nicht die einmal gewonnene Position. Dies wurde der Burg zum Verhängnis, denn Kurfürst Karl Ludwig, der die Lothringer 1668 mit Waffengewalt vom Nannstein vertrieben hatte, ließ die Befestigungen schleifen. Die endgültige Zerstörung des Bergschlosses führten 1689 die Franzosen herbei, als sie die Wohnbauten sprengten.

Seit dem 18. Jahrhundert verfiel die Burg immer mehr. Dem konnte erst in der Mitte des 19. Jahrhunderts Einhalt durch erste Sicherungs- und Freilegungsmaßnahmen geboten werden. Dies fand seine Fortsetzung in den dreißiger Jahren unseres Jahrhun-

derts, und in der jüngsten Vergangenheit. Die ältesten Baulichkeiten des Nannstein sind meist den vielen Aus- und Umbauten sowie Zerstörungen zum Opfer gefallen. Erhalten haben sich aus der ältesten Zeit lediglich einige Felsenkammern und die Schildmauer. Vor dieser hohen Mauer, die den Felsen der Hauptburg ummantelt, befand sich früher ein breiter Halsgraben, der 1860 zugeschüttet worden ist. Am südlichen Ende dieser Fortifikation erhebt sich der teilweise wiedererrichtete Turmstumpf des "Großen Rondells", das 1518 Franz von Sickingen errichten ließ. In die bis zu 6 Meter starken Außenmauern sind Schartenstände eingebaut, die zur Aufnahme von Kanonen bestimmt waren. Leider wird das Bild dieser bemerkenswerten Befestigung heute von den im Luftbild gut sichtbaren modernen Einbauten beeinträchtigt.

Der alte Burgeingang befindet sich unterhalb der südlichen Verbindungsmauer zwischen dem großen und dem kleinen Rondell. An der ehemaligen Toranlage, die in eine starke Mauer eingelassen ist, hat sich ein Wappenstein der Sickinger (fünf Kugeln) ebenso erhalten wie die beiden rechts und links der Einfahrt eingebauten Geschütznischen, deren schön profilierte Maulscharten den Betrachter noch heute beeindrucken. Direkt dahinter erkennt man die Grundmauern des ehemaligen "Sternwerkes", einer nach Süden vorgeschobenen Bastion, die mit der Stadtmauer verbunden war. Weitgehend verschwunden sind die Gebäude und Zwinger der Vorburg sowie ein 1595 erbautes turmartiges Haus. Erhalten sind dagegen die im Luftbild gut sichtbaren Grundmauern der Burgkapelle und des anschließenden Torhauses, hinter dem eine neuzeitliche Treppe den Zugang zur oberen Burg ermöglicht.

Auf der Rückseite der Schildmauer war ein großes Gebäude an den Felsen gelehnt. Über dessen wohlerhaltenen Kellergewölben lag der rechteckige "Speisesaal" und die "Küche". Der dahinterliegende Treppenturm diente als Zugang zu den Obergeschossen des großen Batterieturmes.

Im Gegensatz zur Südostseite des langen schmalen Felsens, der einst die Oberburg trug, hat sich an der Nordseite ein größerer Ruinenkomplex des Renaissanceschlosses erhalten. Besonders bemerkenswert ist hier der südliche Eingang des Treppenturmes, dessen Tür in der Form eines "Vorhangbogens" gestaltet ist.

Auf dem Plateau des Burgfelsens ist außer den Resten der Ringmauern lediglich der aufragende Stumpf eines ehemaligen Wartturmes erhalten geblieben.

# Die
# Feste
# Nannstein

# Burg
# Neudahn

**D**er hochaufragende monumentale Doppelgeschützturm des 16. Jahrhunderts beherrscht heute das Bild der Burg Neudahn, die sich 90m über der Talsohle auf einem langgestreckten Bergrücken an der Einmündung des Moosbaches in die Wieslauter erhebt. Gleichwohl ist die Feste erheblich älter, denn sie wurde wahrscheinlich bereits in der ersten Hälfte des 13. Jahrhunderts von dem speyerischen Ministerialen Heinrich Mursel von Tan (=Dahn) errichtet. Die hochmittelalterliche Anlage wechselte aber rasch den Besitzer, denn sie gelangte nach erheblichen Erbauseinandersetzungen zusammen mit der nahegelegenen Burg Altdahn 1327 nach dem Aussterben der Nachkommen des Heinrich Mursel als Lehen des Bistums Speyer in den Besitz des Ritters Johann III. von Altdahn. Nach dessen Tod empfing sein zweiter Sohn Heinrich das Lehen zusammen mit drei Vierteln der Burg Tanstein. Von diesem Heinrich, der sich fortan nach der Burg "von Neutan" nennen sollte, gelangte das feste Haus wiederum als speyerisches Lehen an dessen ältesten Sohn Johannes V., der allerdings nur wenig Glück mit seinem Besitz zu haben schien. Die Burg wurde wahrscheinlich im sogenannten Vierherrenkrieg beschädigt, und vermutlich bezieht sich ein 1438 geschlossener Vergleich zwischen Heinrich von Neutan, dem Jungen, und Heinrich von Gerolseck wegen "des durch unglück verbrennten schloß than" auf die Feste über der Wieslauter. Dagegen verhinderte während der Sickingischen Fehde das Verhandlungsgeschick des Heinrich von Dahn das endgültige "Aus" von Neudahn. 1523 waren nämlich im Anschluß an den Fall der Feste Nannstein die verbündeten Fürsten mit ihrer überlegenen Artillerie zur Burg Neudahn gezogen und hatten vom Burgherrn, der ein Anhänger Franz von Sickingens war, ultimativ die Übergabe des festen Hauses gefordert. Der Herr von Neudahn konnte aber in letzter Minute die angedrohte Einäscherung abwenden, mußte jedoch eine sechswöchige Besetzung seiner Feste hinnehmen.

Allen Zerstörungen zum Trotz wurde die Burg immer wieder neu aufgebaut und insbesondere in der ersten Hälfte des 16. Jahrhunderts den geänderten militärischen Erfordernissen der Zeit angepaßt. Die Baumaßnahmen waren dabei so umfangreich, daß dies fast einem Neubau gleichkam. Sicherlich nicht der erste, aber doch wohl der wichtigste Gast in der neuen starken Feste war der französische König Heinrich II., der während eines Kriegszuges bei dem Burgherren Christoph von Dahn nächtigte, als "eben seine Hausfrau in der kindbeth lage".

Erst mit dem Tod des letzten Herren von Dahn, des "edel und vest" Ludwig von Dahn, endete 1603 die Herrschaft dieses ehemaligen Ministerialengeschlechtes über die Burg und ihre Zubehörden, die als Lehen der Bischöfe von Speyer an das Hochstift zurückfielen. Zur Verwaltung ihrer Güter setzten die geistlichen Herren daher einen fürstbischöflichen Amtskeller (Verwalter) ein, der seinen Sitz auf Neudahn hatte. Dies sollte sich erst nach der Zerstörung der Burg im Pfälzischen Erbfolgekrieg ändern, als der Beamte seinen Dienstsitz nach Dahn verlegen mußte.

Johann Georg Lehmann berichtet, daß das Aussterben im Mannesstamm der Herren von Dahn nicht nur besitzrechtliche, sondern auch kirchenrechtliche Konsequenzen nach sich zog. Das Hochstift machte von seinem Recht Gebrauch, den evangelischen Gottesdienst abzuschaffen und den katholischen einzuführen.

Neudahn, das den ganzen Berggipfel einnimmt, zerfällt in eine obere und eine untere Anlage. In der Mitte und an der Westseite des Gipfelplateaus erhebt sich ein abgearbeiteter mächtiger Felsklotz, der wohl die ursprünglich spätstaufische Anlage trug. Die recht große Unterburg ist dagegen späteren Perioden zuzurechnen.

Der Hauptzugang zur unteren Burg befindet sich an der Südostseite. Der Torbau selbst ist zwar weitgehend verschwunden, doch verdeutlicht der Rest eines runden Flankierungsturmes mit seinen vier Scharten die Wichtigkeit, die man diesem Burgteil beimaß. Zusätzlichen Schutz gewährte der östliche der beiden Batterietürme, durch dessen schön gearbeitete Maulscharten der Eingangsbereich unter direkten Beschuß genommen werden konnte.

Von der Toranlage ausgehend umzog eine recht starke Ringmauer das gesamte Areal bis zu einem weiteren Flankierungsturm, der in exponierter Lage den Nordabhang sicherte.

Zwischen dieser äußeren Ringmauer und dem Kernwerk sind im Hof Fundamentreste und aufgehendes Mauerwerk sichtbar, die auf eine Zwingeranlage schließen lassen. Neben diesen Fortifikationen ist noch ein spätmittelalterlicher Wohnbau bedeutsam, der sich zusammen mit einem ehemals verputzten Treppenturm an den nördlichen Burgfelsen anlehnt, sowie ein Brunnen, der der Wasserversorgung diente.

All diese Baulichkeiten stehen jedoch hinter den mächtigen viergeschossigen Batterietürmen zurück, die in der ersten Hälfte des 16. Jahrhunderts als Verstärkung der bereits bestehenden Verteidigungsanlagen errichtet wurden. Die in den letzten Jahren restaurierten Türme, die durch einen fast gleich hohen Bau verbunden sind, beherrschen die gefährdeten Süd- und Ostseiten der Feste. Dabei fiel dem östlichen der beiden 24 Meter hohen Geschütztürme die wichtigere Aufgabe zu, denn er hatte nicht nur die Teile der südlicheren und östlichen Angriffsseite zu decken, sondern auch den Bereich des Hauptzugangstores. Entsprechend dieser "Multifunktion" ist dieser Turm erheblich stärker und hat überdies einen größeren Durchmesser.

Über eine Schneckenstiege im südlichen Turmbau erreicht man sowohl die unteren, teilweise eingewölbten drei Geschosse, die als Geschützkammern dienten, als auch die Oberburg. Eine wohl nachträglich eingebaute ähnliche Treppe ermöglicht den Zugang zum Obergeschoß.

Von der ältesten Anlage, die sich auf dem ringsum senkrecht abgearbeiteten Felsplateau befand, sind neben einer Zisterne lediglich die südlichen Umfassungsmauern des Palas mit ihren Fenster- und Türöffnungen erhalten. Das übrige Mauerwerk ist dagegen bis auf die Grundmauern zerstört.

Auf dem Luftbild ist eine weitere Besonderheit dieser Bergfeste recht gut sichtbar, nämlich eine vorgelagerte, freistehende keilförmige Bastei. Die untere Ebene dieser in der Pfalz sonst unbekannten Fortifikationsform bildet ein fast ovaler Felsen, der ringsum mit Buckelquadern verkleidet war. Darüber erhebt sich, etwas zurückgezogen, der eigentliche Wehrbau. Zwei spitzwinklig aufeinander zulaufende Mauern mit drei Schießscharten, eine davon in der Spitze, zeigten dem Angreifer ihr abweisendes scharfkantiges Profil. Diese vorgezoge Defensivstellung bildete zusammen mit den dahinterliegenden Batterietürmen ein für die damalige Zeit fast unüberwindliches Bollwerk.

Die Restaurierungsarbeiten der Dreißiger Jahre unseres Jahrhunderts und die seit 1976 vorgenommenen umfangreichen Sicherungs- und Rekonstruktionsmaßnahmen haben Neudahn zu einem emfehlenswerten Ausflugsziel werden lassen.

# Die Burg
# Neuleiningen

Die Burgruine Neuleiningen, jedem Autofahrer, der die Bundesautobahn Mannheim—Saarbrücken benutzt als malerisches Ensemble mit dem gleichnamigen Ort wohlbekannt, nimmt unter den mehr 500 pfälzischen Burgen eine ausgesprochene Sonderstellung ein, da sie nach byzantinischem, arabischem oder westeuropäischem (Frankreich/England) Vorbild errichtet zu sein scheint. An und für sich ist ein rechteckiger oder quadratischer Grundriß, wie er bei der 1293 "Liningen novus" genannten Feste vorhanden ist, an spätsalischen oder staufischen Wehranlagen häufig zu finden, doch fehlen bei all diesen älteren oder gleich alten Burgen gerade jene charakteristischen runden Ecktürme, die das Bild des Bergschlosses noch heute prägen.

Graf Friedrich III. von Leiningen gilt als Bauherr dieser in der Pfalz außergewöhnlichen Feste, die nicht nur zur Zeit ihrer Erbauung, sondern auch im 15. Jahrhundert als eine der stärksten Burgen der Pfalz galt. In der ersten Hälfte jenes Jahrhunderts hatte nämlich Landgraf Hesso von Leiningen/Dagsburg "Nuwen Liningen" unter Einbeziehung des Städtleins (1354 Stadtrecht!) zur Festung ausgebaut und modernisiert.

Die auf Sausenheimer Gemarkung erbaute Burg hatte im Laufe der Jahrhunderte die unterschiedlichsten Besitzer und erlitt ein wechselvolles Schicksal. Spätestens seit 1308 war das "Feste Haus" ein Lehen des Bistums Worms und im Jahre 1371 kam ein Viertel der Wehranlage auf dem Pfandwege in den Besitz der Grafen von Leiningen-Dagsburg. Das Aussterben dieser Seitenlinie des Leininger Grafengeschlechtes nutzte sofort Emich VII., um sich 1467 den leiningisch-dagsburgischen Anteil zu sichern. Ein Vorgehen, das nicht nur juristische Schritte, sondern handfeste kriegerische Auseinandersetzungen nach sich zog, denn die Wormser Lehensherren waren mit einem solchen Verhalten ganz und gar nicht einverstanden. Mit Hilfe der Kurpfalz suchten die Bischöfe den alten Zustand wieder herzustellen. Die Leininger hatten denn auch den militärischen Mitteln des Kurfürsten Friedrich I. nur wenig entgegen zu setzen, so daß Michel Beheim, der Hofpropagandist des Kurfürsten, in seiner Reimchronik "Wie Nuwenlinningen gewunnen ward" nicht nur vermerken konnte "sloss mit dem Stettlin" (Städtlein) seien in der Gewalt seines Herren, sondern auch triumphierend dichtete, sein Herr sei "zu dem halben teil (der Burg) kumen".

Ein bedeutsamer Einschnitt in der weiteren Burggeschichte war das Jahr 1508, in dem die seit Landgraf Hessos Tod schwelenden Streitigkeiten mit einem Vergleich endeten. Die kurpfälzische Hälfte wurde als Lehen an die Grafen von Leiningen abgetreten, so daß seit diesem Zeitpunkt sowohl leiningische als auch Wormser Amtleute die Burg gemeinsam verwalteten. In einem Vertrag wurden die Einzelheiten festgelegt. Die Wormser erhielten den Wohnbau an der Südseite der Ringmauer, während den Leiningern der westliche Palas zustand. Neben solchen vertraglichen Abgrenzungen gab es aber auch eine optische: die Grafen verputzten ihren Burganteil, während der bischöfliche Bereich weiterhin die Sandsteinquader zeigte.

Nach Pest und Einquartierungen im Dreißigjährigen Krieg kam im pfälzischen Erbfolgekrieg das endgültige "Aus" für das Bergschloß; Melacs Truppen äscherten 1690 die Grafenburg ein.

Als Burgstelle erwählten die Grafen von Leiningen den Schloßberg am Eingang des Leininger Tales. Auf dem sich etwa 100 Meter über dem Talgrund erhebenden Gipfel wurde auf dessen höhergelegenem Nordteil die Burg erbaut, der der terrassenförmig angelegte Ort südlich vorgelagert wurde. Deutlich sind die eigentliche Hauptburg und die doppelt so lange Vorburg voneinander getrennt. Letztere, im 15. Jahrhundert der hochmittelalterlichen Burg zugefügt, dient heute als Parkplatz. Erhalten haben sich lediglich die nördliche Ringmauer mit dem Rest eines rechteckigen, innen offenen Mauerturmes und an der Nordostecke der Stumpf eines runden Flankierungsturmes. Der nördlich vorgelagerte Zwinger ist ebenso wie die südliche Begrenzung weitgehend abgegangen. Die Burgkapelle, die in der katholischen Pfarrkirche St. Nikolaus aufgegangen ist, befand sich früher innerhalb dieses Beringes. Von jener alten Kapelle, genannt die Grafenkapelle, hat sich aber lediglich das Schiff erhalten, das zu Beginn des 15. Jahrhunderts um den Chor, eine Seitenkapelle und den Westturm erweitert wurde.

Die Vorburg und die Kernanlage waren durch einen heute verschütteten tiefen Graben voneinander getrennt. Mit Hilfe einer Zugbrücke konnte dieses Hindernis überwunden und der Eingang in der Ostmauer erreicht werden. Geschützt wurde das Tor sowohl durch die beiden Rundtürme als auch durch die zahlreichen hohen, schmalen Schießscharten für Bogenschützen, deren innere Zugänge im Bilde links des Tores gut sichtbar sind. Ähnliche Scharten finden sich in der Süd- und der Nordmauer.

An die Ringmauern waren die Wohngebäude angelehnt, deren wichtigstes der gräfliche Palas auf der Westseite war. Von diesem Bauteil hat sich insbesondere der hohe, abgetreppte Nordgiebel erhalten. Die Reste eines Erkers und spitzbogige, teilweise gepaarte Fenster bestimmen das äußere Bild. Neben den Schartenständen im Untergeschoß ist noch ein bis zur Giebelspitze reichender Kaminschacht von Bedeutung.

Das zweite große Wohngebäude der Burg, in dem sich ein "schöner gewölbter und verzierter Saal" befand, stand dem Bischof von Worms zu. Leider ist dieser gerühmte Raum ebenso wie der darüberliegende große Kornspeicher vollkommen zerstört. Erhalten ist dagegen der gewaltige Keller, dessen Tonnengewölbe das Staunen der Betrachter erregt. Er dient heute als Gastraum der Burgwirtschaft.

An die gegenüberliegende Nordseite war ein weiteres Gebäude angebaut, dessen Fundamente auf dem Luftbild gut sichtbar sind. Es dürfte sich um Wirtschaftsgebäude gehandelt haben. Leider sind sonstige nennenswerte Bauteile im Burginnern nicht mehr vorhanden, da „Aufräumungsarbeiten" und der Einbau eines Burgtheaters den Baubefund nachhaltig gestört haben.

Die interessantesten Baulichkeiten sind aber zweifellos die vier dreiviertelrunden Ecktürme, die durch starke Ringmauern verbunden sind. Der Vorteil dieser Bauweise liegt auf der Hand, garantierten doch die vorspringenden Wehrtürme ein flankierendes Bestreichen der zwischen den Türmen verlaufenden Mauern. Der Angreifer konnte damit sowohl frontal als auch von der Seite unter Beschuß genommen werden. Selbstverständlich hatten die Baumeister bei der Errichtung der Flankierungstürme den militärtechnisch zwingend notwendigen Abstand von weniger als 40 Meter von Turm zu Turm berücksichtigt, da nur eine solche Entfernung hinreichende Treffsicherheit bot. Bedeutsam ist auch der Verzicht auf einen ausgesprochenen Bergfried, der bei den meisten pfälzischen Wehranlagen jener Zeit entweder freistehend in der Mitte der Burg, oder aber mit der Schildmauer verbunden, errichtet worden ist. Günther Stein nimmt allerdings begründet an, daß der nordwestliche Turm (im Bilde links vorne) möglicherweise die Funktion eines Bergfriedes innehatte, da er wegen seiner wesentlich größeren Mauerstärke von den restlichen Türmen doch erheblich abweicht.

Zwei Gründe gibt es, warum man Burg Neuscharfeneck, die oberhalb des Dernbachtales im Walde versteckt liegt, aufsuchen sollte. Erstens ist sie eine der wenigen Höhenburgen, die bequem und ohne Steigungen zu erreichen ist (Ausgangspunkt Wanderparkplatz "Drei Buchen"), zweitens gehört die vorwiegend spätgotische Burg zu den interessantesten Wehranlagen in der Pfalz. Obwohl das äußere Erscheinungsbild der Feste vom 15. und 16. Jahrhundert geprägt ist, sind die Ursprünge der ritterlichen Behausung gleichwohl erheblich älter. Schon der Burgname deutet dies an, denn er verweist mit der gebührenden Deutlichkeit auf eines der ältesten und berühmtesten Ministerialengeschlechter im pfälzischen Raum, nämlich die Herren von Scharfenberg.

Als die eigentlichen Gründer der Burg, die auf einem Ausläufer des Kalkofenberges liegt, gelten Johann von Scharfeneck-Metze, ein Nachkomme jenes Berthold von Scharfenberg, der auf dem Trifels um 1100 residierte und dessen Sohn Konrad III., der als Bischof und Reichskanzler mehreren Kaisern und Königen gedient hatte. Beide hatten ihren Sitz in unmittelbarer Nähe der Feste, der eine auf der im 11. Jahrhundert gegründeten Trabantenburg des Trifels, der Burg Scharfenberg, der andere auf Alt-Scharfeneck bei Frankweiler. Seit dem Ende des 19. Jahrhunderts wird allgemein angenommen, die neue kleinere Burg sei um 1232 als Vorwerk zum größeren, nur drei Kilometer entfernten Stammhaus errichtet worden. Für die enge Verbindung der beiden Wehranlagen spricht, daß auch in den nächsten Jahrhunderten keine unterschiedliche Entwicklung in der Besitz- und Herrschaftsstruktur zu erkennen ist. So gerieten auch beide Burgen gemeinsam in den Herrschaftsbereich der Kurpfalz, denn im Jahre 1363 hatte Johann IV. von Scharfeneck "seinem Herren" Ruprecht I. das Öffnungsrecht an den Burgen eingeräumt und ihn als Lehensherrn anerkannt. Dies sollte aber erst im Jahre 1416 Auswirkungen haben, als der Truchseß Friedrich von Scharfeneck ohne Leibeserben starb und die ganze Herrschaft samt den Burgen als "heimgegangenes Lehen" an Kurpfalz fiel. Während Alt-Scharfeneck in andere Hände geriet, baute Kurfürst Friedrich I. der Siegreiche von der Pfalz die bisher eher bescheidene stauferzeitliche Wehranlage zu einer der modernsten Festen ihrer Zeit im süddeutschen Raum aus. Vor allem wurde die gewaltige Schildmauer aufgemauert, deren zahlreiche Felsenkammern zur Aufnahme moderner Geschütze bestimmt waren. Noch bedeutsamer als die Modernisierung der Burg war allerdings die Übertragung von "Scharpffeneck das slos und Herschafft mit aller Herrlichkeit nutzung und zugehorde Lehenschaft und rechtikeit nichts usgenomen" im Jahre 1477 an den natürlichen (=nichtehelichen) Sohn des Friedrich I. durch den Kurfürsten Philipp den Aufrichtigen. Dieser illegitime Sproß aus kurpfälzischem Haus, der 1488 zum rechtmäßigen Sohn erklärt und 1494 in den Grafenstand erhoben worden war, wurde zum Gründer der neuen Linie Löwenstein-Scharfeneck, die die Geschicke der Burg von nun an bestimmen sollte.

Die dauernden Streitigkeiten der Grafen mit den Bauern der umliegenden Dörfer wegen der Waldnutzungsrechte scheinen im Laufe des beginnenden 16. Jahrhunderts derart eskaliert zu sein, daß Graf Friedrich von Löwenstein an Ostern 1525 offensichtlich erhebliche Befürchtungen hegte und sich daher um Pulver für seine Geschütze bemühte. Doch gelang ihm die Bevorratung nicht mehr, und wenige Tage später wurde die Burg von aufgebrachten Bauern eingeäschert. Nach Beendigung des Bauernkrieges erfolgte die Wiederherstellung und Umgestaltung zur Schloßanlage, da der alte Wehr- und Wohnbau den Ansprüchen der Zeit wohl nicht mehr genügte.

Im Dreißigjährigen Krieg kam es allerdings 1633 zum endgültigen Untergang, als "das haus und Schlos Scharpfeneckh … von dem kriegsvolkh mit Pulver zersprengt und in die lufft geschickth worden" ist.

Nichts vermag den Betrachter mehr zu beeindrucken als die 58 m lange und 20 m hohe Schildmauer, die sich abweisend und bedrohlich hinter dem tiefen und sehr breiten Halsgraben an der östlichen Angriffsseite erhebt. Das gewaltige 12 m breite Bauwerk verbirgt hinter sich die fast 150 m lange Wohn- und Wehranlage, von der sich namhafte Reste erhalten haben. Die trapezförmige Gesamtanlage zerfällt in eine Oberburg, eine fast rechtwinklige Kernanlage und eine Vorburg. Der zentrale Burgteil ist – auf dem Luftbild deutlich zu sehen –, von einem 30 Meter langen Felsen geteilt, auf dem sich die älteste Burganlage erhob. Aufgehendes Mauerwerk ist allerdings auf dem Plateau des Burgfelsens nicht mehr zu finden. Parallel zu diesem Felsen, dessen Buckelquaderummantelung sich teilweise erhalten hat, wurde um 1530 ein langgezogener Schloßbau errichtet, dessen schöner balkonartiger Erker an der Westseite sofort auffällt. Die Nordseite dieses schloßartigen Renaissancebaues wird von den beiden heute noch erhaltenen Standerkern beherrscht. Der größere Erker soll eine Kapelle beherbergt haben, während der kleinere als Toilettenanlage diente. Über die Raumeinteilung können keine Aussagen gemacht werden, da das Terrain mit Schutt bedeckt ist. Neben diesem Wohnbau schoben sich zwei langgestreckte Zwingermauern bis zur Rückseite der Schildmauer vor. Zwischen dem Wohnbau und dem Felsen der Oberburg war ein schmaler enger Hof, an dessen Ende nahe der Schildmauer sich ein Brunnenpfeiler mit dem Wappen der Grafen von Löwenstein-Scharfeneck erhalten hat. In die Felswand sind drei unterschiedlich große Wasserbecken eingemeißelt, die als Pferdetränken dienten. In den Felsen eingehauene Ab- und Zuflußrinnen sorgten für die Weiterleitung des Wassers. Über der östlichsten Tränke befindet sich im Innern des Felsens eine nicht zugängliche große Kammer, die den kreisrunden Schacht des in den Felsen geschroteten Brunnens beherbergt. Drei Durchgänge, davon einer durch die Felsbarierre, gewährleisten den Zutritt zur gegenüberliegenden Seite der Burg.

Die auf dem Bilde von Bäumen verdeckte äußerste Vorburg mit ihrer Toranlage ist fast völlig verschwunden. Jedoch wird man vom Anblick der zweiten Toranlage entschädigt, die zusätzlich von einem Rundturm gesichert war. Das spitzbogige Tor, das überdies die Reste eines Gußerkers aufweist, ist der Ausgangspunkt einer langgezogenen Zwingermauer, die innen noch Teile des ehemaligen Wehrganges aufweist. Zwei weitere Tore, deren Fundamente sich erhalten haben, sicherten den Zugang zum inneren Zwinger und damit zur eigentlichen Kernanlage oder aber zur Schildmauer.

Das Innere der Schildmauer ist begehbar, und man gelangt mit Hilfe einer Taschenlampe problemlos in die einzelnen Geschützkammern mit ihren unterschiedlich gestalteten Schießscharten sowie durch einen in den Felsen gehauenen Gang in eine tiefgelegene Felsenkammer, die durch einen schmalen Lichtschlitz dürftig erhellt wird.

Eine Wendeltreppe im Westende der Schildmauer ermöglicht nicht nur den Anblick großer Buckelquader des überbauten Vorgängerbaues, sondern auch das Besteigen der breiten Schildmauerplattform, die eine phantastische Weitsicht nach Süden und Osten bietet.

# Burg
# Neuscharfeneck

# Die Ramburg

Heute wie in früheren Zeiten ist die hochaufragende Ruine der Ramburg auf dem Schloßkopf am Ende des Dernbachtales ein ausgesprochener Blickfang und wird dementsprechend häufig von Wanderern und Burgenliebhabern aufgesucht. Eine Besichtigung wird man sicherlich nicht bereuen, denn aus den "wenigen Überbleibseln", die man vor mehr als 150 Jahren sehen konnte, ist Dank der tatkräftigen Initiative des Ramberger Sängervereines ein sehr sehenswertes Objekt geworden.

Schon im Jahre 1163 wird der erste Ramberger Ritter Dietleibus de Ramesberc als Zeuge einer Rechtshandlung des Abtes Gregorius vom nahegelegenen Kloster Eußerthal genannt. Aus dieser Erwähnung wird im allgemeinen auch die Erstehung der Feste um diese Zeit gefolgert. Doch erst im Jahre 1268, also mindestens vier Generationen später, begegnet uns erneut ein Adeliger, der sich nach dem alten Bergschloß benennt. Dieser Urkunde ist nicht nur der Name Werner von Ramberg zu entnehmen, sondern auch der Titel des Ritters. Er wird in dem Schriftstück ausdrücklich als "Schenk" bezeichnet, und man nimmt allgemein an, daß es sich dabei um das Schenkenamt auf der nicht weit entfernten Reichsfeste Trifels handelt. Da diese Bezeichnung auch in späteren Generationen nachweisbar ist, scheint der Titel in der Reichsministerialenfamilie erblich geworden zu sein.

Den Überlieferungen der nächsten 350 Jahre kann man entnehmen, daß die Niederadelsfamilie mit vielen, teilweise recht mächtigen Ministerialengeschlechtern verwandtschaftliche Bindungen hatte. Dabei ist die Tatsache verblüffend, daß die Beziehungen nach Norden in das Reichsland Lautern genau so ausgeprägt waren wie die nach Süden in das Elsaß. Dementsprechend weitgestreut waren auch die Besitzungen der Ramberger. Der wichtigste Besitz waren allerdings die bereits 1282 und 1292 erwähnten Reichslehen Gommersheim und Freisbach in der Rheinebene.

Nach einem kurzen Zwischenspiel als Dienstleute des Bischofs von Speyer am Endes des 14. Jahrhunderts werden die ehemaligen Reichsministerialen ab 1401 Lehensleute der Kurfürsten von der Pfalz. Diese setzten den Ritter Eberhard vorwiegend im Elsaß ein, so als Vogt von Kaysersberg und Amtmann von Gemar. Es gab allerdings auch gewichtige persönliche Kontakte in das Elsaß, denn der genannte Eberhard war mit einer Tochter der mächtigen Herren von Ochsenstein verheiratet.

Trotz der engen Beziehungen zur Kurpfalz und einzelner Familienmitglieder zu den Bischöfen von Speyer blieb das Ministerialengeschlecht gleichwohl weitgehend selbständig. So verwundert es nicht, daß der deutsche König Friederich IV. im Jahre 1442 den Brüdern Hans und Eberhard die Ramburg als Reichslehen bestätigte. Insbesondere der Ritter Eberhard scheint das Geschlecht letztmals zu hoher Bedeutung geführt zu haben, denn man findet ihn nicht nur in wichtigen Ämtern, sondern 1463 auch als Mitglied der "Heilig-Geist-Gesellschaft", der wichtigsten Adelsgenossenschaft in Pfalz und Elsaß. Von großer Bedeutung sind die beiden 1518 und 1519 ausgestellten Urkunden des Hans von Ramberg, denn sie sind die letzten schriftlichen Zeugnisse dieses alten Rittergeschlechtes. Im ersten Schriftstück beurkundet Hans von Ramberg, als Burghauptmann der Kurfürsten von der Pfalz seine Wohnung auf der Feste Winzingen genommen zu haben. In der zweiten treten Hans und seine Ehefrau die Patronatsrechte an der Heilig-Kreuz-Kapelle in Ramberg an die Käufer ihrer Burg "Rambergk", Philipp und Wolfgang Kämmerer von Dalberg ab, weil dies ihnen "nunmehr ganz ohngelegen ist zu versehen, und in Wesen zu halten nicht wol moglich ist". Hans von Ramberg, der sich somit vollkommen in die Abhängigkeit des Kurfürsten begeben hatte, war der Letzte seines Geschlechtes.

Doch auch die Käufer der Burg, die Herren von Dalberg, erfreuten sich nicht lange ihres Besitzes, denn im Bauernkrieg 1525 besetzte der Kolbenhaufen gewaltsam die Ramburg. Möglicherweise waren die Dalberger nicht in der Lage, die Burg wiederherzurichten, denn bereits wenige Jahre danach verkauften sie das Bergschloß für 4000 Gold- und 300 Silbergulden an den Grafen Friedrich von Löwenstein-Scharfeneck, der auf der gegenüberliegenden Burg Neuscharfeneck residierte. Den Burgverkauf bestätigte 1540 der deutsche König Ferdinand I. als Lehensherr.

Doch auch den neuen Besitzern brachte die Burg nur wenig Vorteile, denn sie waren bereits 1560 gezwungen, die kurz zuvor für 9000 Gulden verpfändete Feste wieder einzulösen und neu aufzubauen. Zwei Blitzschläge hatten den Wohnbau am 31. Mai 1560 getroffen. Wegen Wassermangels konnte der Brand nicht bekämpft werden, so daß das Feuer erst am 3. Juni endgültig erlosch. Das wiederaufgebaute feste Haus wurde im Dreißigjährigen Krieg, ebenso wie Burg Neuscharfeneck, zerstört, so daß noch im Jahre 1661 geklagt wurde, "die ganze Herrschaft ist ganz ödt und wüst und trägt nit soviel ein, daß man einen Diener damit besolden kann". Die Ramburg wurde nicht wieder aufgebaut und ist heute Gemeindebesitz.

Die Burg ist auf dem kegelförmigen, nach drei Seiten steil abfallenden Schloßkopf errichtet worden. An der Westseite ist sie durch einen breiten Sattel mit dem benachbarten Hühnerberg verbunden, so daß nur von dieser Seite mit einem Angriff gerechnet werden konnte. Auf dem Berggipfel erhebt sich ein annähernd rechteckiges Felsplateau, das die Oberburg trägt, bis zu 10 Meter über den eigentlichen Gipfel. Um diesen ringsum senkrecht abgearbeiteten Felsen erstreckt sich mit Ausnahme der östlichen Seite ein Absatz, der früher von einer Ringmauer umfriedet war. Aufgehendes Mauerwerk oder Reste der hier sicherlich vorhandenen Wohn- und Wirtschaftsgebäude sind nicht mehr vorhanden oder im Schutt begraben. Lediglich im südöstlichen Bereich können zwei in den Hauptfelsen eingearbeitete Treppenanlagen besichtigt werden.

Die abwärts führende Treppe erreicht nach wenigen Stufen das rundbogige Eingangstor im Felsen zum tiefgelegenen Keller. Dieser wurde aus dem Felsen herausgeschrotet und beeindruckt noch heute durch seine massiven Stützpfeiler.

Die zweite, auf dem Luftbild leicht erkennbare Treppe, beginnt etwa zwei Meter über dem Niveau der Unterburg und führt aufwärts zum eigentlichen Eingang der Kernanlage. Den Höhenunterschied überwand man wohl mittels einer hölzernen Treppe oder Brücke. Im eigentlichen Eingangsbereich wird eine Besonderheit der Ramburg sichtbar, nämlich der dort befindliche Brunnenraum und der kreisrunde Brunnen, der teilweise vom Palas überbaut ist. Der vor dem Eingang deutlich sichtbare Schacht war möglicherweise ein Wasserreservoir oder diente der Sicherung eines älteren Einganges.

Geprägt wird die Oberburg von der 18 Meter hohen Schildmauer, die die dahinterliegende Wohnanlage zu decken hatte. An die drei Meter dicke Mauer, deren Nordwestseite fehlt, war aus Platz- und Ersparnisgründen der Wohnbau direkt angebaut. Das in der Pfalz recht seltene Zusammenfallen von Schildmauer und Palas sowie das gänzliche Fehlen eines Bergfriedes machen die Ramburg zu einer ausgesprochenen Rarität im Pfälzerwald. Auflagen, Konsolen und Kragsteine an der Innenseite der ehemals verputzten Schildmauer lassen auf sechs Geschosse des Wohnbaues schließen, der damit einem mächtigen Wohnturm glich. Die an der Südmauer sichtbaren symmetrisch angeordneten Fensternischen waren wahrscheinlich mit gepaarten Fenstern versehen. Der Wohnbau war durch eine durchgehende Wand in zwei annähernd gleich große Hälften geteilt. Während an der Südseite eine weitere Untergliederung in drei Räume nachgewiesen werden kann, läßt die andere Hälfte keine gesicherte Aussage zu.

Unterhalb der Schildmauer, die durch einen Halsgraben gesichert war, befindet sich die sogenannte "Eselskrippe", ein Unterstand für die Reittiere der Burgbewohner.

Das fast 15 Kilometer lange nordpfälzische Odenbachtal ist nicht nur wegen seiner landschaftlichen Schönheiten bekannt, sondern vor allem auch wegen seiner mittelalterlichen Tiefburgen in Odenbach, Schallodenbach und Reipoltskirchen. Bis zum Ende des 18. Jahrhunderts war das kleine Dorf Reipoltskirchen, das früher Ryppelskirchen genannt wurde, der Hauptort der reichsunmittelbaren Herrschaft Hohenfels-Reipoltskirchen. In dieser zehn Kilometer südlich Meisenheims gelegenen Ortschaft soll, wie Michael Frey in seiner Beschreibung des Rheinkreises zu berichten weiß, bereits 1181 eine Burg erbaut worden sein, doch fehlen für diese Annahme urkundliche Belege.

Die Wasserburg wurde mit ziemlicher Sicherheit von den Herren "de Ripelkirchen" erbaut, die der Prümer Abt Cäsarius 1222 auch als Herren von Hohenfels erwähnt. Diese Aussage deutet darauf hin, daß das Adelsgeschlecht mit den Herren von Hohenfels identisch ist, die 1267 im Besitz der Burg waren. Nach dem Grafen Dietrich von Hohenfels wird 30 Jahre später Heinrich von Hohenfels ausdrücklich als "Herr zu Reipoltskirchen" genannt.

Die Herrschaft wurde für die Herren von Hohenfels, aus deren Reihen 1250 ein Reichskämmerer hervorging, nach 1351 besonders wichtig, denn eine Koalition der Städte Worms und Speyer mit den Grafen Heinrich von Veldenz und Walram von Sponheim hatte ihren Stammsitz am Donnersberg gebrochen und einen Wiederaufbau untersagt. Die Hohenfelser waren daher gezwungen, nach Reipoltskirchen auszuweichen. In den folgenden Jahrhunderten wurden aus den ehemaligen Prümer Lehensleuten, Ministeriale von Kurtrier und Kurpfalz, die an verschiedenen Unternehmungen ihrer jeweiligen Herren großen Anteil hatten. Durch Verheiratung mit einer leininger Grafentochter fiel dem Geschlecht 1579 das wertvolle Rixingen zu, doch konnte man sich nicht lange des Reichtums erfreuen, denn bereits im Jahre 1602 war das Geschlecht Hohenfels zu Reipoltskirchen im Mannesstamm ausgestorben. "Amalia Gräfin zu Leingen und Fruw zu Reypoltskirche" wurde damit Alleingebieterin der Reichsherrschaft. Nach ihrem Ableben im Jahre 1608 erbten die Brüder Johann Kasimir und Steino von Löwenhaupt die Burg und ihre Zubehörden. Durch weitere Erbteilungen und Verkäufe wurde Hohenfels-Reipoltskirchen im Laufe der nächsten Jahrzehnte zum Kondominat, dessen wichtigste Herren die Grafen von Hillesheim zu Mannheim, die Grafen von Ellrodt und die Herzöge von Pfalz-Zweibrücken waren. Die letzten Inhaber der alten Reichsherrschaft waren von 1785 bis zur Französischen Revolution drei Frauen: die Fürstin von Isenburg und die beiden Schwestern Hillesheim.

Auf einem künstlichen Hügel, an dessen Westseite der Odenbach vorbeifließt, erheben sich die Reste der einstigen Wasserburg. Sie besteht aus zwei annähernd gleich großen Anlagen, die durch den die Hauptburg umziehenden tiefen Graben getrennt sind. Eine Brücke über den Bach führt in den Bereich der Vorburg, deren Wohn- und Wirtschaftsgebäude nur in geringen Resten erhalten sind. Selbst die aus Sandsteinen aufgemauerte recht große Zehntscheuer, deren Länge 47 und Breite 24 Meter betrug, wurde 1884 abgebrochen und ist vollständig abgegangen.

Im Gegensatz zur Vorburg, die südlich (im Bild rechts) gelegen ist, sind von der eigentlichen Kernanlage bedeutende Bauteile erhalten. Die breiten Wassergräben, heute teilweise als Gärten benutzt, konnten durch Aufstauen des Odenbaches mit Wasser gefüllt werden und erschwerten so den Zugang zu der Wehranlage beträchtlich. Der eigentliche Eingang ist an der Südseite. Eine im Luftbild gut sichtbare Brücke, deren Bögen teilweise vermauert sind, verbindet die beiden Befestigungen. Möglicherweise war früher die Überführung zusätzlich mit einer Zugbrücke versehen. Den Eingang zur Hauptburg sicherte ein großes Kammertor, dessen Fundamente vor der Ringmauer in Resten erhalten sind.

Eine starke Wehrmauer, mehrere Meter hoch aufragend, umzieht die gesamte Kernanlage. Besonders sehenswert ist ein langer gerader Mauerzug an der Westseite (im Bild vorne), auf dem fünf eingeschossige Häuser aufsitzen. Ein durchlaufender Sandsteinwulst unterteilt diesen Ringmauerteil waagerecht. Er und zwei darunter dicht beieinanderliegende Brillenscharten für Geschütze deuten auf eine Entstehung im 16. Jahrhundert hin. Die überall aus Bruchsteinen errichtete äußere Umwallung besitzt an der Südostecke einen halbrund vorspringenden Flankierungsturm, der bereits Ende des 14. Jahrhunderts errichtet worden ist.

Die Gebäude, die sich heute an die Ringmauer anlehnen, sind weitgehend im 19. Jahrhundert entstanden, doch sind sie zumindest in Teilen auf den mittelalterlichen Fundamenten und Mauern erbaut. Eine Sepiazeichnung von Peter Geyer um 1830 zeigt an derselben Stelle das ruinöse zweigeschossige Amtsgebäude, das sich an die Ringmauer und den Bergfried anlehnte.

Der ursprünglich freistehende, mehr als 17 Meter hohe Turm, der eine Seitenlänge von acht Metern hat, ist in seinem unteren Teil das wohl älteste erhaltene Bauteil der Tiefburg. Buckelquader mit Randschlag weisen auf eine Entstehung im 13. Jahrhundert hin. Das Mauerwerk des oberen Drittels unterscheidet sich dagegen deutlich vom Unterbau. Lediglich die Ecken sind aus behauenen Quadern zusammengefügt, während ansonsten Bruchsteine Verwendung fanden. Wie die Obergeschosse, so sind auch die mit Nasen besetzten Rundbögen des abschließenden Bogenfrieses dem 14. und 15. Jahrhundert zuzurechnen. Jeweils in der Mitte jeder Seite waren zwischen den Friesbögen Gußerker angebracht, die der Verteidigung des Turmfußes durch senkrechten Wurf oder Guß dienten. Über dem Fries war im Mittelalter ein Zinnenkranz ange-

bracht, der die auf der Plattform kämpfenden Personen zu schützen hatte.

Ein verschütteter ehemaliger Ziehbrunnen in der Mitte des Burghofes ist ein weiteres Relikt der mittelalterlichen Burg, die wahrscheinlich Ende des 18. Jahrhunderts verlassen worden ist. Die leerstehenden Schloßgebäude wurden von der französischen Verwaltung zunächst vermietet und im Jahre 1808 an interessierte Privatpersonen veräußert. Die erhaltenen Versteigerungsausschreibungen nennen als damals noch vorhandene Baulichkeiten einen Turm, ein Amtshaus mit Speicher, das Isenburger Forsthäuschen, ein Hofhaus der Isenburger, zwei kleinere Höfe, ein Amtsbotenhaus sowie verschiedene Stallungen und Scheunen.

Derzeit werden drei der bis 1990 bewohnten Häuser für die Aufnahme eines Dokumentationszentrums umgebaut.

# Die
# Wasserburg Reipoltskirchen

# Die
# Rietburg

Von den mehr als 500 pfälzischen Burgen können nur wenige, wie die Pfalz in Kaiserslautern, der Trifels oder das Hambacher Schloß, von sich in Anspruch nehmen, in den Bereich der großen Geschichte gelangt zu sein. Die Rietburg "380 Meter über dem Fuß des Berges, … einem Adlerhorst vergleichbar" gehört dazu. Zwar nur einen Augenblick, gleichwohl war es ein Moment von unvergleichlicher Dramatik.

Die Burg, benannt nach dem Adelsgeschlecht der Herren von Riet (de Ride), die mit "cuonradus de Rieth" und dessen Bruder Eberhart bereits seit der Mitte des 12. Jahrhunderts urkundlich erwähnt werden, ist offensichtlich vom ältesten Sohn des Eberhart, dem Ritter Konrad von "Rietperg", zwischen 1200 und 1204 erbaut worden. Nur etwa fünfzig Jahre sollte die Burg auf dem Haagberg im Besitz dieser Edelen bleiben, denn im Jahre 1255 beging der Neffe Konrads, der Ritter Hermann der Jüngere von Rietburg, jene Tat, die unvergessen bleiben und zum Verlust des "castrum Rietberc" für die Familie führen sollte.

Der "nobilis vir Herrnannus, dicti de Rietberc" (= der edele Herr Hermann, genannt von Rietberg) machte sich nämlich, ob "aus übergroßer Anhänglichkeit an das staufische Haus", wie Johann Georg Lehmann vermutet, oder aber aus bloßer Geldgier, des "Kidnapping" schuldig. Das Ziel seines Anschlages war keine Geringere als Elisabeth von Braunschweig, die Gattin des deutschen Königs Wilhelm von Holland. Der Ritter und seine Kriegsknechte überfielen bei Edesheim "auf freier Straßen" die Königin und ihr Gefolge. Die ihres Schmuckes beraubte Elisabeth, die Hofdamen und den begleitenden Reichsstatthalter verschleppten die Wegelagerer auf die Rietburg.

Der Coup war zwar gelungen, doch währte die Freude nicht lange. In seltener Eintracht erschienen militärische Kontingente des Herzogs Ludwig II. von Bayern, der Grafen von Leiningen, der Rauhgrafen, der Herren von Hohenfels, Falkenstein und Bolanden sowie der Städte Worms, Oppenheim und Mainz vor der Burg und eröffneten eine förmliche Belagerung. Hermann erkannte wohl rasch die aussichtslose Situation und übergab sein "leib, hab und güter" den Verbündeten. Der "Kidnapper" wurde weitgehend enteignet und scheint die Heimat bald verlassen zu haben. Die Rietburg fiel dem Reiche zu und wurde von König Rudolf von Habsburg den Herren von Ochsenburg übergeben. Durch Kauf gelangte die Feste 1325 in den Besitz der Bischöfe von Speyer, die 47 Jahre später die Rietburg an den "ersamen frommen" Herren Arnold von Engaß weiterveräußerten. Bereits zehn Jahre später wurde das Geschäft wieder rückgängig gemacht und seit 1434 war die Wehranlage der Amtssitz eines bischöflichen Vogtes, später eines Amtmannes.

Während der Kämpfe zwischen dem Kurfürsten Friedrich I. und Herzog Ludwig dem Schwarzen von Zweibrücken wurde auch die Rietburg in Mitleidenschaft gezogen, denn am Mittwoch nach Martini 1460 wurde sie zum zweiten Male in ihrer langen Geschichte von einem feindlichen Heer besetzt. Die Grafen von Leiningen, die mit dem Herzog von Zweibrücken verbündet waren, mußten zwar bald darauf ihre Söldner abziehen, hinterließen jedoch den bischöflichen Beamten die Befestigung nur noch "lere und geplündert". Die im Bauernkrieg verschonte Rietburg wurde wohl während des Dreißigjährigen Krieges vollkommen zerstört, denn in einer amtlichen Beschreibung des Jahres 1681 wird sie als Ruine bezeichnet. Ein Wiederaufbau erfolgte nicht.

Das Bild der Rietburg wird heute maßgeblich von den Instandsetzungs- und Sicherungsarbeiten geprägt, die seit dem Ende des 19. Jahrhunderts vorgenommen worden sind. Schon der Altmeister der Burgenforschung, Otto Piper, bemängelte 1912 die wenig geglückte Restaurierung und meinte sarkastisch, man solle "wenigstens für Fremde in angemessener Entfernung vor jeder so 'restaurierten' Ruine Warnungstafeln anbringen". Die Luftaufnahme verdeutlicht, daß dem auch heute kaum etwas hinzuzufügen ist. Insbesondere das Erscheinungsbild der Kernanlage des "castrum Rietperc" ist durch den Einbau einer Gaststätte, die Umgestaltung der Schildmauer zum Treppenaufgang und zur Aussichtsplattform erheblich verändert worden.

Die Gesamtanlage zerfällt in die im Luftbild sichtbare Hauptburg, sowie in ein südlich und östlich anschließendes Vorwerk. Beide Teile werden vom 26 Meter breiten Halsgraben und von einer fast 29 Meter langen Schildmauer an der gefährdeten westlichen Angriffsseite geschützt. Die mit Buckelquadern verkleidete Wehrmauer, die im unteren Bereich drei und im oberen Teil noch zwei Meter fünfzig stark ist, erreicht heute am Südende eine Höhe von fast 14 Metern. Sie stammt, wie die Mauertechnik vermuten läßt, noch aus dem frühen 13. Jahrhundert und ist damit der älteste Burgteil. Das Nordende des mächtigen Schutzbollwerkes ist heute vollkommen verändert, da es teilweise abgetragen und zur Treppe, beziehungsweise Aussichtsplattform umgestaltet worden ist. In einer zweiten Bauphase wurde vor die Schildmauer (im Bild nicht sichtbar) ein Wehrbau mit umgebendem Zwinger vorgelegt, der zur flankierenden Bestreichung der Schildmauer diente.

Die Oberburg war von einer im Luftbild gut sichtbaren Ringmauer umzogen, an die sich ebenso wie die Schildmauer mehrere, wahrscheinlich zweigeschossige Wohn- und Wirtschaftsgebäude anlehnten. Der verbliebene Innenraum und ein kleiner Bereich am rechten (südlichen) Bering bot Platz für einen beengten Burghof. Der hölzerne Kiosk (im Bild rechts) markiert die Lage des heute verschütteten Burgbrunnens (Zisterne?), der die Wasserversorgung von Mensch und Tier gewährleisten mußte. Den Zugang zur Hauptburg ermöglichte eine Treppe. Sie führte von Westen (im Bild links) durch einen schmalen angebauten Torbau, dessen Fundamente sich erhalten haben, zu einer rechteckigen Pforte in der Ringmauer. Die Schießscharten sind Ende des 19. Jahrhunderts vom "Edenkobener Verschönerungsverein" aus Fundstücken zusammengesetzt und in die Wehrmauer eingefügt worden. Der vorhandene Baubefund verdeutlicht, daß die Rietburg keinen Bergfried besaß und die Schildmauer allein den Schutz der dahinterliegenden Gebäude zu übernehmen hatte. Das äußere Erscheinungsbild der älteren Kernanlage entsprach damit dem der Ramburg im Dernbachtal.

Das jüngere Vorwerk, das in den letzten Jahren teilweise freigelegt worden ist, war von einer schwächeren Ringmauer aus Bruchsteinen im Anschluß an die Hauptburg und die Schildmauer umgeben. Der Eingang erfolgte von Westen durch den Halsgraben. Die Grundmauern dieser Pforte lassen erkennen, daß dieser fortifikatorische Schwachpunkt an der gefährdeten Angriffsseite durch einen besonderen Torbau geschützt war. Einen zusätzlichen Schutz gewährleistete der Flankierungsbau im nördlichen Halsgraben.

**M**eist wird die im Volksmund "Münz" genannte Burg Scharfenberg in Zusammenhang mit dem Münzrecht der Stadt Annweiler gebracht, das dieser im Jahre 1219 verliehen worden war. So wird einerseits behauptet, die Burg sei selbst die Münzstätte gewesen, oder aber es wird angenommen, das in Annweiler geprägte Geld wäre zumindest zeitweise auf der Feste aufbewahrt worden. Eine andere Deutung des Namens kommt allerdings zu einem weniger spektakulären Ergebnis. Münz könnte nämlich vom lateinischen "munitio" abgeleitet worden sein, das die Bedeutung "Befestigung" oder "befestigtes Vorwerk" hat.

Die, nach Ausweis der Bauformen, um 1200 erbaute Burg gilt in der Tat als eine Art Vorwerk zum benachbarten Trifels, dessen Geschichte die Burg weitgehend teilte. Diese Satellitenburg des Trifels diente auch als Gefängnis und es ist nicht ausgeschlossen, daß viele der prominenten Gefangenen des Trifels hier ihren Aufenthalt nehmen mußten.

Vor 1200 benannten sich Adelige nach der Burg. Der erste bekannte Niederadelige war Berthold von Scharfenberg, dessen Sohn (?) als Bischof von Speyer und Metz sowie als Hofkanzler des Königs einen geradezu atemberaubenden Aufstieg zu verzeichnen hatte. Das Geschlecht der Scharfenberger starb um 1305 aus und die Feste fiel als "heimgefallenes Reichslehen" an den König zurück.

Vom Hofpronotar des Königs, Nikolaus von Speyer, der die Burg 1307 erhielt, gelangte sie durch Verkauf an einen Domdechanten und zwei Ritter, die das Reichslehen Burg Scharfenberg für 1100 Pfund "guter Heller" wiederum im Jahre 1334 an die Abtei Weißenburg verkauften. Mit der Burghut wurden von den Mönchen, die fast einhundert Jahre im Besitz der Feste bleiben sollten, Niederadelige betraut, die auch ihren Dienstsitz auf der Feste zu nehmen hatten.

Ihre Rechte und Pflichten wurden in besonderen "Lehenbrieffen" genauestens definiert. So hatte der Ministeriale Wentz von Lensweiler (=Leinsweiler), der 1408 mit der Burghut beauftragt worden war, die Burg mit "fünf guten knechten" zu bemannen. Er erhielt im Gegenzug vom Kloster jährlich 40 Achtel Korn, drei Fuder Wein, zehn Achtel Hafer und 20 Pfund Heller von der Abtei. Eine weitere und wichtige Aufgabe der Burgmannen kann man einem Lehensbrief des Jahres 1435 entnehmen, in dem der Ministeriale Johannes Worm vom Abt folgendermaßen angewiesen wurde: "schicken wir jme einichen gefangen (Gefangene) oder mee (mehr) gen Scharfenberg, wie wir jme die bescheiden zu halten, da sol er auch thun in unserem kosten, one widerrede…". In dieser Bestimmung, die mehr oder weniger ausdrücklich auch in den früheren Lehensbriefen enthalten ist, wird die Funktion der Feste als Gefängnis deutlich.

Eine bedeutende Änderung der Rechtsverhältnisse auf der Burg ergab sich aus dem Dauerkonflikt des 15. Jahrhunderts zwischen dem pfälzischen Kurfürst Friedrich dem Siegreichen und den Grafen von Leiningen sowie Herzog Ludwig dem Schwarzen von Zweibrücken-Veldenz. Der Abt Philipp von Weißenburg, der angenommen hatte, der mächtige pfälzische Kurfürst könne ihm am ehesten Schutz in den kriegerischen Auseinandersetzungen gewähren, hatte zumindest am Anfang auf das falsche Pferd gesetzt, denn der äußerst streitbare Ritter Cuntz Pfil (Kunz Pfeil) von Ulmbach, ein Gefolgsmann des Zweibrückers, bemächtigte sich vom Trifels aus der Wehranlage und hielt sie in der Folgezeit besetzt. Von Stund an war der Scharfenberg ein Zankapfel zwischen Kurpfalz, dem Kloster Weißenburg und Zweibrücken. Selbst Friedensverträge, die die Herausgabe der Feste beinhalteten, wurden nicht beachtet, und erst 1471 gelangte sie durch Vermittlung des Bischofs von Speyer wieder in die Hand des Klosters.

Bald darauf folgten aber erneut Unannehmlichkeiten wegen der Feste Scharfenberg, die trotz der Anrufung der römischen Kurie und des Reichskammergerichtes nicht ausgeräumt werden konnten. Der Rechtsstreit um das "sloßlein scharpfenberg" wurde erst im 16. Jahrhundert endgültig beendet und seit dieser Zeit verblieb die Feste im Besitz der Herzöge von Zweibrücken. Jedoch erfreuten sich die Zweibrücker nicht lange der Burg, denn im Bauernkrieg 1525 wurde sie erstürmt und eingeäschert.

Obwohl sie nicht wiederaufgebaut worden ist, erfüllte sie im Dreißigjährigen Krieg letztmals ihre Funktion als Schutzburg, denn in den noch brauchbaren Räumen und Gewölben suchten die Bauern der umliegenden Dörfer Schutz vor einer unmenschlichen Soldateska. Die strategische Lage der Burg Scharfenberg ist immer im Zusammenhang mit der Hauptburg Trifels zu sehen. Obgleich die Satellitenburg auf der südlichsten Dreigipfelgruppe nach drei Seiten eine eingeschränkte Sicht hat, ist sie für den Trifels gerade wegen ihrer ausgezeichneten Einblickmöglichkeiten nach Norden und Westen von Nutzen.

Der eingeschränkte Raum auf dem Gipfel machte nur den Bau einer verhältnismäßig kleinen Wehranlage möglich. Sie besteht aus einer oberen und einer unteren Burg. Die obere Hauptburg befindet sich auf einem freistehenden langen Felsblock, der nach drei Seiten steil abfällt. Auf diesem erhebt sich an der Nordostseite der schlanke Bergfried. Der mehr als 20 Meter hohe Turm hat an seiner Westseite in halber Höhe eine wohlerhaltene rundbogige Einstiegsöffnung. Im Innern des Bergfriedes zeugen Konsolsteine von zwei Holzbalkendecken. Der darunterliegende untere Raum ist schachtartig verengt und besitzt keinerlei Öffnungen nach außen. Im Gegensatz zu diesem Wahrzeichen der Burg Scharfenberg zeugen nur geringe Reste von der Ringmauer und dem Wohnbau der oberen Burg. Ein breiter Graben sicherte die Unterburg an seiner Nord- und Südseite, von deren Toranlagen heute jede Spur fehlt. Ebenso sind größere Teile der Ringmauer in den letzten Jahren abgegangen. An der Nord-

ostecke weisen einige Kragsteine in den dort aufragenden Mauerteil auf ein verschwundenes Gebäude hin.

Das interessanteste Bauwerk der Unterburg ist der Rest eines zweigeschossigen, mit Buckelquadern verkleideten Brunnenturms, der sich an den Burgfelsen anlehnt. Besonders erwähnenswert ist darüber hinaus der südöstliche Aufgang zur Kernanlage, der durch eine Pforte und eine Felsenkammer führt. Nordwestlich der Burg Scharfenberg stehen im Bergsattel fünf hohe Einzelfelsen, die im Mittelalter offensichtlich für Beobachtungszwecke genutzt worden sind. Heute gehört das Felsennest, auf dem "Rudolf, truchsess der von Scharpinberg" lebte und arbeitete, trotz seiner Nähe zum berühmten Trifels überraschenderweise zu jenen pfälzischen Burgen, die kaum besucht werden.

# Die Reichsburg Scharfenberg

# Burg
# Spangenberg

**J**ener markante Fels, der Burg Spangenberg trägt, befindet sich an einer neuralgischen Stelle des bischöflich-speyerischen Territoriums, da hier der Speyerbach die Grenze zur direkt anstoßenden Frankenweide, dem Herrschaftsbereich der Leininger, bildet. Daher verwundert es nicht, daß aus denselben Gründen, die die Grafen von Leiningen am Anfang des 13. Jahrhunderts zum Bau der Burg Erfenstein auf dem Wassersteiner Berg veranlaßt haben, die Speyerer Bischöfe bereits im letzten Drittel des 11. Jahrhunderts die Feste Spangenberg errichteten.

Der Spangenberg wird erstmals in einem Testament des Bischofs Johannes I. von Speyer erwähnt, der das kleine Felsennest dem Hochstift vermacht hatte. Leider schweigen die Quellen bis zum Anfang des 14. Jahrhunderts, so daß das frühe Schicksal des festen Hauses für mehr als 200 Jahre unbekannt bleiben muß.

Die nächste Nachricht stammt erst aus dem Jahre 1317, als Bischof Emich die Burg dem Ritter Dieter Zoller als Erblehen überließ. Von besonderem Interesse ist dabei die Tatsache , daß nicht nur Wälder, Wiesen, Weiden und Wasserrechte im Lehnsvertrag als "Zubehörden" ausgewiesen werden, sondern auch Frohndienste, welche die Bewohner von Lambrecht zu leisten hatten. Solcherlei Dienste sind immer ein Indiz für das hohe Alter einer Feste, denn an den später errichteten Burgen waren Frohnden nicht mehr unbedingt üblich.

Neben der erneuten Beschreibung der Gemarkungsgrenzen in der 1366 von Kaiser Karl IV. ausgestellten Besitzbestätigung für das Hochstift ist die etwas spätere Erwähnung eines Stutengartens (Stuttenperch) von Bedeutung. Bis zum Untergang der Burg war die Pferdezucht, neben der Verwaltung und Sicherung der geistlichen Ländereien die Hauptaufgabe der von den Bischöfen eingesetzten Ministerialen. Im Regelfall gehörten die Dienstleute der geistlichen und weltlichen Herren, denen ein Burglehen eingeräumt wurde, dem niederen Adel an. Schon die Vergabe an einen Bürger geschah relativ selten; geradezu unwahrscheinlich aber war die Einsetzung eines Juden. Daher ist es von besonderer Bedeutung, daß 1385 der Jude Kaufmann aus Speyer zusammen mit dem Mainzer Domherren Johann von Nassau für die Dauer von sechs Jahren mit der Feste belehnt wurde.

Nach Ablauf der vereinbarten Frist folgten wieder vorwiegend Niederadelige als Lehensträger, so Gerhart von Dalheim und Fritz Reymar, denen 1431 der "Edelknecht" Eberhart von Sickingen folgte. Folgende Bestimmung in dem Lehensvertrag des Sickingers verdient es, erwähnt zu werden, denn sie verdeutlicht den hohen wirtschaftlichen Stellenwert, den man den bischöflichen Waldungen bei Burg Spangenberg beimaß: Eberhart von Sickingen war es zwar erlaubt, in den Wäldern zu "byrschen und jagen" (pirschen und jagen), jedoch war ihm ausdrücklich untersagt, Holz zu schlagen oder gar zu verkaufen. Die einzig erlaubte Ausnahme betraf Brenn- oder Bauholz für die Spangenburg.

Nach dem Wegzug des Edelknechts ging das feste Haus 1439 an Heinrich von Remchingen, der miterleben mußte, wie die Feste erheblichen Schaden nahm. Die Bischöfe von Speyer waren Verbündete der Kurpfalz. In der Fehde zwischen dem kriegsfreudigen Pfälzischen Kurfürsten Friedrich I., genannt der Siegreiche, und den Leiningern, wurde 1470, wie Johann Georg Lehmann vermutet, "aus Rachsucht" wegen des vorangegangenen Niederbrennens der leiningischen Burg Erfenstein, die Spangenburg zerstört und das Umland verwüstet. Noch zehn Jahre später, bei der Übergabe der Felsenburg und ihrer Zubehörden an den Ritter Engelhard von Nieperg, war sie unbewohnt und Wiesen und Felder verödet. Seit Beginn des 16. Jahrhunderts diente die auf Veranlassung Bischof Ludwigs von Speyer wiederhergestellte Wehranlage vorwiegend als Verwaltungssitz des zugehörigen Gestüts. Den Sommer und auch den Winter verbrachten die Tiere allerdings meist nicht in dem Stutengarten, dessen Umzäunung sich teilweise erhalten hat, sondern auf Futtersuche im Wald.

Der letzte einer langen Reihe von "Stutenmeistern", die von nun an ihren Dienstsitz auf der Feste hatten, war 1604 Eberhart von Hattstein. Bald darauf sind Burg Spangenberg und das angeschlossene Gestüt im Dreißigjährigen Krieg untergegangen. Ein Wiederaufbau der 1621 von Mansfeldischen Truppen zerstörten Feste erfolgte nicht mehr.

Insgesamt lassen sich drei Burgzonen unterscheiden, deren charakteristischste die auf einem hohen Felsen thronende Oberburg ist. Dieser älteste Teil der Wehranlage bestand aus einem repräsentativen Wohnbau, der auf der Plattform eines steil ins Speyerbachtal abfallenden riesigen Felsblocks errichtet wurde. Erhalten haben sich vor allem die Ostmauer und die Südwand des Palas. Letztere, die das Landschaftbild prägt, ist noch dreigeschossig vorhanden und zeigt eine unregelmäßige Fensteranordnung. Das schönste Fenster, ein gekuppeltes gotisches Doppelfenster, ist im zweiten Obergeschoß zu finden. Die beiden im nächsthöheren Stockwerk herausragenden Konsolsteine deuten auf eine Abortanlage hin. Das Luftbild zeigt deutlich die erheblich größere Mauerstärke der Ostwand, die der Angriffsseite zugewandt ist. Sie hatte ursprünglich die Aufgabe, das sich anlehnende Wohnhaus zu decken. Die spitzbogige Tür in dieser Mauer wurde in einer späteren Umbauphase eingesetzt. Die von diesem Eingang in den ehemaligen Halsgraben der ältesten Anlage hinabführende Treppe wurde in den dreißiger Jahren erbaut und ersetzt einen zerstörten spätgotischen Treppenturm. Der ursprüngliche Eingang, ein rundbogiges Tor, befindet sich in der weitgehend zerstörten Nordmauer. Der Zugang erfolgte wahrscheinlich mittels einer hölzernen Konstruktion. Zwei weitere sehenswerte Details haben sich im Palas erhalten: eine kleine Zisterne sowie ein mächtiger Gewölbekeller mit einem großen talseitigen Fenster, der den gesamten Raum unter dem ehemaligen Gebäude einnimmt.

In der mittleren Ebene steht das wichtigste Defensivbauwerk der Spangenburg. Eine schmale, aber recht hohe Schildmauer deckte dort nicht nur die

östliche Angriffsseite, sondern diente gleichzeitig als Torbau. In der Mitte ist ein spitzbogiges Tor eingelassen. Diese Schwächung in der Fortifikation deckte ein teilweise erhaltener Wehrgang und ein Gußerker, dessen Konsolsteine deutlich sichtbar sind. An der Ostseite des hohen Felsens ist die spätmittelalterliche Unterburg angelehnt. Sie besaß an der Nordostseite einen eigenen kleinen Torbau, der teilweise erhalten ist. Über dem einfachen Tor sind noch die gerundeten Kragsteine einer Pechnase sichtbar, die zusammen mit einem Wehrgang den Schutz des Eingangs gewährleisten mußten. Bis zum Jahre 1979 waren von dem anschließenden talseitigen großen Gebäude der Unterburg lediglich die Fundamente und drei starke Strebepfeiler erhalten. Die heute dort aufragenden Bauten, die die Burggaststätte des rührigen Burgenvereins beherbergen, sind das Ergebnis des Wiederaufbaus in neuester Zeit.

**M**öglicherweise als südliche Grenzburg des "Lauterer Reiches" soll um 1100 auf einer mäßig hohen Zunge des Schloßberges am Zusammenfluß von Rodalbe und Schwarzbach unweit der Biebermühle (Bahnhof Pirmasens-Nord) jene Burg erbaut worden sein, die heute als "Steinenschloß" oder auch "Steegenschloß" bekannt ist. Dieser Name geht wohl auf die nahegelegene, Mitte des 16. Jahrhunderts zur Wüstung gewordene Ortschaft "Steegen", später "Steinen" genannt, zurück. Wahrscheinlicher ist allerdings der Name "Atzenstein", den auch ein ebenfalls eingegangener Hof bei der Burg trug.

Als Gründer der Burg, die die beiden Taleingänge beherrscht, werden oft die Grafen von Leiningen genannt, da sie in diesem Gebiet nachweisbar seit 1209 begütert waren. Darüber hinaus sind noch im 16. Jahrhundert die Grafen von Leiningen-Hardenburg, eine Seitenlinie der möglichen Gründer, als Besitzer der zerstörten Burg nachweisbar.

Jedoch kommt auch das Saarbrücker Grafengeschlecht, das verwandtschaftliche Beziehungen zu den Leiningern hatte, als Erbauer in Frage, dessen vier widerrechtlich im Raum des heutigen Saarlandes und des Pfälzerwaldes errichtete Burgen durch Truppen von Kaiser Friedrich Barbarossa im Jahre 1168 gebrochen wurden. Eine dieser Burgen könnte das "Steinenschloß" gewesen sein, denn die Feste wurde im Anschluß an eine letzte Bauphase um 1040/50, als man sie mit einer Schildmauer und einem runden Bergfried verstärkte, im letzten Drittel des 12. Jahrhunderts zerstört. Für diese These spricht zum anderen der unterlassene Wiederaufbau der Feste. Das "Steinenschloß", dessen mächtiger Bergfried noch Ende des 19. Jahrhunderts hoch aufragte, verfiel im Laufe der Jahrhunderte immer mehr und diente beim Bau der nahegelegenen Bahnlinie und beim Erweiterungsbau des Bahnhofs Pirmasens-Nord als Steinbruch. Seit dem 13. Jahrhundert war die zerstörte Burg im gemeinschaftlichen Besitz der Grafen von Leiningen und Zweibrücken-Bitsch. Ihnen folgten ab 1570 die Grafen von Hanau-Lichtenberg.

Vom hohen Alter der ovalen Anlage sprechen neben den durch Ausgrabungen nachgewiesenen Resten einer Holzburg vor allem die von einem rührigen Heimatverein freigelegten Ringmauerteile mit ihrem typischen salischen kleinquadrigen Mauerwerk. In eine etwas spätere Zeit verweisen allerdings die an manchen Stellen, insbesondere dem westlichen Schildmauerteil, sichtbaren Mauerpartien mit der charakteristischen Buckelquaderverkleidung. Obwohl die Gesamtanlage ein recht unterschiedliches Niveau aufweist, kann nur bedingt eine Ober- und eine Unterburg unterschieden werden, denn eine konkrete Trennung in zwei Burgteile ist nicht ersichtlich. Überdies wird die Burg lediglich von einer durchgehenden Mauer geschützt. Diese mäßig dicke Ringmauer verändert ihren ansonsten ovalen Verlauf an der Angriffsseite (im Luftbild vorn) zugunsten einer geraden, einmal geknickten Mauer, die teilweise aus Großbuckelquadern errichtet worden ist. Als Grund für diese Abknickung wird eine militärtaktische Überlegung vermutet, denn nur so ist ein flankierendes Schießen auf einen Angreifer möglich.

Zum weiteren Schutz dieser stark gefährdeten Seite haben die Erbauer einen heute verfüllten Halsgraben vorgelegt, der das Heranschieben von Belagerungsmaschinen unmöglich machen sollte. Die restlichen Ringmauern bedurften dieser besonderen Sicherung nicht, denn die steil abfallenden Hänge des Burgberges boten im 12. Jahrhundert genügend Schutz.

Hinter dieser auf einer Felsplatte aufsitzenden Mauer steht auf dem höchsten Punkt der Burganlage der Rest eines gewaltigen kreisrunden Bergfriedes. Dieser im Gefahrenzentrum aufragende Turm hatte so beträchtliche Ausmaße, daß der Schluß zulässig ist, daß es sich hier weniger um einen Bergfried als vielmehr um einen Wohnturm handelt. Sein innerer Durchmesser beträgt nicht weniger als 8,50 Meter und besitzt eine Mauerstärke von 2,30 Meter. Beeindruckend sind vor allem die gewaltigen Buckelquader mit Randschlag, die nur hier und bei einem Teil der Ringmauer im Gegensatz zum sonstigen Mauerwerk der Gesamtanlage Verwendung fanden. Das Innere des großen Turmes wurde aus kleineren glatten Quadern hochgemauert. Eine Ähnlichkeit mit dem später rechteckig ummantelten runden Bergfried der Burg Wilenstein ist unverkennbar. Jedoch lassen sich auch durchaus Parallelen zum viereckigen Wohnturm der salischen Burgruine Schlössel bei Klingenmünster ziehen, deren Innenmaße denen der Burg Steinenschloß entsprechen. Der mächtige Schuttberg, in dem der Turmstumpf steckt, und die Vielzahl der geborgenen riesigen Buckelquader, läßt immer noch die gewaltige Höhe des Bauwerkes ahnen. Eine ähnliche Anlage, die ebenfalls einen runden Bergfried aufweist, ist die wenig bekannte Sprengelburg nahe der Gemeinde Rothselberg im Königsland.

Am äußersten Südwestende findet man zwischen den Zungenmauern den ursprünglichen Eingang. Zwei Vertiefungen im Felsboden des Eingangsbereiches, die heute unter der hölzernen Brücke verborgen sind, deuten auf eine zusätzliche Sicherungsanlage hin. Offensichtlich war das aus Fundstücken wiedererrichtete kammerartige Tor durch ein Fallgatter zu verschließen. Die drei großen Steine am unmittelbaren Eingangsbereich, die breite Nuten aufweisen, können als Balkenauflager gedient haben.

In der Nordwestecke befand sich ein vierräumiges langgezogenes Gebäude, das sich direkt an die Ringmauer anlehnte. Diesem Wohngebäude, einem manchmal als Palas bezeichneten Haus, war ein langer schmaler Gang vorgelagert, der Türen sowohl zum Gebäude als auch zum Hof aufweist. Ähnlich wie beim "Schlössl" bei Klingenmünster weist auch dieser Bau von Burg Steinenschloß eine kulturhistorische Besonderheit auf, nämlich eine Abortanlage, die als querrechteckiger Schacht mit einer Ausflußöffnung vor die Ringmauer springt. Neben dieser Toilettenanlage ist kein einziger Bau der Ringmauer vorgelagert worden.

Das Luftbild verdeutlicht sehr anschaulich die großen Zerstörungen im Innern der Burganlage, die jegliche Orientierung erschweren. Auch die in jüngster Zeit (seit 1968) durchgeführten Freilegungs- und Konservierungsarbeiten lassen noch keine eindeutige Identifizierung der einzelnen Häuser zu. Diese Wohn-

oder Wirtschaftsgebäude waren im Regelfall an die umlaufende Ringmauer angelehnt und weisen das gleiche Mauerwerk wie diese auf. Die Obergeschosse waren teilweise nicht massiv gemauert, sondern in Fachwerkbauweise aufgeführt. Eindeutig gesichert sind lediglich neben dem Bergfried, der Toranlage, dem Abortturm und der Ringmauer eine in den Felsen gehauene rechteckige Zisterne und eine kleine runde Tränke.

Trotz der relativ geringen Baureste ist Burg Steinenschloß einen Besuch wert, da sie neben der Schlössel-Turmburg die Frühform der pfälzischen Burg am anschaulichsten zeigt und überdies ist "das besondere Kleinod hochmittelalterlicher Baukunst" (Horst Wolfgang Böhme) eine der wenigen Wehranlagen in unserer engeren Heimat, die einen runden Bergfried aufweist.

# Burg
# Steinenschloß

# Die
# Reichsburg Trifels

Wie kaum eine andere Burg im deutschen Sprachraum wird der Trifels gleichgesetzt mit Kraft und Herrlichkeit des Mittelalters. Dieses Symbol deutscher Reichsgeschichte wird erstmals während des Investiturstreites im Jahre 1081 erwähnt, als "Diemarus de Trivels quidam ex capitaneis Germaniae" vor seinem Eintritt in das Kloster Hirsau dem deutschen König - gemeint ist wahrscheinlich der Gegenkönig Hermann von Salm - die Burg übergibt. Jedoch ist der Trifels als Wehranlage erheblich älter, denn neben Funden aus keltischer sind besonders solche aus römischer Zeit bekannt geworden. Nach dem Abzug der Römer aus der Pfalz im Jahre 407 wurde natürlich auch der Trifels aufgegeben, jedoch scheint bereits im 10. Jahrhundert der strategisch günstige Burgplatz erneut befestigt worden zu sein. Diese Wehranlage war vorwiegend aus Holz, so daß lediglich in den Fels gemeißelte Treppen, Balkenlöcher und die Fundamente eines Turmes aufgedeckt werden konnten.

Erbauer dieser frühen Anlage dürften die Gaugrafen im Speyergau oder ihre salischen Nachfolger gewesen sein. So darf vermutet werden, daß kein geringerer als Konrad II. anschließend die Holzburg in Stein ausbauen ließ.

Zu Anfang des 12. Jahrhunderts mehren sich die Nachrichten über die Reichsburg. Im Jahre 1112 mußte der Mainzer Erzbischof den Trifels an den Kaiser zurückgeben, der dann 1113 als Gefängnis für kaiserliche Gegner diente.

Nur wenige Zeit später begann die ganz große Zeit für die Felsenburg über Annweiler, denn 1125 übergab Kaiser Heinrich IV. die Reichsinsignien an Herzog Friedrich II. von Schwaben, der sie auf dem Trifels verwahrte. Für einhundertfünfzig Jahre verblieben diese wertvollen Kultgegenstände, abgesehen von einigen Unterbrechungen, auf der Burg.

Welche Bedeutung die Feste für die mittelalterlichen Kaiser hatte, kann man an der Tatsache ermessen, daß ab 1193 neben dem englischen König Richard Löwenherz auch noch der gefangengesetzte sizilianische Hochadel auf der Burg in durchaus ehrenvoller Haft untergebracht waren. Neben dem von der Krone Englands erpreßten Lösegeld für Richard Löwenherz wurde 1195 auch noch der Normannenschatz auf die Burg überführt. Teile der Lösegelder wurden für den weitgehend neuen Aufbau der Reichsfeste bestimmt, während die Erlöse der neueingerichteten Annweilerer Münze dem dauernden Unterhalt des Trifels zugute kamen.

Dem Niedergang der Königsmacht entsprach der allmähliche Bedeutungsverlust der Reichsfeste. Im Jahre 1298 folgten die Reichsinsignien dem Normannenschatz, der bereits Anfang des 13. Jahrhunderts weggeschafft worden war, in die Fremde. Diese Symbole mittelalterlicher Reichsherrlichkeit kehrten niemals wieder auf den Trifels zurück. Die Entfremdung der Burg vom Reich begann bereits unter der Herrschaft Kaiser Ludwigs des Bayern, der die Feste an die Pfalzgrafen Rudolf II. und Rupprecht I. verpfändet hatte. Über die Kurpfälzer gelangte sie in die Hände der Herzöge von Zweibrücken und verblieb dort bis zum Ausbruch der Französischen Revolution. Trotz der gesunkenen Bedeutung wurden allerdings in den Jahren 1309/10, 1346 und 1359 am Trifels nochmals größere Mittel verbaut. Obwohl die Burg im Bauernkrieg 1525 keine Beschädigungen erlitten hatte, scheint auch eine weitere Renovierung im Jahre 1568 durch die Herzöge von Zweibrücken nicht mehr allzu viel genutzt zu haben, denn der Niedergang war unübersehbar. Dort, wo früher die Reichsinsignien verwahrt worden waren, lagerten nun die verstaubten Akten des herzöglichen Archivs. Aus einer Kellereirechnung von 1595 kann man das geradezu armselige Inventar ersehen, das unter anderem "schrage Tischlein" und "Bettladen, alt, die eine gar zerbrochen" nennt.

Das Ende der Reichsburg folgte rasch. Durch Blitzschlag erlitt vor allem der Palas irreparable Schäden, und im Dreißigjährigen Krieg diente der halbverfallene Trifels als Fluchtburg für die gepeinigte Bevölkerung.

Das Ausbrechen der Sandsteinsäulen und die Demontage der Fußbodenplatten beschleunigte den Untergang, den die Bewohner der Umgebung im 17. und 18. Jahrhundert fortführten. Seit dem Zeitalter der Romantik wurde die Zerstörung eingestellt und seit 1866, vor allem aber in den dreißiger und vierziger Jahren unseres Jahrhunderts, ist die Kernanlage nach Plänen Rudolf Esteres wieder aufgebaut worden.

Die Hauptburg liegt auf einer mächtigen hohen Platte, deren Südteil (im Bilde rechts) fast 50 Meter senkrecht abfällt. Beherrschende Bauteile sind der gewaltige Bergfried, dessen oberstes Geschoß nach 1964 neu errichtet worden ist, sowie der dreigeschossige, nach 1938 wiederaufgemauerte Palas. Von der sogenannten Wachtstube südlich des Turmes führt eine Treppe zum 1524 verengten Eingang, der im Mittelalter durch eine kleine Zugbrücke gesichert war. Die nördliche Seite des Bergfriedes ist durch drei Türen mit dem jeweiligen Stockwerk des Palas verbunden.

Die Ostseite des Bergfriedes wird von einem vorspringenden Erker geschmückt, der Abside der im Innern des zweiten Obergeschosses eingebauten Königskapelle. Wohl als Wachräume dienten die darunterliegenden zwei eingewölbten Gemächer im Erdgeschoß, von denen Treppen in die nächst höheren Geschosse führen. Im Jahre 1964 erhöhte man den mächtigen Turm um ein weiteres Stockwerk und um die Aussichtsplattform.

Der Palas ist praktisch ein vollkommener Neuaufbau, denn vor dem Jahre 1940 waren lediglich die Grundmauern des staufischen Gebäudes erhalten. Der Repräsentationsbau nimmt heute wie früher die gesamte Fläche der Felsplattform ein. Leider berücksichtigt die Rekonstruktion, die überdies verschiedene kulturhistorisch wertvolle Details verschwinden ließ, so einen Abortschacht und eine salische Mauer, nicht die einstige Dreiteilung der Geschosse. Rudolf Esterer integrierte nämlich zwei Stockwerke in ein einziges. Dieser gewaltige hohe Innenraum wird nun von einer mächtigen Freitreppe geprägt, die zu einer umlaufenden Galerie führt.

Aus heutiger Sicht erscheint es mehr als problematisch, daß der Architekt "basierend auf Studien an unteritalienischen Staufer-Kastellen und vielfach frei eigenen Intuitionen folgend" (Günther Stein), einen monumentalen Palas geschaffen hat, der nur wenig mit dem ursprünglichen Gebäude gemein hat.

Von dieser Prunketage aus besteht die Möglichkeit, über eine Wendeltreppe zu einem kleinen Tor im nordöstlichen Palas zu gelangen, das den Zugang zur mittleren Burg gewährleistet. Die Nordseite dieser Burgebene weist als Besonderheit den schönen freistehenden Brunnenturm auf, der über einen im 19. Jahrhundert erneuerten Rundbogen erreichbar ist. Im südlichen Teil der Anlage befindet sich an der Stelle eines ehemaligen kleinen Hofes das neuerbaute Kastellanshaus, sowie der Zugang zur überhängenden Felsplattform, die oft als "Tanzfelsen" bezeichnet wird.

Die vorwiegend im 16. Jahrhundert erbaute östliche Unterburg ist auf dem Luftbild nicht sichtbar. Beachtenswert sind neben den Toranlagen vor allem die Reste eines nach hinten offenen Halbschalenturmes und die in den Felsen gehauenen Pferdetränken. Vollkommen verschwunden sind dagegen die nahe des Brunnenturmes in salischer Zeit errichteten Gebäude, deren Reste in den dreißiger Jahren Sprater freigelegt hatte.

**B**urgnamen und Ortsbezeichnungen sind in der Pfalz in vielen Fällen identisch. Dies war auch bei der Wachtenburg, die westlich der Gemeinde Wachenheim liegt, der Fall. Dies kann man Michael Behaims Reimchronik aus dem 15. Jahrhundert entnehmen. Er schreibt: "Statt und Schloß ... warn beid geheißen Wachenheim". Erst im 17. Jahrhundert tauchen die Bezeichnungen Geyersberg und das heute übliche Wachtenburg als Burgnamen auf.

Die Feste auf dem Zieglerberg soll bereits im 12. Jahrhundert von Konrad II. oder Friedrich I. erbaut worden sein. Ihr Schicksal in den folgenden Jahrhunderten war immer eng mit dem älteren Ort verbunden, der als Zubehör (Pertinenz) der Wachtenburg galt. Burg und Ort wurden als Reichsbesitz von Pfalzgraf Konrad, dem Halbbruder Kaiser Friedrichs, dem mächtigen nordpfälzischen Ministerialengeschlecht von Bolanden als Lehen übergeben. Sie blieben bis ins späte 13. Jahrhundert Herren der Wachtenburg. Sie setzten, entsprechend damaligem Brauch, andere Niederadelige als Burgmannen ein, die gegen Entgelt die Burg und ihre Zubehörden verwalteten. Der erste uns bekannte bolandische Ministeriale auf der Wohn- und Wehranlage über Wachenheim war der 1240 urkundlich erwähnte Burkhart von Wachenheim, dem im Jahre 1264 Heilmann von Wachenheim folgte. Dieser war gegenüber anderen Niederadeligen nicht nur durch seinen Titel "Burggraf" hervorgehoben, sondern auch durch die Tatsache, daß er den mächtigen Bergfried bewohnen durfte.

Im Jahre 1274 änderten sich die Eigentumsverhältnisse grundlegend, denn von den Erben der Bolander, "Engelhart dem Älteren von Weinsberg und seines Bruders Söhnen Engelhart und Konrad", kaufte König Rudolf von Habsburg gegen "1100 cölner Mark" die Wachtenburg zurück. Ein Jahr später übertrug der Habsburger Burg und Ort Wachenheim seinem Schwiegersohn Pfalzgraf Ludwig II., genannt dem Strengen, als erbliches Lehen unter der Bedingung, daß die 1100 Mark auf die Mitgift seiner Tochter Mechthild angerechnet werden solle. Dies war sicherlich der bedeutendste Besitzerwechsel in der langen Burggeschichte, denn die Feste verblieb, von kurzen Unterbrechungen abgesehen, bei den pfälzischen Wittelsbachern. Die Pfalzgrafen übertrugen wiederum die Wachtenburg als "Afterlehen" im Jahre 1277 an den Grafen Emich IV. von Leinigen, der für die Ausübung der Burghut 300 "Mark cölner Heller" oder einen entsprechenden Gegenwert in Naturalien erhielt.

Das leiningische Zwischenspiel endete 1320 mit dem Tod des eigentlichen Lehensinhabers, des Pfalzgrafen Ludwig II., und Kaiser Ludwig der Bayer nutzte sofort die Gelegenheit und übertrug das Reichslehen an Johann, König von Böhmen. Doch bereits neun Jahre später waren Burg und Ort wieder in den Händen der Pfalzgrafen bei Rhein, denn im

Hausvertrag von Pavia waren ihnen die rheinischen Besitzungen der Wittelsbacher zugesprochen worden. Schon hier wird deutlich, daß das Reichslehen immer mehr als "Allodium" (= Eigengut) angesehen und behandelt wurde. Burg und Ort dienten als willkommene Geldquelle bei finanziellen Nöten und dementsprechend wechselten sich Verpfändungen und Wiedereinlösungen ab. Insbesondere der Ort hatte einen solchen Aufschwung genommen, daß Kaiser Ludwig der Bayer 1341 seinen Vetter Rudolf II. "durch diw lieb die wir zu im haben" erlaubte, das Dorf Wachenheim zu befestigen und zur Stadt zu erheben. Im Jahre 1410 fiel bei einer weiteren Teilung "Wachenheim uff der Haard, Burg und Statt" an Herzog Stefan, der eine neue pfalz-zweibrückische Linie begründet hatte. Die Zugehörigkeit zu dieser pfälzischen Seitenlinie sollte sich in der Folgezeit höchst unterschiedlich auswirken. Einem weiteren wirtschaftlichen Aufschwung folgten in der zweiten Hälfte des 15. Jahrhunderts Not und Verderben für Wachenheim und der Untergang der Burg. Die veränderten Besitzverhältnisse verstrickten das ehemalige Reichslehen in die langwierigen und heftigen Kämpfe, die Herzog Ludwig der Schwarze von Zweibrücken-Veldenz mit dem Kurfürsten Friedrich I., genannt der Siegreiche, führte.

Im Juli 1470 war es den überlegenen Truppen des Kurfürsten gelungen, Stadt und Burg Wachenheim einzuschließen und eine förmliche Belagerung zu eröffnen. Lutz Schott, der kurpfälzische Feldhauptmann, konzentrierte seine starke Artillerie zu Beginn der Belagerung auf die Wachtenburg und ließ die Feste derart heftig beschießen, daß die Verteidiger erhebliche Verluste erlitten. Die Lage war bereits nach acht Tagen aussichtslos. Die veldenzischen Söldner waren gezwungen, unter Zurücklassung zahlreicher Verwundeter und Toter, die Burg zu räumen und in der Stadt Zuflucht zu suchen. Obwohl die Belagerung Wachenheims abgebrochen werden mußte, scheint das Bergschloß in Händen der kurfürstlichen Soldaten geblieben zu sein, denn bereits ein Jahr später benützen sie die zerschossene Wehranlage als Artilleriestützpunkt beim erneuten Sturm auf die unglückliche Stadt. Der Sieg des Kurfürsten bedeutete einen erneuten Besitzwechsel des Lehens und den beginnenden Niedergang der Wachtenburg. Sie wurde nicht mehr vollständig aufgebaut und den Burgmannen wurde der Aufenthalt in der veralteten Feste untersagt. Die im Bauernkrieg 1525 vom "Nußdorfer Bauernhaufe" genutzte Befestigung wurde 1689 von französischen Einheiten durch Sprengung des mächtigen Bergfriedes vollends demoliert.

Zwischen 1593 und 1717 war das Lehen im Besitz der Familie von Geyersberg, die von den Grafen von Sickingen abgelöst wurden. Vom Ende des 18. Jahrhunderts bis 1884 ging die Ruine durch zahllose Hände, bis sie von Albert Bürklin aus Karlsruhe erworben wurde. Seine Erben übereigneten die Wachtenburg 100 Jahre später der Stadt Wachenheim.

Die Wachtenburg besteht aus einer oberen Kernanlage und der jüngeren Unterburg. In der für pfälzische Höhenburgen typischen Spornlage besitzt die im 12. Jahrhundert errichtete Hauptburg an ihrer gefährdeten Ostseite (im Bild rechts) ihre Hauptfortifikationen, die hinter dem breiten und tiefen Halsgraben errichtet worden sind. Zu nennen ist hier vor allem der rechteckige Bergfried, der sowohl als Verteidigungs- als auch im 12./13. Jahrhundert als Wohnbau diente. Dem mit Buckelquadern verblendeten, heute noch fünf Geschosse aufragenden, wuchtigen Turm, an den sich links und rechts die hohe Schildmauer anschließt, fehlt seit der Sprengung von 1689 die rückwärtige Wand.

In der Schildmauer, deren Quaderverkleidung abgefallen ist, befand sich nördlich des Bergfriedes (im Bild vorn) der älteste Eingang, der früher wahrscheinlich über eine Zugbrücke zugänglich war. An der Südseite fand diese hohe Schutzmauer eine Fortsetzung, denn in östliche Richtung war eine fast gleichstarke Mauer, deren Fundamente noch sichtbar sind, in Form eines hohen Mantels angebaut. Hinter diesem Wehrbereich erhoben sich östlich anschließend verschiedene Wohn- und Wirtschaftsgebäude. Während die Kapelle vollkommen verschwunden ist, hat sich vom Palas die östliche Außenmauer mehrere Meter hoch erhalten. Fundamente, Keller und Teile des Erdgeschosses von diesem und anderen Gebäuden, sind in dem Plateau hinter der Schildmauer zu vermuten. Im Bereich des ehemaligen Burghofes befindet sich der heute verschüttete Brunnen, der die Wasserversorgung garantierte.

In einer zweiten Bauphase wurde im späten 13. Jahrhundert die obere Burg von einer Zwingeranlage umgeben, die durch fünf halbrund vorspringende Flankierungstürme verstärkt ist. Besonders sehenswert ist der südöstlichste dieser Türme, der zusammen mit der Halsgrabenwand in jüngster Zeit, im Gegensatz zu anderen (Gaststätte) den Gesamteindruck störenden Maßnahmen, glänzend restauriert worden ist. Der Betrachter ist hier in der Lage, sich ein recht genaues Bild von einem mit Schlüssellochscharten und einer Wehrplattform versehenem Flankierungsturm zu machen.

Ein weiterer Turm, an den der Torbau angelehnt war, befand sich an der Nordwestecke der Burg. Die heute verschwundene Zugbrücke und ein Fallgitter im Torhaus sicherten die Pforte. Östlich dieses Zuganges wurden in jüngster Zeit die Fundamente eines weiteren Torhauses entdeckt. Nach Osten und Norden verlaufende Wehrmauern verbanden die Wachtenburg mit der Stadt Wachenheim.

# Die Wachtenburg

# Der Wasigenstein

**Z**ahllos sind die Attribute, die man den pfälzischen oder nordelsässischen Burgen beigefügt hat. Neben der "größten", der "längsten", der "schönsten" und der "ältesten" Feste gibt es andere, die man "Raubritterburg" oder gar "Wiege der Demokratie" nennt. Der Wasigenstein kann aber gleich zwei Merkmale für sich in Anspruch nehmen. Er gilt nicht nur als die bizarrste Felsenburg, sondern ist auch diejenige Wehranlage, der in einem sehr frühen literarischen Kunstwerk ein Denkmal gesetzt worden ist. Im "Waltharilied", das bereits um 920 von dem Mönch Ekkehard I. aus St. Gallen in lateinischer Sprache gedichtet und von keinem Geringeren als Viktor von Scheffel ins Deutsche übertragen wurde, wird vom "Wasigensteine" gesagt:

"Dort ragen dicht beisammen zwei Berge in die Luft,
Es spaltet sich dazwischen anmutig eine Schlucht,
Umwölbt von zackigen Felsen, umschlungen von Geäst
Und grünem Strauch und Grase, ein rechtes Räubernest."

Die Gebrüder Friedrich und Seman von Wasigenstein, Söhne des Reichsministerialen Engelhard, Marschall von Hagenau, gelten als die eigentlichen Gründer des Felsennestes unweit der elsässisch-pfälzischen Grenze bei Obersteinbach. Beide scheinen ausgesprochen tüchtige und tapfere Krieger gewesen zu sein und so verwundert es nicht, daß Friedrich von Wasigenstein, der als Gefolgsmann des deutschen Königs Rudolf von Habsburg 1274 an einem Feldzug gegen Ottokar von Böhmen teilnahm, nicht weniger als "50 Mark Silber" von seinem Herren für besonders wertvolle Dienste erhielt. Die Nachfolger der beiden besaßen die Reichsfeste bis zum Aussterben des Adelsgeschlechtes im 14. Jahrhundert unangefochten.

Bereits 1299 wird in eine "alte" und eine "neue" Burg unterschieden, denn offensichtlich reichte der Platz auf dem östlichen Hauptfelsen nicht mehr aus, und man war gezwungen nach Auswegen zu suchen. Da der Sohn des erwähnten Seman, der Ritter Fritzmann von Wasigenstein, bis zu diesem Jahre lediglich ein Viertel des Turmes besaß und das Recht hatte, Wasser für den Eigenbedarf aus der Zisterne zu schöpfen, war ihm wohl besonders an einer Änderung gelegen. Doch auch den Eignern des größeren Restes, dem Ritter Friedrich und seinen drei Söhnen, schien der Sinn nach Trennung zu stehen. Das bisherige Gemeinschaftseigentum wurde folgerichtig geteilt; doch offensichtlich nicht nur wegen des erwähnten Platzmangels, sondern auch, wie Fritzman schrieb, damit "ich und mine vettern deste gutlicher und fridentlicher mit einander lebetent". Die Großfamilie erhielt im Burgteilungsvertrag die gesamte ältere Anlage zugesprochen, während dem Juniorpartner andere Baulichkeiten zugewiesen wurden. Da auch von einem "oberen" und einem "unteren" Wasigenstein gesprochen wird, ist in einem Teil der älteren Literatur, insbesondere von Felix Wolf, vermutet worden, die obere Burg sei eine östlich des großen Halsgrabens gelegene, heute völlig verschwundene spätere Befestigung, die dem Fritzman zugewiesen worden sei. Neuere Forschungen sehen dagegen zu Recht den westlichen Wohnturm als Neubau an und verweisen insbesondere auch auf dessen "entwickelt gotische" (Thomas Biller) Bauform.

Im Burgfriedensvertrag, der die Teilung besiegelte, ist trotz der engen verwandtschaftlichen Beziehungen ein gegenseitiges Mißtrauen unverkennbar. So war es den Vertragspartnern ausdrücklich untersagt, höhere Gebäude als in der Nachbarburg zu errichten und keinesfalls im Felsen der Verwandten zu "graben oder ein Loch darein (zu) machen". Mit dem weiteren Anwachsen der Niederadelsfamilie kam es 1306 zu einer erneuten Teilung der Burg, doch bereits 1352 begegnet uns mit Cuntze von Wasigenstein der letzte seines Stammes.

Erben der Wasigensteiner wurden die benachbarten Fleckensteiner und Hohenburger, die die Schwestern Katharina und Wihe von Wasigenstein geehelicht hatten. Die nächsten Jahre sind von zahlreichen Besitzwechseln geprägt, denn die neuen Eigentümer übergaben die Feste ganz oder teilweise an die unterschiedlichsten Niederadeligen. Obwohl diese mehrere "Burgfriedensverträge" beschworen hatten, wurden die beiden Burgteile Ober- und Unterwasigenstein im Verlauf des 14. und 15. Jahrhunderts wiederholt zum Mittelpunkt zahlreicher Fehden, die die Ganerben untereinander oder mit Dritten austrugen. Eroberungen und Zerstörungen in den Jahren 1385, 1435, 1455, 1468 und 1477 waren die Folge.

Das herausragendste Ereignis war aber 1455 die Übernahme des Hohenburgischen Anteils durch Kurfürst Friedrich den Siegreichen, der sofort den angesehenen Ritter Ludwig von Lichtenberg zu seinem "Mitgemeiner" machte. Dreizehn Jahre später bot sich den beiden die willkommene Gelegenheit, sich vorübergehend auch des Fleckensteinischen Anteiles zu bemächtigen. Mehrere der dort lebenden Niederadeligen hatten einen Untertanen des Lichtenbergers im oberen Wasigenstein gefangengesetzt. Daraufhin hatten Truppen des Kurfürsten mit "bussen und gezuge" (Büchsen und Kriegsgerät) vor dem Bergschloß Stellung bezogen, um den "arm man" zu befreien. Den Belagerten blieb nur noch die Übergabe, um zu verhindern, daß der Kurfürst ihr "gemein slosse nit zerbreche".

Trotz dieser Ereignisse und der Übergabe der kurpfälzischen Anteile an die Herzöge von Zweibrücken-Bitsch wurden bald darauf die Fleckensteiner alleinige Besitzer beider Burgen, die sie erst 1711 an die Grafen von Hanau-Lichtenberg veräußerten. Die Zerstörung des Wasigenstein scheint während des Dreißigjährigen Krieges erfolgt zu sein.

Eine enge, tiefe Schlucht teilt den größeren östlichen Felsen, der Großwasigenstein trägt, vom kleineren westlichen Felsen (im Bild links) auf dem sich die neue Burg, genannt Kleinwasigenstein, erhebt. Beide Burgfelsen sind vom östlich allmählich ansteigenden Bergrücken durch einen breiten und tiefen Halsgraben getrennt. In seiner östlichen Felswand ist eine gut erhaltene Zisterne mit offenen Zuflüssen eingemeißelt. Der davorliegende Graben diente gleichzeitig als Wasserreservoir.

Die Hauptburg auf dem Ostfelsen ist von einer Ringmauer umgeben, die an der Angriffsseite im Osten durch einen fünfseitigen Bergfried (im Bild rechts) verstärkt ist. Auch das Westende besitzt einen turmartigen Aufbau, dessen Inneres eine Schneckenstiege, die zur ehemaligen Wehrplattform führte, aufweist. Vom Palas und anderen Wohngebäuden haben sich dagegen nur geringe Reste erhalten. Beeindruckend sind aber die zahlreichen Felsenkammern und steile Felsentreppen, die den alleinigen Zugang zur oberen Anlage gewährleisten. Wie die Hauptburg, ist der Wohnturm der neuen Burg aus qualitätsvollem Buckelquadermauerwerk errichtet worden. Zum Kleinwasigenstein führt ebenfalls eine steile, in den Felsen gehauene Treppe. Durch eine schmale Pforte gelangt man in das Innere des mehrgeschossigen poligonalen Gebäudes, dessen untere Stockwerke aus dem Buntsandstein gemeißelt sind. Teilweise gut erhaltene Fenster erhellen die beengten Räume. In der mächtigen, fensterlosen Ostmauer des Wohnturmes ist eine Schneckenstiege eingebaut, die zur ehemaligen Wehrplattform führte.

Beide Burgfelsen waren an der Südseite von einer weitläufigen, gemeinsamen Ringmauer umgeben. Neben den Fundamenten des Berings und eines runden buckelquaderverkleideten Wehrturmes am Halsgraben, haben sich jedoch nur wenige Mauerreste der Unterburg erhalten. Balkenlöcher im anstehenden Felsen lassen aber mehrgeschossige Anbauten vermuten.

Nicht weit vom Wasigenstein entfernt ist der sogenannte Zigeunerfelsen, auf dem Spuren einer mittelalterlichen Befestigung sichtbar sind. In der älteren Literatur wird vielfach die kleine Felsenfeste als Vorwerk des Wasigenstein angesehen.

Der Altmeister der pfälzischen Burgenforschung, Johann Georg Lehmann, der in der Mitte des 19. Jahrhunderts die ehemalige Reichsburg bei Nothweiler besucht hat, war vom Anblick der Feste recht enttäuscht. Dies umso mehr, als der Weg "steil und mühsam" war und der wackere Pfarrer aus Nußdorf "bedeutende Überreste dieser ehemals mächtigen Burg" nicht zu erblicken vermochte. Auch heute ist der Aufstieg zur höchst gelegenen Burg der Pfalz (572 Meter) nicht leichter geworden, dennoch ist ein Besuch nicht nur wegen der phantastischen Aussicht sehr empfehlenswert.

Die Erbauungszeit ist wie bei den meisten pfälzischen Burganlagen mangels aussagekräftigen Urkundenmaterials weitgehend unbekannt. Jedoch liefert 1246 oder kurz zuvor der Tod eines Reichsdienstmannes "von Woeglenburc", dessen Reichslehen an die Grafen von Leiningen überging, einen ersten Hinweis auf die Errichtung der Bergfeste. Dies und der älteste Baubestand sowie die Bauformen, die ebenfalls in die erste Hälfte des 13. Jahrhunderts verweisen, lassen eine Errichtung für diese Zeit möglich erscheinen.

Das "Wegelenburg castrum", das zwischenzeitlich in den Besitz der Herren von Fleckenstein gekommen war, wurde im Jahr 1282 von Truppen der Stadt Straßburg und des elsässischen Landvogtes Otto von Ochsenstein belagert und eingenommen. Diese, wohl auf Veranlassung König Rudolfs von Habsburg vorgenommene, Zerstörung der Feste sollte aber nicht von Dauer sein, denn bereits wenige Jahre später war die zur "Pflege Hagenau" gehörende Burg offensichtlich wieder bewohnt. Dies beweisen eine Urkunde des Klosters Weißenburg, die 1304 einen Siegfried von Wegelnburg erwähnt, sowie eine weitere des nahegelegenen Klosters Stürzelbronn, in der 1305 Johannes von Dahn als Burgvogt der Wegelnburg bezeichnet wird.

Das Jahr 1330 markiert den wohl bedeutendsten Einschnitt in die Besitzverhältnisse, denn Kaiser Ludwig der Bayer verpfändete "Wegelenburg, die burg und was dartzu gehört, besucht und unbesucht" zusammen mit vielen anderen Dörfern, Burgen und Städten des pfälzischen Raumes an seine Neffen, die Pfalzgrafen Rudolf II. und Ruprecht I. Da die Pfandsumme niemals mehr eingelöst wurde, war dieses Jahr de facto der Beginn einer wechselvollen Besitzgeschichte. Dieser Rechtsakt hatte aber nicht nur besitzrechtliche Konsequenzen, sondern berührte unmittelbar das Leben der zur Pfandschaft gehörenden Menschen. Diese hatten nämlich bisher als "Königsleute" bestimmte Privilegien, die ihnen in den folgenden Jahrzehnten nicht nur die jeweiligen Burgherren, sondern sogar ihre Nachbarn, das mächtige Geschlecht der Sickinger, streitig machen sollten.

Bereits 1330 wurde die Reichspfandschaft Wegelnburg, zusammen mit den Dörfern Nothweiler, Hirschthal und Rumbach, alleiniger Besitz des Pfalzgrafen Rudolf II., der die Wehranlage seinerseits den Herren von Flörsheim übertrug, die das Bergschloß bis zum Jahre 1350 in Besitz hatten. Danach gelangte die "Wegelburgk", mittlerweile der Sitz kurpfälzischer Amtleute, an den Kurfürsten Ludwig III. und dann durch Tausch 1417 an die Grafen von Pfalz-Zweibrücken. Die Burg diente bis zu ihrer Zerstörung im Jahre 1679 als Sitz des pfalzgräflichen Amtmannes.

Die Wegelnburg, die den Dreißigjährigen Krieg unbeschadet überstanden hatte, wurde nach dem Frieden von Nymwegen, wie so viele andere pfälzische Burgen, von den Truppen des französischen Generals Montclar zerstört. Dabei begnügten sich die Franzosen nicht nur mit der Schleifung der militärisch nutzbaren Bauten, wie Türme, Wehrmauern und Zwingeranlagen, sondern sie ebneten auch noch den Burgfelsen des Gipfelplateaus ein.

Die seit jener Zeit zur Ruine gewordene Wegelnburg stellte sich in der Tat bis vor einigen Jahren dem ungeschulten Betrachter lediglich als kahler Felsen dar. Der dichtbewachsene, ungeordnete Schutthaufen, der die herausragende Sandsteinformation umgab, und die wenigen Mauerreste ließen nur sehr wenig vom Aussehen der ehemaligen Reichsburg ahnen. Jedoch haben Ausgrabungsarbeiten sowie –keineswegs immer gelungene– Restaurierungs- und Sicherungsmaßnahmen seit 1978 ein neues Bild sichtbar werden lassen. Die Wegelnburg, die fast 500 Jahre lang den unterschiedlichsten Herren Schutz und Wohnung bot, ist natürlich kein Bauwerk aus "einem Guß", sondern wurde seit ihrer Gründung den vielfältigsten Veränderungen unterworfen, so daß der ursprüngliche Baubestand durch immer neue Zutaten ergänzt oder verdeckt wurde. All diese Veränderungen, hervorgerufen durch Anpassung an militärische Erfordernisse oder gestiegene Ansprüche an den Wohnkomfort, mußten aber immer den topographischen Gegebenheiten Rechnung tragen, die eine Ausdehnung über das gegebene Maß verboten.

Die Luftaufnahme verdeutlicht, daß die langgestreckte Wehranlage sich über drei Ebenen auf dem nord-südlich gestreckten Gipfelfelsen erhob und von einer Ringmauer umgeben war.

Auf der sehr langen und schmalen Plattform entlang des Nordwestfelsens befand sich die untere Burg, die wahrscheinlich erst nach der Zerstörung der älteren Anlage 1282 entstanden ist. An der Nordwestseite war, früher wie heute, der Hauptzugang. Diesen Schwachpunkt jeder Wehranlage schützte allerdings weniger die nahegelegene Zwingermauer und ein urkundlich faßbares "wachhußlin", als der mächtige sechseckige Bastionsturm, dessen aufgehendes Mauerwerk noch gut sichtbar ist. Leider sind von der unteren Anlage außer zahlreichen Balkenlöchern im Burgfels keine Überreste vorhanden, die auf Anbauten schließen lassen. Lediglich die Reste der erwähnten Ringmauer, Reste von Toren und Treppen sind sichtbar.

Durch eine restaurierte Pforte gelangt der Besucher über eine Treppe in die zweite Burgebene, die sich über die gesamte Länge (etwa 90 Meter) des Burgfelsens erstreckte. Durch einen kleinen Raum mit den Resten eines gotischen Türgewändes führt der Weg zu einem am Westende des Burgfelsens in den Felsen geschroteten Brunnen, der zusammen mit einer in der jüngsten Vergangenheit freigelegten Zisterne die wichtige Wasserversorgung der Burg sicherte. Von dem urkundlich erwähnten "Bronnenhus", das sich über dem Brunnen erhob, haben sich keinerlei Reste erhalten. Dagegen kann man die im spitzen Winkel an der Angriffsseite zusammenlaufenden Umfassungsmauern der mittleren Burg sehr gut erkennen. Deren Aufgabe war es, die dahinterliegenden Wohn- und Wirtschaftsgebäude zu schützen. Erwähnenswert ist auch eine Felsenkammer hinter der kleinen Zisterne, die durch zwei schmale Fensteröffnungen erhellt wurde.

Bei dem auf der Luftaufnahme gut sichtbaren Mauerrest aus Buckelquadern handelt es sich wahrscheinlich um den Rest eines Bergfrieds. Der einst hochaufragende Turm schützte die gefährdete Angriffsseite. Es ist jedoch auch eine schmale Schildmauer, deren Aussehen der des nahegelegenen Blumensteins entsprochen haben könnte, denkbar.

Vor diesem Fortifikationsrest führt eine alte Treppe hinauf zum Aufsatzfelsen, der die dritte Ebene bildet. Von dieser ältesten Oberburg haben sich aber neben der erwähnten Mauer vom ursprünglichen Baubestand nur noch einige Felsenkammern erhalten, die durch Gänge miteinander verbunden waren. Das aufgehende Mauerwerk, das ältere Reste überdeckt, stammt aus der jüngsten Vergangenheit. Nicht unerwähnt soll aber die Tatsache bleiben, daß die Wegelnburg entsprechend den nahegelegenen Burgen Fleckenstein und Windstein als Teil einer "Burgengruppe" anzusehen ist. Dabei ist nicht an die in Sichtweite errichteten Bergschlösser Hohenburg und Löwenstein (Lindelschmitt) gedacht, sondern vielmehr an die Burgspuren, die der aufmerksame Betrachter an zwei südlich der Wegelnburg aufragenden Felsen sehen kann. Neben Treppenstufen, Balkenlöchern und geringen Mauerresten kündet von diesen kleineren Wehranlagen, die entsprechend denen der Burgengruppe Windstein wohl im 13. Jahrhundert errichtet worden sind, nur noch ein deutlich sichtbarer Grabenrest am nördlichen Felsenturm.

# Die
# Wegelnburg

# Die
# Doppelburg Wilenstein - Flörsheim

Nur wenige der zahlreichen Besucher der wild-romantischen Karlstalschlucht südwestlich Kaiserslauterns werden wissen, daß die von hohen Baumbeständen fast gänzlich verdeckte Ruine oberhalb der Klug`schen Mühle eine der ältesten Wehranlagen im Raum Kaiserslautern ist. Bereits kurz nach der Erbauung der kaiserlichen Pfalz im nahegelegenen Kaiserslautern (1156) werden die ersten Adeligen urkundlich belegt, die sich nach der Burg über der Moosalb benennen. Neben einem zwischen 1154 und 1160 nachweisbaren Heinrich von Wilenstein, der Domdechant in Worms war, ist insbesondere der 1159 im Raum Kaiserslautern auftretende Landolf von Wilenstein von Interesse, da er der erste Herr auf der Burg gewesen sein könnte. Zahlreiche Vetreter dieses Reichsministerialengeschlechtes treten bis zum Jahre 1324 in den unterschiedlichsten Ämtern im Reichsland von Kaiserslautern auf. Besondere Bedeutung muß dabei einem Vertrag aus dem Jahre 1184 zugemessen werden, in dem Landolf von Wilenstein ausdrücklich als Schultheiß bezeichnet wird, der für den nahegelegenen riesigen Lauberwald (Loyben) zuständig war. Dieses Amt, das bei vielen Burgmannen der kaiserlichen Pfalz Lautern belegt ist, scheint, wie schon Gärtner und Lehmann Mitte des 19. Jahrhunderts vermuteten, die Hauptaufgabe der Wilensteiner Ministerialen gewesen zu sein. Darüberhinaus besaßen die Wilensteiner bis zum Jahre 1237 das recht einträgliche Schultheißenamt über das Kloster Hornbach.

In den nächsten Jahrzehnten ist ein gewisser Niedergang dieses Rittergeschlechtes unverkennbar, denn aus den bisherigen Reichsministerialen werden Lehensleute der Grafen von Leiningen. Auch sind sie gezwungen, in den Jahren 1266 und 1268 die Herren von Hoenburg und die Grafen von Dun (=Dhaun) in ihrer Burg aufzunehmen, die damit zur Ganerbenburg wird.

Nach dem Aussterben der Wilensteiner befand sich die Bergfeste kurzfristig in den Händen der Wildgrafen und wurde in dieser Zeit bei einer Fehde zwischen diesen und dem Raugrafen Konrad durch Brand in Mitleidenschaft gezogen.

Nach diesem für die Burg schädlichen Zwischenspiel fiel der Wilenstein an die Lehensherren, die Grafen von Leiningen zurück.

Diese übergaben jedoch nur noch den "halben Berg" Wilenstein erneut an die Grafen von Dun als Lehen, denn die andere Hälfte erscheint fortan als Eigenbesitz der Herren von Flörsheim. Diese besitzrechtliche Teilung war die logische Folge einer baulichen Entwicklung. Johann Georg Lehmann vermutet, ein Flörsheimer habe eine Tochter des letzten Wilensteiners geehelicht und auf diese Art und Weise die Möglichkeit erhalten, südlich - anschließend an den ausgebrannten Wilenstein - eine neue Burg zu erbauen.

Der Tatsache, daß nach der Wiedererrichtung des älteren (vorderen) Wilenstein nun zwei Festen in einem Burgfrieden zu finden waren, versuchten die beiden Parteien mit einem neuen Vertrag gerecht zu werden. In diesem Abkommen verpflichteten sich die Vertragspartner Johann und Jacob von Flörsheim und Wirich von Dun, keine Bauten zu errichten, die der anderen Partei schaden könnten. Vor allem aber war es den adeligen Herren untersagt, einen Turm zu erbauen, der höher war als der der Nachbaranlage.

Doch auch diese an und für sich ausgewogene, genaue und rechtlich einwandfreie Trennung hatte auf Dauer keinen Bestand. Dafür sorgten der häufige Besitzwechsel, der Zuwachs an anderen Familien (Ganerben) und nicht zuletzt die Tatsache, daß die obere Burg sich in hochadeligem Besitz befand, während der untere Wilenstein lediglich niederadelige Familien beherbergte. Sozuagen als "Abwehrmaßnahme" scheinen die Herren von Flörsheim sich daher der Hilfe der mächtigen Kurfürsten von der Pfalz versichert zu haben, denn sie öffneten ihren Burgteil dem Pfalzgrafen Ruprecht dem Älteren.

Daß dieser Schutz allerdings nicht in allen Fällen nützlich war, mußte 1464 der Ritter Hans von Flörsheim schmerzlich erkennen, als er auf wenig ritterliche Art einen Nürnberger Kaufmann und dessen Knecht gefangengesetzt hatte, wohl um ein Lösegeld zu erpressen. Kurfürsten Friedrich I. zwang den "Raubritter" mit Androhung militärischer Maßnahmen recht schnell, den Handelsmann freizulassen.

In diese Zeit fällt auch der weitere Zugriff der Kurfürsten von der Pfalz auf den Wilenstein. Durch das Aussterben der Grafen von (Alt)Leiningen gelang es nämlich, sich die Oberhoheit des oberen Wilenstein zu sichern. Jedoch änderte dies nichts an den permanent schwelenden Streitigkeiten der Burgbewohner. Die wirtschaftlich und politisch schwächeren Ganerben der unteren Burg, die Herren von Flörsheim, Helmstadt, Blick von Lichtenberg und Kämmerer von Dalberg, klagten wie ihre Vorgänger über das Verhalten der Grafen von Dhaun-Oberstein-Falkenstein, so daß ein erneuter Versuch nötig war, den Streit zu schlichten. In einem neuen Burgfrieden wurden interessanterweise aber nicht nur rechtliche oder bauliche Probleme gelöst, sondern es war auch unter Strafe gestellt, sich gegenseitig als Dieb, Mörder und Bösewicht zu beschimpfen. Darüberhinaus wurden die Grafen aufgefordert, die "Unsauberkeiten zu underlassen".

Im Dreißigjährigen Krieg wurde die Burg vollkommen zerstört und wohl auch nicht wieder aufgebaut. Im Jahre 1664 wird dementsprechend berichtet: "der sogenannte halbe Berg zue Willenstein ist ruinirt und Wohnt niemandt alldar". Der ältere Wilenstein gelangte auf Umwegen als heimgefallenes Lehen an die Kurpfalz, die ihren Anteil 1716 an den Freiherren Ludwig Anton von Hacké verkaufte. Da es diesem gelungen war, 1719 auch den ehemaligen Flörsheimer Anteil zu erwerben, war das Wilensteiner Gut nach langer Zeit wieder vereint. Die Freiherren verwalteten das Amt Wilenstein in der Folgezeit von ihrem neuerbauten Schloß in Trippstadt.

Während die linke Bildhälfte vom teilweise wiederhergestellten "vorderen Wilenstein" beherrscht wird, ist rechts der kleinere ruinöse "hintere Berg" Wilenstein zu sehen. Die Außenwand des Palas der vorderen Burg ist teilweise noch im ursprünglichen Zustand erhalten geblieben. Den wehrhaften Charakter dieses mit Buckelquadern verkleideten Baues unterstreichen im Untergeschoß die beiden senkrechten Schlitzscharten und eine Ausfallpforte. Erst im nächsthöheren und im dritten Geschoß verweisen die in Stichbogennischen stehenden Fensteröffnungen auf die Hauptfunktion dieses Gebäudes. In der Westmauer sind lediglich die beiden Kragsteine, die wohl zu einem Aborterker gehörten, an ihrem ursprünglichen Platz verblieben. Die drei Fenster sind dagegen erst in jüngster Zeit hinzugefügt worden. Auch das Dach ist zusammen mit der Südmauer dieses Wohnbaues das Ergebnis des wenig geglückten Wiederaufbaues der fünfziger Jahre. Heute beherbergt der verändert wiederaufgebaute Palas ein Landschulheim.

Das sehenswerteste Bauteil der vorderen Burg ist ohne Zweifel die 25m lange starke Schildmauer, die einst den angebauten Palas und die anderen Gebäude zu decken hatte. Im südlichen, leicht abgeknickten Drittel befindet sich der Hauptzugang zur Burg. Dieser fortifikatorische Schwachpunkt - ein spitzbogiges Tor an der Hauptangriffsseite - war durch einen Gußerker zusätzlich geschützt. Weiteren Schutz boten natürlich der breite, vor der Mauer in den Felsen eingearbeite Halsgraben und die heute verschwundene Zugbrücke. Dicht hinter der Burg der Grafen schließt sich der von den Flörsheimern erbaute Burgteil an. Auch er war von einer Schildmauer geschützt, die aber im Wesentl chen nur den langgestreckten Wohnbau zu decken hatte. In voller Höhe steht allerdings nur die östliche Schildmauer aufrecht, während der westliche Teil in mäßiger Höhe erhalten geblieben ist. In diesem Schildmauerrest verbirgt sich eine Besonderheit: das Untergeschoß eines runden Bergfriedes, der im pfälzischen Raum nur äußerst selten nachgewiesen werden kann. Sehr große Buckelquader mit Wolfslöchern verweisen auf das hohe Alter dieses Turmes, der in der Tat der älteste Teil der Burg ist. Von Bedeutung ist dabei, daß der runde Bergfried nicht etwa in der urkundlich ausdrücklich als älter bezeichneten vorderen Burg, sondern im jüngeren Flörsheimer Teil zu finden ist.

Wie bei der vorderen Burg ist der Wohnbau auch hier direkt an die Schildmauer angelehnt und bildet so mit diesem zusammen eine Einheit. Jedoch hat sich beim Flörsheimer Ritterhaus lediglich die starke Ostmauer mit einer spitzbogigen Pforte und einem Fenster im Obergeschoß erhalten. Ebenfalls stark zerstört sind die Zwingeranlagen und die gemeinsame Ringmauer der Doppelburg, die teilweise nur noch mit einiger Mühe erkennbar sind.

Schon im hohen Mittelalter waren die beiden von Ost nach West führenden Straßen im Isenach- und im Speyerbachtal von besonderer Wichtigkeit. Sie verbanden nicht nur den Rheintalgraben mit dem staufischen Reichsland um Kaiserslautern, sondern verknüpften ihn darüber hinaus mit den politischen und wirtschaftlichen Zentren Saarbrücken und Metz. An den Anfangs- und Endpunkten und anderen strategisch günstigen Stellen wurden von den jeweiligen Inhabern der Geleitrechte Burgen erbaut, die der Sicherung der Straßen, der Kaufleute und ihrer eigenen wirtschaftlichen und politischen Interessen dienten. Die Route im Hochspeyerbachtal stand seit dem Erlöschen der Staufer unter der Aufsicht der Pfalzgrafen, der späteren Kurfürsten von der Pfalz. Lediglich zwischen 1398 und 1467 war das Geleitregal an die Grafen von Leiningen abgetreten worden. Die Wolfsburg galt zusammen mit dem Frankenstein und der Hardenburg als eine der wichtigsten Burgen an den genannten Verkehrswegen. Neben der Bewachung der Straße fiel der Feste auf dem schmalen Ausläufer des Wolfsberges noch eine weitere wichtige Aufgabe zu: der Schutz des nahegelegenen Neustadt.

Die Ersterwähnung des "castrum Wolfberg" (= Wolfsburg) ist in einer Lehensurkunde des Jahres 1255 (1259?) enthalten, in der Pfalzgraf Ludwig II., der Strenge, die Wehranlage dem Niederadeligen Albrecht von Lichtenstein anvertraut. In diesem Vertrag ist vermerkt, daß bereits der Vater des pfalzgräflichen Vasallen die Feste zu Lehen hatte. Daraus kann geschlossen werden, daß die Burg lange vor dem genannten Datum erbaut worden ist, jedoch erscheint eine Datierung in das 12. Jahrhundert nach dem derzeitigen Baubefund zweifelhaft.

Eine Bestimmung in dem genannten Dokument verdient es, besonders hervorgehoben zu werden. Sie wirft ein bezeichnendes Licht auf solcherlei Abmachungen im 13. Jahrhundert. Albert von Lichtenstein mußte sich nämlich nicht nur verpflichten auf der Feste ständig zu wohnen, um seine Aufgaben gewissenhaft erfüllen zu können, sondern es war ihm darüberhinaus bei Androhung des Lehensentzuges konkret untersagt, ohne pfalzgräfliche Erlaubnis die Wolfsburg zu verlassen.

Nach vorübergehender Verpfändung Anfang des 14. Jahrhunderts durch Kaiser Ludwig den Bayern kam die Burg im Hausvertrag von Pavia als Lehen des Bischofs von Speyer in den Besitz der Pfalzgrafen Rudolf II. und Ruprecht I. sowie deren Neffen Ruprecht II.. Den Burgmannen, die die Burghut innehatten, folgten 1423 die "Vitztume" (= Statthalter) der pfälzischen Kurfürsten. Diese kurfürstlichen Beamten unterlagen ebenso wie ihre niederadeligen Vorgänger anfangs der Residenzpflicht auf der Wolfsburg, und sie erhielten als Gegenleistung für das Bewahren und Behüten der Feste neben Geldzahlungen, Wein und Korn auch das Jagdrecht und die Erlaubnis, bei Bedarf Bauholz zum Unterhalt der Burg in den umliegenden Waldungen zu schlagen. Diese Bedingungen müssen den Burgmannen und den kurfürstlichen Beamten recht attraktiv erschienen sein, denn neben unbekannteren Niederadeligen, wie den Rittern Friedrich Steinhäuser (1476) oder Moritz von Wolfsberg (1510), finden sich auch Angehörige illustrer Geschlechter wie die Grafen von Leiningen (1350) oder Eitel von Sickingen (1485).

Schwer heimgesucht wurde die Wolfsburg während der wirren Zeiten des Bauernkrieges (1525), als das Bergschloß im Laufe der Auseinandersetzungen von den empörten Bauern zweimal innerhalb kürzester Frist erstürmt und ausgeplündert wurde. Die wiederhergestellte Feste, die in den ersten Jahren des Dreißigjährigen Krieges der Bevölkerung der umliegenden Orte als Zufluchtsstätte gedient haben soll, wurde im Jahre 1633 von kaiserlichen Truppen "bis auf die nackten Mauern zusammengebrannt und liegt seither in Ruinen" (Johann Georg Lehmann).

Ein letztes Mal trat die Wolfsburg, die viele Jahre als Steinbruch gedient hatte, in das Licht der Geschichte, als im Verlauf der pfälzischen Revolution 1848 demokratische Neustadter Bürger auf dem Burgareal ein Nationalfest feierten. In der jüngsten Vergangenheit hat sich ein rühriger Burgenverein der alten kurpfälzischen Burganlage angenommen und dringend notwendige Sicherungs- und Restaurierungsarbeiten durchgeführt.

Die fast 150 Meter über der Talsohle thronende Burg ist entsprechend den topografischen Gegebenheiten eine recht lange (fast 140 Meter) und schmale (etwa 30 Meter) rechteckige Feste, die in Spornlage auf einen Ausläufer des Wolfsberges erbaut wurde. Die stark gefährdete nördliche Angriffsseite (im Luftbild oben) wurde einerseits durch den in den anstehenden Felsen geschroteten tiefen Halsgraben vom ansteigenden Berghang getrennt und andererseits von einer dahinterliegenden, stumpfwinklig abgewinkelten mächtigen Schildmauer geschützt. Die im Bild gut sichtbare Felsplattform hinter dieser Fortifikation, die einst wie die Schildmauerecken mit Buckelquadern ummantelt war, trug einen viereckigen Bergfried, der heute völlig abgegangen ist.

Der Schildmauer vorgelagert war eine Zwingermauer, die die gesamte Wehranlage, das heißt die Hauptburg und die etwas tiefer liegende Vorburg, eng umschloß. Überraschenderweise fehlen bei der äußeren Ringmauer jegliche Flankierungstürme, die bei ähnlichen Bauwerken des späten 13. Jahrhunderts im Regelfall in die Mauern eingefügt waren.

Den Zugang zum Zwinger gewährte ein nordöstlich vorgelagerter Torbau, der bis auf geringe Reste völlig verschwunden ist. Ebenfalls abgegangen ist das eigentliche Burgtor, das wohl im Bereich der Vorburg zu suchen ist.

Die Kernanlage und die tieferliegende Vorburg sind von einer gemeinsamen weiteren (inneren) Ringmauer umgeben, die erst in jüngster Zeit teilweise wieder aufgemauert wurde. Im Bereich der Kernanlage dominiert neben der Schildmauer die Ruine des quer zur Längsrichtung erbauten ehemaligen Palas. Das Luftbild verdeutlicht sehr anschaulich die Identität der Palasschmalseiten mit den Ringmauern, die hier von mächtigen Strebepfeilern seitlich gestützt werden. Zwei spitzbogige Pforten im Stile des späten 13. Jahrhunderts führten in den Wohnbau, dessen Umfassungsmauern, mit Ausnahme der eingestürzten Nordostmauer, sich zwei Geschosse hoch erhalten haben. Der zinnenartige Abschluß der Frontseite ergab sich durch die nicht ganz geglückte Restaurierung der Unterteile der Palasfenster. Neben den ehemals fünf gedoppelten rechteckigen Fenstern (16. Jahrhundert) mit seitlichen steinernen Sitzbänken, sind noch die Reste von Kaminen und Aborterkern zu erwähnen. Der Burgbereich vor dem Palas beherbergte weitere Gebäude, deren Kellergewölbe und Fundamentreste leider keinerlei Anhaltspunkte für ihren früheren Verwendungszweck geben. Eines dieser Tonnengewölbe wird heute als Wirtschafts- und Lagerraum der Burgschenke genutzt.

Die Wolfsburg besaß neben dem Bergfried an der Angriffsseite einen weiteren freistehenden an der Talseite, der dort wohl als Ausguck in das Speyerbachtal diente. Obwohl die Verdoppelung von Bergfrieden während des 12. und 13. Jahrhunderts im deutschen Sprachraum häufig anzufinden ist, ist dies in der Pfalz gleichwohl eine Besonderheit, denn das kurpfälzische Bergschloß ist wahrscheinlich die einzige Wehranlage in unserer engeren Heimat, die derlei aufzuweisen hat.

# Die Wolfsburg

# Literaturverzeichnis

### Landeskunde, Bau- und Kunstgeschichte

Antonow, A., Planung und Bau von Burgen im süddeutschen Raum. Frankfurt 1983

Bartsch, S., Bieker, J., Vom Trifels zum Hambacher Schloß. Burgen im Pfälzer Wald. Dortmund 1984

Bezegher, L. D., Le pays rhenan. Index historique et architect. des principales villes, abbayes, chateaux de l`état Rheno-Palatin et de la Hesse. Gernsbach um 1956

Biller, Th., Die Burgengruppe Windstein. Untersuchungen zur hochmittelalterlichen Herrschaftsbildung und zur Typenentwicklung der Adelsburg im 12. und 13. Jh. (30. Veröffentl. d. Abt. Architektur d. Kunsthist. Inst. d. Univ. Köln, hg. v. G. Binding), Köln 1985

Böhme, W., Die Salier. Burgen der Salierzeit. Teil 2. In den südlichen Landschaften des Reiches. Sigmaringen 1991 (= Römisch-Germanisches Zentralmuseum. Forschungsinstitut für Vor- und Frühgeschichte. Monographien Bd. 26)

Bornheim gen. Schilling, W., Rheinische Höhenburgen. Neuß 1964

Bosl, K., Die Reichsministerialität der Salier und Staufer. Ein Beitrag zur Geschichte des hochmittelalterlichen deutschen Volkes, Staates und Reiches Bd. I. - Schriften der Monumenta Germaniae Historica Bd. 10 (1950)

Bouchholtz, F., Burgen und Schlösser im Elsaß. 2. Aufl. Frankfurt 1965.

Brauner, A., Burgen und Bergschlösser um Bad Bergzabern. 1. Bad Bergzabern 1975

Bruhns, L., Hohenstaufenschlösser.Königstein i.T.-Leipzig1941

Burgen und Schlösser. Fotos: Petra Camnitzer; Texte: Werner Bornheim gen. Schilling u.a. Bad Neuenahr-Ahrweiler 1981 (Kunst und Kultur in Rheinland-Pfalz, Bd. 1)

Burgen, Schlösser und Klöster der Nordpfalz. Eine Dokumentation des Nordpfälzer Geschichtsvereins. Otterbach 1984

Caboga, C. H. de, Die Burg im Mittelalter. Geschichte und Formen. Frankfurt/Berlin/Wien 1982

Caboga, C.H. de, Die mittelalterliche Burg im Süden und Westen des deutschen Sprachgebietes. Rapperswil 1951

Christmann, E., Burg - Altenburg - Bürgel - Warte. In: Nordpfälzer Geschichtsverein 40, 1960, S. 478 ff.

Christmann, E., Die Namen der Burgen der Pfalz. In: Die Siedlungsnamen der Pfalz, Teil II, 1. Speyer 1964, S. 17 ff.

Clasen, K. H., "Burg". In: Reallexikon z. deutschen Kunstgeschichte Bd. III. Stuttgart 1954

Cohausen, A. v., Die Befestigungsweisen der Vorzeit und des Mittelalters. Wiesbaden 1898

Das Buch der Pfälzer Burgen. Sämtliche Aufnahmen Rainer Himmelspach. Neustadt/Weinstr. 1977

Dehio, G., Handbuch der deutschen Kunstdenkmäler. Rheinland-Pfalz und Saarland (bearb. von H. Caspary, W. Götz und E. Klinge). München-Berlin 1972

Deutsche Königspfalzen. Beiträge zu ihrer historischen und archäologischen Erforschung. Göttingen Bd. 1 (1963), Bd. 2 (1965), Bd. 3 (1979)

Die Baudenkmale in der Pfalz. Bd. I-V. 2. Aufl. Neustadt 1884-1897

Die Kunstdenkmäler von Bayern. Pfalz. Bd. 1 - 9. München 1926 bis 1939

Die Kunstdenkmäler von Rheinland-Pfalz. Bd. II. Kr. Pirmasens. München-Berlin 1957

Die romantische Pfalz. Pfälzer Burgen um 1850. Text und Lithographie aus: Die Pfälzer Eisenbahnen und ihre Umgebung. Ludwigshafen 1854. Kaiserslautern 1958

Die Zeit der Staufer, Geschichte-Kunst-Kultur, Ausstellungskatalog (5 Bde.), Stuttgart 1977

Dotzauer, W., Das Burgenterritorium des Franz von Sickingen. Vortr. geh. am 12.5.74 a.d. Ebernburg. (Ebernburg-Hefte. F. 9. 1975). Otterbach 1975. Zugleich: Bl. f. Pfälz. Kirchengesch. und Religiöse Volksk. Jg. 42, 1975, S. 166-192

Ebhardt, B., Der Wehrbau Europas im Mittelalter, Bd. I. Berlin 1939

Ebhardt, B., Der Wehrbau Europas im Mittelalter. Bd. 1, Berlin 1939 (Reprint Frankfurt a.M. 1977)

Ebhardt, B., Der Wehrbau Europas im Mittelalter. Bd. 2, Oldenburg 1958

Ebhardt, B., Deutsche Burgen als Zeugen deutscher Geschichte. Berlin 1925

Ebhardt, B., Deutsche Burgen, 2 Bde., Berlin 1899-1908

Eckrich, L., Der zentrale Bergfried in der Burg Kaiserslautern. Zur Datierung freistehender Rundtürme. In: Pfälzer Heimat 15, 1964, S. 49 ff.

Essenwein, A. v., Die Kriegsbaukunst (Handb. d. Architektur II, 4,1). Darmstadt 1889

Fabricius, W., Die Grafschaft Veldenz. In: Mitt. d. Histor. Vereins der Pfalz 33, 1913, S. 1 ff. und 36, 1916, S. 1 ff.

Fehring, G. P., Frühmittelalterliche Wehranlagen in Südwestdeutschland (Château Gaillard 5). Caen 1972. S. 37 ff.

Fendler, R., Burgen, Schlösser und Rathäuser. In: Kreis Landau in der Pfalz. Landau 1969. S. 90 ff.

Fleckenstein, J., Das Rittertum der Stauferzeit. In: Die Zeit der Staufer, Geschichte-Kunst-Kultur, Kat. d. Ausst. Bd. III, Stuttgart 1977, S. 103 ff.

Friedrich, K., Die Steinbearbeitung. Augsburg 1932

Gärtner, P., Geschichte der bayerisch-rheinpfälzischen Schlösser. Speyer 1855

Gockel, M., Die deutschen Königspfalzen. Bd. 2: Thüringen. Göttingen 1984

Graf, H., Baumeister der Hohenstaufenzeit. In: Pfälzer Heimat 9, 1958, S. 42 ff.

Graf, H., Wie wenig wissen wir von den frühmittelalterlichen Burgen der Pfalz. In: Nordpfälzer Geschichtsverein 40, 1960, S. 473 ff.

Grimm, P., Zum Übergang vom Holz-Erde-Bau zum Steinbau bei frühgeschichtlichen Burgen. In: Burgen und Schlösser 1963, I, S. 1 ff.

Handbuch der historischen Stätten. Bd. V. Rheinland-Pfalz und Saarland (hrsg. von L. Petry). 2. Aufl. Stuttgart 1965

Hartung, W., Pfälzer Burgenbrevier. 5. Aufl. Landau 1975

Hausen, E., Die Baukunst der Hohenstaufenzeit in der Zentralpfalz. In: Pfälzer Heimat 9, 1958, S. 48 ff.

Häberle, D., Burgen Schlösser und Klöster der Pfalz. In:

Pfälzer Heimatkunde 3, 1907, S. 69 ff.

Heinz, K., Von Burg zu Burg. In: Das Große Pfalzbuch. 5. Aufl. Neustadt 1976. S. 205 ff.

Herrnbrodt, A., Rheinische Mottenforschung heute. In: Burgen und Schlösser 1963, I, S. 4 ff.

Hinz, H., Motte und Donjon. Zur Frühgeschichte der mittelalterlichen Adelsburg. Köln 1981 (= Zeitschrift für Archäologie des Mittelaltern / W. Janssen u. H. Steuer. Beiheft 1)

Hotz, W., Burgen an Rhein und Mosel. Berlin, München 1956

Hotz, W., Kleine Kunstgeschichte der deutschen Burg. 4. Aufl., Darmstadt 1979

Hotz, W., Kleine Kunstgeschichte der deutschen Schlösser. Darmstadt 1970
Hotz, W., Pfalzen und Burgen der Stauferzeit. Darmstadt 1981

Jäschke, K.-U., Burgenbau und Landesverteidigung um 900 (Konstanzer Arbeitskreis f. mittelalterl. Geschichte. Vorträge und Forschungen Sonderbd. 16). Sigmaringen 1975

Kieß, W., Die Burgen in ihrer Funktion als Wohnbauten. Studien zum Wehrbau in Deutschland, Frankreich, England und Italien vom 11. - 15. Jh.. Diss. TH. Stuttgart 1960, München 1961

Krieger/Ritter/Freiherr. Entstehung und Wirken des Niederadels im Mittelalter. Katalog zur Wanderausstellung der Landesarchivverwaltung Rheinland-Pfalz. Bearb. von Volker Rödel. Koblenz 1988

Kubach, H. E., Die Architektur der Romanik. Stuttgart 1974

Landwehr, G., Die Bedeutung der Reichs- und Territorialpfandschaften für den Aufbau des kurpfälzischen Territoriums. In: Mitt. d. Histor. Vereins der Pfalz 66, 1968, S. 155 ff.

Lehmann, J. G., Dreizehn Burgen des Unter-Elsasses und Bad Niederbronn. Nach historischen Urkunden. Straßburg 1878

Lehmann, J. G., Urkundliche Geschichte der Burgen und Bergschlösser der bayerischen Pfalz. Bd. I-V. Kaiserslautern 1857

Leistikow, D., Aufbewahrungsorte der Reichskleinodien in staufischer Zeit. In: Burgen und Schlösser 1974, II, S. 87 ff.

Leistikow, D., Romanische Mauerwerkstechnik. In: Burgen und Schlösser 1960, II, S. 16 ff. - 1961, II, S. 45 ff. - 1962, II, S. 45 ff. - 1964, I, S. 5 ff.

Leo, H., Über Burgenbau und Burgeneinrichtung in Deutschland vom 11. bis zum 14. Jh.. Leipzig 1837

Lorenz, B. - Lorenz, F., Die funktionelle und rechtsgeschichtliche Entwicklung des Befestigungswesen in Deutschland bis zum Ausgange des Mittelalters. In: Burgen und Schlösser 1961, I, S. 1 ff.

Maurer, H.-M., Bauformen der hochmittelalterlichen Adelsburg in Südwestdeutschland. In: Zeitschr. f. d. Geschichte des Oberrheins 115, 1967, S. 61 ff.

Maurer, H.-M., Burgen. In: Die Zeit der Staufer, Geschichte-Kunst-Kultur, Kat. d. Ausst. Bd. III, Stuttgart 1977, S. 119 ff.

Maurer, H.-M., Die Entstehung der hochmittelalterlichen Adelsburg in Südwestdeutschland. In: Oberrheinische Studien. Bd. I. Karlsruhe 1970, S. 295 ff.

Maurer, H.-M., Die landesherrliche Burg in Wirtemberg im 15. und 16. Jahrhundert. Studien zu den landesherrlich-eigenen Burgen, Schlössern und Festungen. Stuttgart 1958

Medding, W., Burgen und Schlösser in der Pfalz und an der Saar (Burgen - Schlösser - Herrensitze Bd. 23). Frankfurt/M. 1962

Medding-Alp, E., Die Reichsinsignien und der Trifels. Speyer 1956. In: Pfälzer Heimat. Jg. 7, S. 87-93

Mehle, F., Burgruinen der Vogesen. Kehl, Straßburg, Basel 1986

Mehlis, Ch., Von den Burgen der Pfalz. Freiburg, Br. 1902

Mettel, L., Trifels-Erinnerungen. Kaiserslautern 1888

Meyer, W., Deutsche Schlösser und Festungen. Frankfurt/M. 1969

Meyer, W., Die deutsche Burg. Frankfurt/M. 1963

Meyer, W., Europas Wehrbau. Frankfurt/M. 1973

Ministerialität im Pfälzer Raum (hrsg. von F.L. Wagner, Veröff. d. Pfälz. Gesellsch. z. Förd. d. Wissensch. Speyer Bd. 64). Speyer 1975

Mrusek, H.-J., Burgen in Europa. Leipzig 1975, 2. Aufl.

Mrusek, H.-J., Gestalt und Entwicklung der feudalen Eigenbefestigung im Mittelalter (= Abh. d. sächs. Akad. d. Wiss. zu Leipzig, phil.-hist. Kl. LX, Heft 3), Berlin 1973

Naeher, J., Die Burgen der rheinischen Pfalz. Neustadt 1887

Naeher, J., Die Burgenkunde für das Südwestdeutsche Gebiet. Unveränd. Nachdr. d. Ausg. München 1901, Frankfurt 1979

Naeher, J., Kriegsbautechnische Erfahrungen über die Anlage der Burgen in der Pfalz. In: Mitt. d. Histor. Vereins der Pfalz 14, 1889, S. 109 ff.

Naeher, J., Die deutsche Burg. 1885

Neumann, M. v., Die Schlösser des bayerischen Rhein-Kreises. Zweibrücken 1837/1838

Patze, H. (Hrsg.), Die Burgen im deutschen Sprachraum. Ihre rechts- und verfassungsgeschichtliche Bedeutung. 2 Bde., Sigmaringen 1976 (= Vorträge und Forschungen / Konstanzer Arbeitskreis für mittelalterliche Geschichte; 19)

Piper, O., Burgenkunde. Bauwesen und Geschichte der Burgen. München 1912, 3. Aufl. (erw. und verbess. Nachdruck Frankfurt/M. 1967)

Pöhlmann, C., Burgen, feste Häuser und Schlösser in der Pfalz. In: Pfälzischer Geschichtsatlas (hrsg. von W. Winkler). Neustadt 1935. Bl. 10 und 11

Ramsauer, F., Die Burg Trifels. Annweiler 1899

Rapp, F., Le châteaux-fort dans la vie médiévale. Le châteaux-fort et la politique territoriale. Strasbourg 1968

Reclams Kunstführer. Baudenkmäler Bd. II. Baden-Württemberg, Pfalz-Saarland (H. Brunner). Stuttgart 1957

Reuleaux, O., Die geschichtliche Entwicklung des Befestigungswesen. (Göschen Nr. 569). Leipzig 1912

Salch, Ch.-L., Dictionnaire des châteaux de l'alsace Médiévale. Strasbourg 1976

Schmidt, R., Burgen des deutschen Mittelalters. München 1959

Schnepp, P., Die Raugrafen. In: Mitt. d. Histor. Vereins der Pfalz 37/38, 1918, S. 147 ff.

Schönhuth, O., Die Burgen, Klöster und Kapellen Badens und der Pfalz mit ihren Geschichten, Sagen und Märchen. Bd. 1. u. 2. Lahr um 1870

Schrader, E., Das Befestigungsrecht in Deutschland. Diss. Göttingen 1909

Schreibmüller, H., Pfälzer Reichsministerialen. Kaiserslautern 1911

Schuchardt, C., Die Burg im Wandel der Weltgeschichte. Unveränd. Nachdr. d. Ausg. Berlin 1931, Wiesbaden 1991

Sprater, F., Burgen der Salier in der Pfalz. In: Unsere Heimat 1939, Heft 12, S. 360 ff.

Sprater, F., Die Reichskleinodien in der Pfalz. Ludwigshafen 1942

Stauferburgen am Oberrhein. Fotos: R. Häusser u.a. Texte: O. Engels u.a. Karlsruhe 1977

Stein, G., Befestigungen des Mittelalters - Schlösser und Befestigungen der Neuzeit. In: "Pfalzatlas" S. 313 ff., Karten vorl. Nr. 29 und 30

Stein, G., Burgen und Schlösser in der Pfalz. Würzburg ²1986

Stein, G., Burgen und Stadtbefestigungen - Schlösser und Festungen. In: Pfälzische Landeskunde, Bd. 3 (hg. v. Michael Geiger u.a.), Landau 1981

Stein, G., Das "zurückgezogene" Tor, eine seltene Torform hochmittelalterlicher Burgen. In: Bonner Jahrb. 164, 1964, S. 137 ff.

Stein, G., Stadt-, Dorf-, Kirchen-, Klöster- und Friedhofsbefestigungen sowie Landwehren des Mittelalters. In: "Pfalzatlas" S. 781 ff., Karte vorl. Nr. 74

Stein, G., Trifels und Hohkönigsburg. Zitate und Gedanken zum Wiederaufbau zweier Burgruinen. In: Oberrheinische Studien Bd. III. Karlsruhe 1975. S. 373 ff.

Stein, G., Zeugen wehrhafter Vergangenheit. In: Das Große Pfalzbuch. 5. Aufl. Neustadt 1976. S. 114 ff.

Streich, G., Burg und Kirche während des deutschen Mittelalters. Untersuchungen zur Sakraltopographie von Pfalzen, Burgen und Herrensitzen. 2 Bde. (= Vorträge und Forschungen, Sonderband 29, hg. v. Konstanzer Arbeitskreis f. mittelalterliche Geschichte). Sigmaringen 1984

Tillmann, K., Lexikon der deutschen Burgen und Schlösser. 4 Bde. Stuttgart 1957-59

Tuulse, A., Burgen des Abendlandes. Wien-München 1958

Uslar, R. v., Frühgeschichtliche Befestigungen zwischen Alpen und Nordsee. Beispiele zu ihrer Form und Funktion. In: Blätter für deutsche Landesgeschichte 94, 1958, S. 65 ff.

Uslar, R. v., Studien zu frühgeschichtlichen Befestigungen (Bonner Jahrbücher, Beiheft 11). Bonn 1964

Villena, L., Glossaire. Burgenfachwörterbuch des mittelalterlichen Wehrbaus in deutscher, englischer, französischer, italienischer, spanischer Sprache. Frankfurt 1975

Wirtler, U., Spätmittelalterliche Repräsentationsräume auf Burgen im Rhein-Lahn-Mosel-Gebiet (33. Veröffentl. d. Abt. Architektur d. Kunsthist. Inst. d. Univ. Köln, hg. v. G. Binding), Köln 1987

Wolff, F., Elsässisches Burgen-Lexikon. Verzeichnis der Burgen und Schlösser im Elsaß. Frankfurt 1979

Wurch, E., Burgenfahrten Elsaß, Wasgau und Queichgau. 3. erw. Aufl. Kehl/Strasbourg/Basel 1984

Wülfing, O. E., Burgen der Hohenstaufen in der Pfalz und im Elsaß. Düsseldorf 1958

Zastrow, A. v., Geschichte der beständigen Befestigungen. Leipzig 18541;

## Literatur zu einzelnen pfälzischen Burgen

### Altenbaumburg:

Biermeier, R., Altenbaumburg. Stammsitz der Rauhgrafen. Perle der Nordpfalz im Erholungsgebiet Rheingrafenstein. Bad Münster 1982

Bilder aus dem Nahe-Thale; oder malerische Darstellungen der interessantesten Punkte dieses Thales auf historischem Grunde, mit den sich daran knüpfenden Volkssagen. Kreuznach 1838

Schneegans, W., Die Altenbaumburg und die Rauhgrafen, Kreuznach um 1905

### Altleiningen:

Heiberger, H., Das Schloß zu Altleiningen. Castrum Liningen. Eine Betrachtung. Bad Dürkheim 1973

Heiberger, H., Das Schloss zu Altleiningen. Stammhaus der Grafen von Leiningen. 2. verb. Aufl. Heidelberg 1979

### Battenberg:

Hoenemann, M., 1200 Jahre Battenberg. Klosterbrüder, Kanalarbeiter und ein verschobenes Jubiläumsfest. In: Heimatjahrbuch 1989 Landkreis Bad Dürkheim, 7. Jg., Haßloch 1989, S. 175-180

Rüttger, J., Schmitt, W. M., Unterwegs im Leininger Land. Grünstadt 1986

### Berwartstein:

Baginski gen. Hoffmann, T. v., Die Burg Berwartstein (Ruine Bärbelstein) mit dem Thurm Kleinfrankreich zu Erlenbach und St. Anna-Kapelle bei Niederschlettenbach in der Pfalz. Ludwigshafen 1897

Burg Berwartstein im Wasgau/Pfalz. 4. Aufl.. Tübingen 1982

### Blumenstein:

Schultz, W., Die Burg Blumenstein bei Schönau. In: Heimatkalender für das Pirmasenser und Zweibrücker Land 1987. Koblenz 1987, S. 42-44

### Breitenstein:

Ruine Breitenstein ein Juwel. In: Die Rheinpfalz, Ausgabe Kaiserslautern vom 28.10.1988

### Dahner Schlösser:

Burgengruppe Altdahn, Grafendahn, Tanstein. Geschichte und Burgenführer (Hg.: Burgenverein Dahn e.V.). Dahn 1979

Gödel, O., Neues von den Burgen "Altdahn" und "Tannstein". In: Heimatkalender für das Pirmasenser und Zweibrücker Land. Koblenz 1984, S. 103-106

Göttlicher, J., Die Herren von Dahn und ihre Burgen. (Schriftliche Hausarbeit zur Ersten Prüfung für das Lehramt an Grund- und Hauptschulen) Landau 1980

### Diemerstein:

Ludt, W., Die Herrschaft Diemerstein in der Pfalz. Rockenhausen/Kaiserslautern 1965

Hamm, J., Deutsches Schicksal. Das Geschehen in Burg und Landhaus Diemerstein. Zum 800jährigen Bestehen der Burg, zum 100jährigen Bestehen des Landhauses und zur 30. Jahrfeier des Jugend- und Erholungsheims Diemerstein. 2. Aufl. Otterbach (o.J.)

### Drachenfels:

Heuser, E., Das Ganerbenschloß Drachenfels. Kaiserslautern 1911

Schlicher, W., Die Ganerbenburg Drachenfels. In: Heimatkalender für das Pirmasenser und Zweibrücker Land 1976. Weissenthurm 1976, S. 53-57

Wenz, F. M., Der Drachenfels und die Felsenburgen der Nordvogesen. Bd. 1 und 2. (Phil. Diss.) Heidelberg 1989

## Ebernburg:

Bettschnitt, D., Die Bedeutung der Ebernburg zur Zeit Sickingens und Huttens. (Schriftliche Hausarbeit zur Ersten Prüfung für das Lehramt an Volksschulen) Landau 1960

Böcher, O., Die Ebernburg - Geschichte und Baugeschichte. In: Ebernburg-Hefte, 22. Folge, Speyer 1988, S. 7-35

Die Ebernburg. (Schriftenreihe der Stadtverwaltung Bad Münster; 2) Bad Münster 1980

## Erfenstein:

Toussaint, I., Leiningische Burgen im Landkreis Bad Dürkheim. In: Heimatjahrbuch 1983 des Landkreises Bad Dürkheim, 1. Jg, Otterbach 1982, S.61-65

Weintz, H., Elmstein (Pfalz) und seine Umgebung. Elmstein 1927

## Falkenburg:

Munzinger, H., Die Einrichtung der Falkenburg bei Wilgartswiesen um 1600. In: Aus heimatlichen Gauen, 1931, Nr. 8

Munzinger, H., Wilgartswiesen und Falkenburg. Ludwigshafen 1928

## Falkenstein:

Gundelach, H., Rettung vor dem Verfall. Die Burgruine Falkenstein. In: Donnersbergjahrbuch 1988. Heimatbuch für das Land um den Donnersberg. Jg. 11, Kirchheimbolanden 1987, S. 174 - 176

Heintz, A., Einige Blätter aus der Geschichte der Grafschaft Falkenstein am Donnersberg. In: Mitt. d. Histor. Vereins d. Pfalz 7, 1878, S. 19 ff.

## Fleckenstein:

Eyer, F., Aus der Geschichte des Fleckensteins. Lembach (Frankreich) ⁵1985

Schultz, W., Burgen der Stauferzeit im pfälzisch-elsässischen Grenzgebiet. Wie das Burgenland um Schönau entstanden ist. In: Heimatkalender für das Pirmasenser und Zweibrücker Land 1981. Rengsdorf 1981, S. 64-75

## Frankenstein:

Aufwendige Erhaltung der Burg Frankenstein. In: Die Rheinpfalz, Ausgabe Kaiserslautern vom 30.12.1988

Kaul, Th., Das Verhältnis der Grafen von Leiningen zum Reich und ihr Versuch einer Territorialbildung im Speyergau im 13. Jahrhundert. In: Mitt. d. Histor. Vereins d. Pfalz 68, 1970, S. 222 ff.

## Gräfenstein:

Bernhard, V., Die Herrschaftsverhältnisse im Amt Gräfenstein. In: 750 Jahre Gräfensteiner Land 1237-1987. Mit der Geschichte von Merzalben. Pirmasens 1987, S. 21-38

Dillenkofer, W., Die Burgruine Gräfenstein. In: Heimatkalender für das Pirmasenser und Zweibrücker Land. Koblenz 1987, S. 26-27

Flammann, W., Die Burg Gräfenstein - ein Juwel der Stauferzeit. In: 750 Jahre Gräfensteiner Land 1237-1987. Mit der Geschichte von Merzalben. Pirmasens 1987. S. 39-54

## Guttenberg:

Attensperger, A., Ulrich von Gutenburg, ein pfälzischer Minnesänger. In: Pfälzische Geschichtsblätter, 1906, Nr. 2 und 3

Schlicher, W., Die Guttenburg. Geschichte und Gegenwart einer Stauferburg in der Südpfalz. In: Heimatjahrbuch 1987 Landkreis Südliche Weinstraße, Jg. 9, Otterbach 1986, S. 127-131

## Hambacher Schloß:

Hambacher Schloß. (Schnell, Kunstführer Nr. 1336) 2., erg. Aufl.. München 1983

Hambacher Schloß ein Denkmal der deutschen Demokratie. Beiträge zur Erneuerung des Hambacher Schlosses 1968/69. (Hg.: Landkreis Neustadt/Wstr.) Neustadt 1969

Remling, F. X., Die Maxburg bei Hambach. Mannheim 1844

## Hardenburg:

Ebhardt, B., Die Hartenburg. In: Deutsche Burgen. Berlin 1899 ff. Nr. XIX, Heft 7/8, 1904/1905. S. 333 ff.

Stein, G., Burgruine Hardenburg (Führungsheft 3 des Landesamts für Denkmalpflege Rheinland-Pfalz, Verw. d. staatl. Schlösser). Mainz 1974

## Hohenburg:

Maier, W., Die Hohenburg - Ein Beitrag zur Geschichte der Adelsburg am Oberrhein. (Schriftliche Hausarbeit zur Ersten Prüfung für das Lehramt an Grund- und Hauptschulen) Landau 1978

Witte, H., Der letzte Puller von Hohenburg. In: Beiträge zur Landes- und Volkskunde von Elsass-Lothringen, Bd. 16, 1893

## Hohenecken:

Friedel, H., Hohenecken. Geschlecht - Burg - Dorf. Hohenecken 1964

Böcher, O., Burgruine Hohenecken. (=Kunst und Geschichte in Rheinland-Pfalz CXIV). In: Ärzteblatt Rheinland-Pfalz. Heft 12. Mainz 1987

## Kropsburg:

Die Kropsburg. In: Das Bayerland, IV, 1893, S. 23 f.

## Landeck:

Bülichen, H., Burg Landeck in der Pfalz in Sage und Geschichte. Klingenmünster 1951

Heinz, K., Burg Landeck in der Pfalz. Neustadt (ca. 1974)

Hagen, J., Burg und Herrschaft Landeck in der Pfalz. Klingenmünster 1926

## Lichtenberg:

Burg Lichtenberg. (Hg.: Landkreis Kusel) Kusel 1988

Haarbeck, W., Geschichte der veldenz-zweibrückischen Burg Lichtenberg (Landkreis Kusel/Pfalz). Kusel 1975

Schindler, O.H., Die Burg Lichtenberg (Große Baudenkmäler Heft 182). München-Berlin 1964

## Lindelbrunn:

Brauner, A., Burg Lindelbrunn: Geschichte, Baubeschreibung, Rundblick, Sage, Lindelbrunnerhof. Bad Bergzabern 1981

Klein, W., Versuch einer urkundlichen Geschichte der Burg Lindelbrunn (bis 1525). (Schriftliche Hausarbeit zur Ersten Prüfung für das Lehramt an Volksschulen) Landau 1970

## Madenburg:

Hagen, J., Urkundliche Geschichte der Burg und Herrschaft Madenburg. Landau 1923

Heß, H., Die Madenburg. Ein Führer durch die Burg und ihre Geschichte. 3. Aufl. Landau 1973

Brauner, A., Die Bischofsburg "Madenburg" bei Eschbach. In: Heimatjahrbuch Südliche Weinstraße 1980

## Meistersel:

Backes, K., Ruine Meisterseel - wie ein Dornröschen-Schloß. In: Die Rheinpfalz vom 24.3. 1982 (Ausgabe Kaiserslautern)

Hofrichter, H., Die Burg Meistersel. In: Burgen und Schlösser. Zeitschrift des Deutschen Burgenvereinigung e. V. für Burgenkunde und Denkmalpflege. 1990/II, S. 112-116

Pohlit, P., Ruine Meistersel, eine charakteristische Felsenburg. Ein Beitrag zum Verständnis des Burgenbaus im südpfälzischen und nordelsässischen Raum. In: Heimat-Jahrbuch 1984 Landkreis Südliche Weinstraße, 6. Jg., Otterbach 1983, S. 113-118

## Michelsburg:

Thomas, K., Das Remigsland in Geschichte und Sage. Kusel 1909

Debus, K.H., Aspekte zur Geschichte von Remigiusberg und Remigiusland. In: Westricher Heimatblätter 13 (2). Kusel 1982

Lanzer, R., Um die trutzige Michelsburg auf dem Remigiusberg. In: Westricher Heimatblätter, Jg. 4, Kusel 1973, S. 97-101

## Montfort:

Arnold, F. L., Ganerben-Burg Montfort. In: Pfälzer Heimat 5, 1954, S. 129 f.

Arnold, F.L., Ganerbenburg Montfort. In: Nordpfälzer Geschichtsverein Jg. 36, 1954, S. 189 - 192

Wilke, H., Die Burg Montfort. (Schriftenreihe der Stadtverwaltung Bad Münster; 3) Bad Münster 1981

## Moschellandsberg:

Zink, A., Das Schicksal der Landsburg. In.: NSZ-Rheinfront Kaiserslautern, Nr. 302 vom 28. 12. 1937

## Nannstein:

Dotzauer, W., Das "Burgenterritorium" des Franz von Sickingen. In: Ebernburg-Hefte 9. Folge 1975, S. 166 ff.

Knocke, Th., Chronik der Stadt Landstuhl. Kaiserslautern 1975, S. 33 ff.

Bader, E., Das Ende des Bergschlosses, dargestellt am Ausbau und Fall der "Burg Nanstein"(1518/1523). In Jahrbuch zur Geschichte von Stadt und Landkreis Kaiserslautern 1986/87. Bd. 24/25, Kaiserslautern 1987, S. 173-195

## Neudahn:

Schultz, A., Die Burgruine Neudahn. In: Heimatkalender für das Pirmasener und Zweibrücker Land 1987. Koblenz 1987, S. 40-42

## Neuleiningen:

Graf zu Leiningen-Westerburg, K. E., Neu-Leiningen. Beschreibung und Geschichte der Burg. In: Mitt. d. Histor. Vereins d. Pfalz 11, 1883, S. 65 ff.

Neu-Leiningen. Beschreibung und Geschichte der Burg. In: Mitt. d. Histor. Vereins d. Pfalz 11, 1883, S. 65-98

## Neuscharfeneck:

Geiger, M., Die Burgruinen des Ramberger Tales. Landau 1967

Grünenwald, L., Burg Scharfeneck und der Orensberg in der Mittelhaingeraide. In: Pfälz. Museum - Pfälz. Heimatkunde 41, 1924, S. 33 f.

Grünenwald, L., Die Herrschaft Scharfeneck an der Queich. Ein Beitrag zur pfälzischen Heimatgeschichte. Aus den Urkunden gearbeitet. (Sonderdruck der Palatina, Jg. 1927) Speyer 1927

Ittel, K., Die Burg Neuscharfeneck und die Fürsten von Löwenstein. In: Pfälzer Heimat 9, 1958, S. 17 - 18

Pohlit, P., Rätselhafte Burg Neuscharfeneck. Gedanken um ein immer noch fragwürdiges Stück Heimat. In: Heimat-Jahrbuch 1986 des Landkreises Südliche Weinstraße, 8. Jg., Otterbach 1985, S. 94-101

**Ramburg:**

Claßen, M., Versuch einer Geschichte von Burg und Dorf Ramburg/Ramberg von der Gründung bis zur Zerstörung der Burg auf Grund von Urkunden und Regesten. (Schriftliche Hausarbeit zur Ersten Prüfung für das Lehramt an Grund- und Hauptschulen) Landau 1974

Festschrift zur Einweihung der Ramburgschenke am 2., 3. und 4. September 1977. (Hg.: Männergesangverein Harmonie Ramberg/Pfalz) Annweiler 1977

**Reipoltskirchen:**

Dick, E., Reipoltskirchen unter geteilter Herrschaft. In: Westrichkalender Kusel. Kusel 1964. S. 41 ff.

Keiper, J., Reichsherrschaft Hohenfels-Reipoltskirchen. In: Mitt. d. Histor. Vereins der Pfalz 46, 1927, S. 47 ff., bes. S. 78 ff.

**Rietburg:**

Steigelmann, K., Die Rietburg. Geschichte des rheinpfälzischen Rittergeschlechtes von Rietberg und seines Stammschlosses. Landau 1936

**Scharfenberg:**

Buttmann, R., Urkunde zur Geschichte des Schlosses Scharfenberg bei Annweiler. In: Westpfälzische Geschichtsblätter, VII, 1903, S. 23 f.

Grünenwald, L., Ist Scharfenberg ein "castrum situs ignoti"? In: Pfälzisches Museum, 1893, S. 52

Lehmann, N., Bischof von Speyer und Kanzler des Reiches: Konrad von Scharfenberg. In: Heimatjahrbuch 1981 Landkreis Südliche Weinstraße, Otterbach 1980, S. 63-66

**Spangenberg:**

Hartung, W., Burg Spangenberg. Edenkoben 1974

Reichart, O., Die Burg Spangenberg. In: Lachen-Speyerdorf - Heimatgeschichte. Mannheim 1966. S. 106 ff.

Stein, G., Spardau und Spangenberg - Zwei landesherrliche Burgen im 14. Jahrhundert in jüdischer Hand? (Zu den Begriffen "Turmamt" und "Burglehen"). In: Jahrb. f. brandenburg. Landesgeschichte 25, 1974, S. 16 ff.

**Steinenschloß:**

Deibert, K., Tätigkeitsbericht über die Ausgrabungen am Steinenschloß. Rodalben 1973

Kaiser, Kw., Eine Festung als Steinbruch. Die Burg Atzenstein im Landkreis Pirmasens hatte eine wichtige strategische Bedeutung. In: Pfälzerwald. Mitgliederzeitschrift des Pfälzerwaldvereins. Ausgabe 2/1991, S. 13-17

Lüder, F., Das Steinenschloß. In: Heimatkalender für das Pirmasenser und Zweibrücker Land. Koblenz 1987, S. 35-39

Lüder, G., Die Burgruine Steinenschloß. In. Heimatkalender für das Pirmasenser und Zweibrücker Land 1980. Rengsdorf 1980, S. 169 - 176

**Trifels:**

Biundo, G., Der Trifels in der deutschen Kaiserzeit. Aus: Abh. zur Saarpfälz. Landes- und Volksforschung 1, 1937, S. 67-80

Ebhardt, B., Burg Trifels. Untersuchungen zur Baugeschichte. Braubach 1938

Sprater, F./Stein G., Der Trifels. Speyer 1973

**Wachtenburg:**

Niedhammer, H. P., Geschichte der Stadt und Burg Wachenheim a.d.H.. Mit Berücksichtigung ihrer Beziehungen zur pfälzischen Geschichte. Landau 1906

Ruine Wachtenburg (Hg.: Förderkreis zur Erhaltung der Ruine Wachtenburg). Landau 1988

**Wasigenstein:**

Mehlis, C., Vom Wasichtenstein (Wasgenstein). Aus: Korrespondenzbl. d. Gesamtvereins d. dt. Geschichts- und Alterthumsvereine. Jg. 1902

Mehlis, C., Waltharisage und Wasigenstein. Mythologische Fahrt im Wasgau. Neustadt 1912

**Wegelnburg:**

Böhmer, C., Die Wegelnburg und deren nächste Umgebung. Ein Wasgaubild. Landau 1865

Schultz, W., Die Wegelnburg. Aus der Geschichte der Reichsfeste und des Amtes. Nothweiler 1984

Schultz, W., Die Wegelnburg. In: Heimatkalender für das Pirmasenser und Zweibrücker Land. Koblenz 1987, S. 30-34

Schworm, W., Das Pfalz-Zweibrücker Amt Wegelnburg - seine Grenzen und historischen Grenzsteine. In: Pfälzer-Palatines. Beiträge zur pfälzischen Ein- und Auswanderung sowie zur Volkskunde und Mundartforschung der Pfalz und der Zielländer pfälzischer Auswanderer im 18. und 19. Jahrhundert (Hrsg. von K. Scherer). Kaiserslautern 1981

**Wilenstein-Flörsheim:**

Boerner, C., Die Geschichte der Burg Wilenstein. Vermutungen über die Entstehung der Burg. In: Wanderplan 1984 (Hrsg. Pfälzerwald-Verein, Ortsgruppe Trippstadt). Trippstadt 1984

20 Jahre Jugendheim Burg Wilenstein. (Hg.: Trägerkreis Burg Wilenstein e.V.) Kaiserslautern 1982

**Wolfsburg:**

Die Wolfsburg. (Hrsg. Stadt Neustadt/W. mit Unterstützung der Deutschen Burgenvereinigung Braubach, Marksburg). Edenkoben, o.J.

Mehlis, C., Neues von der Wolfsburg. In: Stadt- und Dorfanzeiger für Neustadt 1919, Nr. 62

**Burgenaufnahmen mit Freigabenummern:**

| | |
|---|---|
| Altenbaumburg | 14323-8 |
| Altdahn | 125930-6 |
| Altleiningen | 23529-2 |
| Battenberg | 23528-2 |
| Berwartstein | 108769-6 |
| Blumenstein | 3006-2 |
| Breitenstein | 23537-2 |
| Diemerstein | 23524-2 |
| Drachenfels | 108773-6 |
| Ebernburg | 18796-2 |
| Erfenstein | 23536-2 |
| Falkenburg | 125926-6 |
| Falkenstein | 23523-2 |
| Frankenstein | 23522-2 |
| Gräfenstein | 125931-6 |
| Guttenburg | 23516-2 |
| Hambacher Schloß | 6163-7 |
| Hardenburg | 8485-2 |
| Hohenecken | 23521-2 |
| Kropsburg | 23535-2 |
| Landeck | 108771-6 |
| Lichtenburg | 17561-8 |
| Limburg | 6587-7 |
| Lindelbrunn | 108770-6 |
| Madenburg | 108774-6 |
| Meistersel | 125927-6 |
| Michelsburg | 23520-2 |
| Montfort | 23519-2 |
| Moschellandsberg | 23518-2 |
| Münz | 23534-2 |
| Nannstein | 23533-2 |
| Neudahn | 23531-2 |
| Neuleiningen | 23532-2 |
| Neuscharfeneck | 125932-2 |
| Ramburg | 125929-6 |
| Reipoltskirchen | 23517-2 |
| Rietburg | 16449-8 |
| Spangenberg | 23530-2 |
| Steinen-Schloß | 4093-7 |
| Trifels | 108772-6 |
| Wachtenburg | 23526-2 |
| Wegelnburg | 3007-2 |
| Wilenstein | 23523-2 |
| Wolfsburg | 6585-7 |

3. Auflage 1995
Alle Rechte vorbehalten
© 1989 by Pfälzische Verlagsanstalt GmbH,
Landau/Pfalz
Gestaltung: Kurt E. Groß, Meckenheim
Literaturverzeichnis: Elisabeth Heinrich
Gesamtherstellung: Pfälzische Verlagsanstalt
GmbH,
Landau/Pfalz
ISBN 3-87629-156-9

Die Deutsche Bibliothek –
CIP- Einheitsaufnahme
**Burgen der Pfalz** / Fotos: Helmut Kratz.
Text: Jürgen Keddigkeit.- 3. Aufl.-Landau :
Pfälzische Verl.-Anst., 1995
ISBN 3-87629-156-9